Bauwelt Fundamente 107

Herausgegeben von
Ulrich Conrads und Peter Neitzke

Beirat:
Gerd Albers
Hansmartin Bruckmann
Lucius Burckhardt
Gerhard Fehl
Herbert Hübner
Julius Posener
Thomas Sieverts

Gesellschaft durch Dichte

Kritische Initiativen zu einem neuen Leitbild für Planung und Städtebau 1963 / 1964

In Erinnerung gebracht
von
Gerhard Boeddinghaus

Der Umschlag zeigt auf der Titelseite das Fußwegesystem der geplanten Neuen Stadt Hook, 1960/61.
Auf der Rückseite dieses Bandes: Das Projekt Santa Monica, Los Angeles, von Vernon de Mars und Ronald Reay, 1961.

Die Bauwelt Fundamente werden mit Unterstützung
des Deutschen Architektur Zentrums DAZ herausgegeben.

Alle Rechte vorbehalten
© Friedr. Vieweg & Sohn Verlagsgesellschaft mbH, Braunschweig/Wiesbaden, 1995

Der Verlag Vieweg ist ein Unternehmen der Bertelsmann Fachinformation GmbH.

Umschlagentwurf: Helmut Lortz
Druck und buchbinderische Verarbeitung: Lengericher Handelsdruckerei, Lengerich
Gedruckt auf säurefreiem Papier

Printed in Germany

ISBN 3-528-06107-3   ISSN 0522-5094

Inhalt

Gerhard Boeddinghaus Vorwort 7
Tagungsprogramm Gelsenkirchen 1963 12
Presseverlautbarung 1963 14
Tagungsprogramm Gelsenkirchen 1964 17

Vorträge 1963

Ernst-Otto Glasmeier Zur Begrüßung 20
Erich Kühn Zur Einführung 21
Günter Günschel Gemeinschaftsbildung und bauliche Dichte 29
Yona Friedman Datenermittlung zur Stadtplanung 42
Martin Einsele Planen im Ruhrgebiet 50
Gerhard Fehl Liverpool und Hook: High Density – Low Rise 70
Lucius Burckhardt und *Marcel Herbst* Wachstum, Dichte und Flexibilität 86
Jan Despotopoulos Urbane Dichte, die City und das neuzeitliche Gemeinschaftszentrum 104

Vorträge 1964

Ernst-Otto Glasmeier Zur Begrüßung 108
Erich Kühn Zur Einführung 110
Ulrich Conrads Mein Stadtideal 112
Dieter Schröder Regionalprognose und Regionalplanung ... 130
Martin Neuffer Die Region als Ordnungsraum 146
Friedrich Vogel Raumordnung und Städtebau 156
Oswald von Nell-Breuning S.J. Bodenbeschaffung und Bodenpreisbildung 165
Rainer Mackensen Der Großstädter: Wie sehen wir ihn? ... 179
Friedrich Spengelin Zum Begriff „Verdichtung" 193
Claus Bremer Stadt, lebendiges Theater – Vom Stadttheater zur Theaterstadt 212

Die Referenten. Biographische Notizen 226

Foto: Wortmann/Klappert

Vorwort

Der Absolvent einer deutschen Technischen Hochschule oder Universität, Fachrichtung Städtebau oder Raumplanung, wird, nach den städtebaulichen Leitbildern der letzten hundert Jahre befragt, aufzählen: Gartenstadt, Charta von Athen, Aufgelockerte und Gegliederte Stadt, Autogerechte Stadt, Urbane Stadt – aufs neue *urban* durch Verdichtung. Das ist es, was ein Städtebaustudent zur Geschichte des modernen Städtebaus gelernt hat. Welche Vorstellungen er mit diesen Schlagworten zu verbinden weiß, steht auf einem anderen Blatt. Ganz zu Recht ist *Urbanität durch Dichte* an den Schluß der Aufzählung gestellt. Den sechziger Jahren zugeordnet, ist indes auch dieser Leitbild-Slogan längst Geschichte. Mittlerweile sind wir auf der Suche nach Leitvorstellungen für die „Ökologische Stadt". Wie sie aussehen könnte, beschaffen sein müßte – darüber gehen die Meinungen und Bilder einstweilen noch weit auseinander.
Doch wie war das eigentlich mit *Urbanität durch Dichte*? War das wirklich ein Leitbild für Städtebau, vergleichbar dem von der Gartenstadt? Die Frage ist schwer zu beantworten. Es gibt kein verbindlich festgehaltenes programmatisches Konzept. Hingegen: *Gartenstadt* – da fällt jedem, der sich etwas mit der Geschichte des Städtebaus befaßt hat, gleich der Namen Ebenezer Howard ein, ebenso der Titel seiner wegweisender Schrift *Garden Cities of Tomorrow*. Weiter: die *Charta von Athen*, Ergebnis des Internationalen Kongresses für Moderne Architektur (CIAM) 1933, ist zwar erst sehr viel später von Le Corbusier aufgezeichnet worden, kann aber seit 1984 in Thilo Hilperts kritischer Neuausgabe nachgelesen werden. *Die Autogerechte Stadt* – so lautet der Titel einer 1959 Furore machenden Schrift von Hans Bernhard Reichow. Schließlich: *Die Aufgelockerte und Gegliederte Stadt* – unter diesem Stichwort kann jeder an Städtebau Interessierte sich in zahlreichen Publikationen Kenntnis über die konzeptuellen Gedanken von Göderitz, Rainer und Hoffmann verschaffen. Nur zu *Urbanität durch Dichte* gibt es nichts bislang, was allgemein und leicht

zugänglich wäre, obwohl die Initiativen, die auf nicht weniger als die Annahme eines neuen städtebaulichen Leitbilds drängten, und das nicht ohne weitreichende Wirkung, inzwischen über drei Jahrzehnte zurückliegen.

Im November 1963 veranstaltete die Kreisgruppe Gelsenkirchen des Bundes Deutscher Architekten zusammen mit dem Institut für Städtebau an der Technischen Hochschule Aachen eine Tagung unter dem Motto „Gesellschaft durch Dichte". Es gab dazu eine Presseinformation, danach nur einige Berichte in der Lokal- und Fachpresse. Doch es wurden glücklicherweise die Vorträge und Diskussionen auf Tonband aufgezeichnet; und diese Tonbänder, aufbewahrt im Privatarchiv von Ernst-Otto Glasmeier, einem der Initiatoren der Tagung, konnten nun der vorliegenden Veröffentlichung zugrunde gelegt werden, soweit sich die Mitschnitte als vollständig erwiesen. Wo Lücken klaffen, konnte wenigstens in einigen Fällen auf Veröffentlichungen der Vorträge zurückgegriffen werden, die sich verstreut in Fachzeitschriften finden. Von Jan Despotopoulos gab es indes nur noch einige Stichworte auf zwei Schreibmaschinenseiten; sie stehen hier als letzter Beitrag zur Tagung 1963.

Ein Jahr später fand eine zweite Tagung zum gleichen Thema statt, diesmal unter dem Tagungsmotto „Großstadt, in der wir leben möchten". Die Vorträge dieser zweiten Gelsenkirchener Tagung sind in einem Heft der BDA-Zeitschrift *Der Architekt* abgedruckt und insoweit vollständig auf uns gekommen. Sie bilden den zweiten Teil der Dokumentation.

Was war der Anlaß, in zwei aufeinander folgenden Jahren gleich zwei Tagungen zum gleichen Thema zu veranstalten, zudem am selben Ort? Und welche Wirkungen sind von ihnen ausgegangen?
Da ist zunächst in Erinnerung zu rufen, daß 1960 nach langen Kontroversen und Debatten das *Bundesbaugesetz* verabschiedet wurde, dann 1962 die *Baunutzungsverordnung* und 1963 das *Raumordnungsgesetz*. Zusammen gesehen kam das einem Konsens auf fast allen Ebenen räumlicher wie baulicher Planung gleich. Und doch gab es zwischen diesen Gesetzen und Verordnungen tiefgreifende Unterschiede: Während das Bundesbaugesetz in seinen Zielvorgaben als „leitbildneutral" angesehen werden konnte, ließ sich dies von der Baunutzungsverordnung nicht behaupten. Und in der Diskussion um das Raumordnungsgesetz spielte die Charakterisierung städtischer Agglomeration mit dem damals durchaus negativ be-

setzten Begriff „Ballungsraum" eine bedeutende Rolle. Aus der negativen Wertung von Ballungsräumen wurde das – vorerst vorrangige – Ziel einer „Entballung" abgeleitet. Mit der Baunutzungsverordnung sind ähnliche Zielvorstellungen in städtebaulichen Maßstab übertragen: Begrenzung der Bebauungsdichte durch Festlegung von Obergrenzen für die auf das Baugrundstück zu beziehende Geschoßflächenzahl.

Hinter den Leitbildern von der Entballung und der Auflockerung standen Vorstellungen von der Art, wie Menschen (gesund) leben sollten. Stadtplaner und die für die Gesetzgebung zuständigen Experten in Bund und Ländern sahen sich verantwortlich für die Gesundheit der zunehmend in städtischen Siedlungen lebenden Bevölkerung, für ihre physische Gesundheit – Licht, Luft und Sonne – und für die soziale Gesundheit. Der „Vermassung" sollte entgegengewirkt werden. Das Einfamilienhaus, vom Minister Lücke *Das deutsche Haus* genannt, galt als Bollwerk gegen den Kommunismus. Man mag es heute nicht mehr glauben, aber das waren Vorstellungen, die damals ernst genommen werden mußten und zur Gegenwehr herausforderten. Architekten wie Stadtplaner wandten sich zu Anfang der sechziger Jahre mit Nachdruck gegen die Festschreibung solch einengender Bestimmungen in Gesetzen und Verordnungen. Dabei konnten sie sich auf die zunehmende Kritik am Nachkriegs-Städtebau berufen, die von Journalisten, Soziologen und Psychologen vorgetragen wurde. Namen wie Edgar Salin, Jane Jacobs oder Hans Paul Bahrdt erlangten für die Generation der damals dreißigjährigen Architekten und Stadtplaner größere Bedeutung als die der maßgebenden Stadtplaner, wie Ernst May, Werner Hebebrand, Hans Bernhard Reichow. Die jungen Architekten waren zunehmend bereit, sich mit einer Städtebaukritik zu identifizieren, die in Buchtiteln wie *Die gemordete Stadt* oder *Daseinsformen der Großstadt* ihren Niederschlag gefunden hatte. Es wurde nach städtebaulichen Konzepten gesucht, die nicht auf Auflösung der Großstädte gerichtet war. Großstadt sollte akzeptiert werden, auch mit ihren negativen Erscheinungen. Provozierende Thesen wurden formuliert, etwa: Eine Stadt, in der nicht mehrmals am Tage der Verkehr zusammenbricht, ist tot.

Auch das Motto der Tagung 1963 „Gesellschaft durch Dichte" war als Provokation gedacht. Mehrere der Vortragenden distanzierten sich damals gleich von diesem Ziel, allen voran Erich Kühn in seinem Eröffnungsvortrag. Yona Friedman wies darauf hin, daß es natürlich keinen ursächlichen Zusammenhang gebe zwischen Gesellschaft und Dichte. Er war

es auch, der für eine Verwissenschaftlichung des Städtebaus plädierte. Die Bedürfnisse der Menschen müßten erforscht werden. Es gehe nicht an, daß einzelne Stadtplaner ihre sehr subjektiven und meist arg vereinfachten Vorstellungen von der idealen Gesellschaft in städtebauliche Leitbilder ummünzten. Der Ruf nach Soziologen wurde verstärkt laut. Diese aber stellen fest:
Nicht allein mit Licht, Luft und Sonne, nicht mit aufgelockerten und durchgrünten Städten könne den Bedürfnissen der Bevölkerung entsprochen werden. Nur in dicht gebauten Städten würden die Menschen die vielfältigen Kontakte finden, die sie suchten. Unter Verdichtung wurde allerdings nicht nur eine Erhöhung der Geschoßflächenzahlen verstanden. Auch die unterschiedlichen Nutzungen, die im Nachkriegsstädtebau gemäß einem allzu einfältigen Verständnis der Charta von Athen weiträumig voneinander getrennt worden waren, sollten nun in Abkehr von den Grundsätzen der Charta in ein dichtes Gefüge gebracht werden. Nur wenn die Städte wieder in diesem Sinne verdichtet würden, könne sich Urbanität entfalten.

Die Gelsenkirchener Tagungen riefen natürlich sogleich jene auf den Plan, die ihr Leitbild von der Aufgelockerten und Gegliederten Stadt zu verteidigen suchten. Und dies keineswegs nur mit der bissigen Ironie, die einem Werner Hebebrand zu Gebote stand: Er nannte die Wortführer und Gefolgsleute des neuen Leitbilds kurzerhand „Urbanitäter". Aber es gab auch besorgte Warner. Als erfahrene Stadtplaner prophezeiten sie, daß eifrige Spekulanten sich die Thesen von der anzustrebenden höheren Dichte der Bebauung so schnell wie rücksichtslos zunutze machen würden. So kam es dann auch.
Viele Siedlungsgesellschaften griffen den Ruf nach Verdichtung freudig auf. Vor allem die *Neue Heimat* verstand es, die Vertreter der neuen Richtung für ihre Zwecke einzuspannen. Für eine der neuen Großsiedlungen, Heidelberg-Emmertsgrund, gewannen sie sogar Alexander Mitscherlich als Berater (der Beratervertrag wurde allerdings vorzeitig aufgelöst). „Leben in der Siedlung" – so wurde der Wettbewerb für eine Hochhaussiedlung in der Einflugschneise des Düsseldorfer Flughafens tituliert. Schließlich wurde die Forderung nach städtebaulicher Verdichtung auch in die Städtebauförderungsrichtlinien des Landes Nordrhein-Westfalen übernommen. Weniger dicht bebaute ältere Stadtquartiere sollten einer verdichteten Bebauung weichen, namentlich im Einzugsbereich schienengebundener Verkehrsmittel. Gerade an der Durchsetzung dieses

Programms aber entzündete sich der Widerstand. Das gesellschaftliche Leitbild der „Urbanitäter" entsprach nicht den Vorstellungen großer Teile der Bevölkerung.

Während die Gartenstadt-Idee offensichtlich die besten Architekten der Zeit angezogen hatte, haben es die Architekten der sechziger und siebziger Jahre nicht verstanden, ihre gesellschaftlichen Ideen von Stadt und Stadtleben auch in humane Bauformen umzusetzen. So kann auch heute noch die Auffassung vertreten werden, das Leitbild *Urbanität durch Dichte* habe nichts getaugt und tauge auch weiterhin nicht. Es sei nicht menschengerecht und werde darum von der Bevölkerung auch nicht akzeptiert (so Hartmut Dieterich auf einer Tagung der Deutschen Akademie für Städtebau und Landesplanung in Hagen, Oktober 1992). Dennoch, wer in den frühen sechziger Jahren die Diskussion um die Rückgewinnung von Urbanität mitgetragen hat, traut heute oft seinen Ohren nicht. Kaum eine Zusammenkunft von Städtebauern, in der nicht der Begriff Urbanität laut würde. Es häufen sich Veröffentlichungen wie *Urbanität in Deutschland* (difu 1991) oder *Architektonische Leitbilder und neue Urbanität* (Hoffmann-Axthelm). Doch im Unterschied zu den sechziger Jahren macht das kein Aufsehen mehr. Für Urbanität plädiert heute jeder, nur nicht unbedingt für Urbanität *durch Dichte*. Das klingt heute ein wenig zu mechanistisch. Wir sprechen lieber von der „Stadt der kurzen Wege", von „flächensparendem Bauen", von „Durchdringung" und „Verflechtung" der Funktionen und Nutzungen. Im Ergebnis aber läuft das alles auf die Forderungen und Ziele von damals hinaus. Nur daß jetzt im Zeichen der Energie-Krisen, Klima-Katastrophen und ökologischen Desaster die Chancen ungleich besser stehen, zu humanen Maßstäben und Bauformen zu kommen. So läßt sich sagen: Was vor dreißig Jahren mit *Gesellschaft durch Dichte* gemeint und Anstoß war, verlangt heute noch und wieder, eingelöst zu werden: eine Herausforderung an Städte- und Häuserbauer!

Gerhard Boeddinghaus

Gesellschaft durch Dichte

Städtebautagung Gelsenkirchen 27. und 28.11.1963

Reihenfolge der einzelnen Vorträge:

27. November 1963

10.00 Uhr	Begrüßung durch Oberbürgermeister und Vorsitzenden der BDA-Kreisgruppe Gelsenkirchen
10.30 Uhr	Professor Erich Kühn, Aachen Einführung
11.00 Uhr	Dr. Hans Evers, Godesberg „Dichte in der Sicht der Raumordnung"
12.00 Uhr	Professor B. Wehner, Berlin „Dichte und Verkehr"
13.00 – 15.00 Uhr	Mittagspause
15.00 Uhr	Professor Jan Despotopoulos, Aachen „Urbane Dichte, die City und das neuzeitliche Gemeinschaftszentrum"
16.00 Uhr	Günter Günschel „Gemeinschaftsbildung und bauliche Dichte"
17.00 Uhr	Yona Friedman, Paris „Datenermittlung zur Stadtplanung"
20.00 Uhr	Halfmannshof. „Gespräche und Licht-Ballett" (Zero-Ausstellung)

28. November 1963

10.00 Uhr	Dr. Helmuth de Haas, Hamburg „Meine Großstadt Ruhrgebiet"
11.00 Uhr	Dipl.-Ing. Einsele, Gladbeck „Planen im Ruhrgebiet"
12.00 Uhr	Dipl.-Ing. Gerhard Fehl, Berlin „Cumbernauld und Liverpool"
13.00 – 15.00 Uhr	Mittagspause

15.00 Uhr Dr. Dellmann, Hannover
„Verdichtete Siedlungsgebiete"
15.45 Uhr P. Flotho, Hannover
„Gesetzliche Grundlage zur Verwirklichung baulicher Dichte"
16.30 Uhr E. Hartsuyker, Amsterdam
„Bauliche Dichte in Holland"
17.15 Uhr Dr. L. Burckhardt und Felix Schwarz
„Verstädterung und Verdichtung"
20.00 Uhr Hotel zur Post.
Gespräche

Presse-Waschzettel

für die Berichterstattung über die Städtebautagung
„Gesellschaft durch Dichte"
am 27. und 28. November 1963 in Gelsenkirchen, Hans-Sachs-Haus

Das Institut für Städtebau der Technischen Hochschule in Aachen und der Bund Deutscher Architekten BDA, Kreisgruppe Gelsenkirchen, veranstalten am 27. und 28. November 1963 eine Städtebau-Tagung mit dem Thema
„Gesellschaft durch Dichte".
Es soll dargelegt werden, daß zur Bildung und Festigung gesellschaftlicher Verpflichtungen eine intensive bauliche Dichte unvermeidbar ist.
Zweifellos sind die augenblicklichen Schwierigkeiten in unseren städtischen und regionalen Ballungsräumen nicht zu unterschätzen. Sie können aber ohne ernsthafte Gefährdung der Gesellschaft nicht durch generelle Entballungsmaßnahmen behoben werden.
Das das Thema der Tagung gesellschaftspolitisch ausgerichtet ist, werden nicht nur Städteplaner und Architekten angesprochen, sondern vor allem die über städtebauliche Projekte entscheidenden Politiker.

Referenten und ihre Themen:

Dr. Lucius Burckhardt, Basel, international bekannter Soziologe und Redakteur der schweizerischen Architekturzeitschrift „werk", und *Felix Schwarz*, Zürich, Architekt (Architektengemeinschaft Schwarz und Gutmann, bekannt durch städtebauliche Projekte, z.B. städtebauliches Gutachten für Hamburg-Bergstedt)
Thema: „Verstädterung und Verdichtung
        Ein Dorf im Einflußbereich von Zürich"
Dr. Burckhardt schreibt dazu unter anderem:
„Wir haben im Laufe dieses Sommers am Beispiel eines in den Bereich der Agglomeration rückenden Dorfes das Problem der sukzessiven Zentrumsbildung ein bißchen studiert und glauben nun, so etwas wie ein Denkmodell davon zu besitzen, das wir gerne einmal diskutiert sähen."

Dr. Helmuth de Haas, Hamburg, Schriftsteller und Kunstkritiker
Thema: „Meine Großstadt Ruhrgebiet"

Dr. Dellmann, Hannover, Städteplaner, und *Assessor Rudolf Flotho* von der Niedersächsischen Heimstätte in Hannover
Thema: „Beispiele für verdichtete Wohnsiedlungen und rechtliche Grundlagen zu ihrer Verwirklichung. Ein Beitrag über die sich aus der städtebaulichen Verdichtung ergebenden Probleme aus der Sicht des Juristen"

Professor Jan Despotopoulos, Athen
Thema: „Urbane Dichte"

Dipl.-Ing. M. Einsele, städtischer Baurat und Leiter des Planungsamtes der Stadt Gladbeck, spricht über
„Planen im Ballungsraum Ruhrgebiet — Vorstellung und Wirklichkeit"

Dr. Hans Evers, Bad Godesberg, Landesplaner
Thema: „Verdichtete Großräume"

Brian Falk, London, Architekt und Mitglied der bouw-group, einer Studiengruppe der Konservativen Partei
Thema: „Political implications of high densities in urban redevelopments"

Dipl.-Ing. Gerd Fehl, Berlin, Städteplaner beim Bausenator von Berlin, schreibt zu seinem Vortrag:
„Ich werde an Hand von Lichtbildern darstellen, wie man in England, dem klassischen Land der Gartenstadtidee, seit einiger Zeit sich mit neuen Konzeptionen trägt, bei denen Urbanität und Dichte eine neue Tugend darstellen, und wie man in der Praxis versucht, diese Ideen zu realisieren. Beispiele Cumbernauld und Innenstadterneuerung von Liverpool."

Yona Friedman, Paris, Architekt und Städteplaner, bekannt durch seine Raumstadtforschungen, über die er auch auf dem Neubau-Kongreß 1962 in Essen referiert hat
Thema: „Datenermittlung für den Einsatz von Elektronengehirnen im Städtebau"

Günter Günschel, Hannover, Architekt
Thema: „Ein Versuch, die Voraussetzungen für Gemeinschaftsbildungen und bauliche Dichte darzustellen"

Enrico Hartsuyker, Amsterdam, freier Architekt
Thema: „Kritische Untersuchung von Verdichtungen in Holland. Beispiel: Ringstadt Holland"

Professor Erich Kühn, Leiter des Institutes für Städtebau an der Technischen Hochschule Aachen, gibt die Einführung in das Thema der Tagung.

Professor B. Wehner, Technische Universität Berlin, Verkehrswissenschaftler, spricht über
„Verkehrstechnische Probleme in verdichteten Räumen"

Größere Diskussionen sind nicht vorgesehen, statt dessen ergänzende Fragen nach den Referaten und Diskussionen in Teilgruppen mit den Referenten an beiden Abenden.
Vorträge von 10 bis 13 und von 15 bis 18 Uhr. Eintritt frei.
Jeder, der am Städtebau interessiert ist, ist eingeladen.

In der Zeit vom 22.11.63 bis zum 8.12.63 findet anläßlich der Städtebautagung im Halfmannshof in Gelsenkirchen eine Kunstausstellung „Zero in Gelsenkirchen" statt. „Zero" ist eine Gruppe von jungen Künstlern, für die das Licht „Medium der Gestaltung" ist. Ihr gehören Namen wie Mack, Piene, Uecker, Hollweck, Göpfert, Poh und Cage an.

Gelsenkirchen, den 15.1.1963

Für den Bund Deutscher Architekten
Kreisgruppe Gelsenkirchen   Dipl.-Ing. Richard Gottlob

Großstadt, in der wir leben möchten

Städtebautagung am 25. und 26. November 1964 im Kleinen Haus der Städtischen Bühnen Gelsenkirchen

Das Institut für Städtebau und Landesplanung der Technischen Hochschule Aachen und der Bund Deutscher Architekten BDA Gruppe Gelsenkirchen laden hierzu ein: Politiker, Stadtplaner, Architekten, die Öffentlichkeit,

Nach jedem Referat Gelegenheit zu Ergänzungsfragen. Diskussionen mit den Referenten in Teilgruppen am 25. November 1964, ab 20 Uhr im Halfmannshof, Gelsenkirchen, zwischen den Automobilen Skulpturen von Harry Kramer, Paris, und am 26. November 1964, ab 20 Uhr im Hotel zur Post, Gelsenkirchen.

Mittwoch, 25. November 1964

10.00	Begrüßung
10.30	Prof. Kühn, Aachen: Einführung in das Thema
11.00	Dr. Conrads, Berlin: Mein Stadtideal
12.00	Verbandsdirektor Dr. Umlauf, Essen: Der Gebietsentwicklungsplan für den Ruhrkohlenbezirk
15.00	Dr. Schröder, Basel: Regionalprognose und Regionalplanung
15.45	Oberstadtdirektor Neuffer, Hannover: Die Region als Ordnungsraum
16.30	Landgerichtsrat Vogel, Warendorf: Raumordnung und Städtebau
17.15	Prof. Spengelin, Hannover: Zum Begriff „Verdichtung"

Donnerstag, 26. November 1964

10.00	Prof. von Nell-Breuning S.J., Frankfurt: Bodenbeschaffung und Bodenpreisbildung
11.00	Dr. Mackensen, Dortmund: Der Großstädter, wie sehen wir ihn?
12.00	Claus Bremer, Bern: Stadt, lebendiges Theater
15.00	Ruhrgebiet: Großstadt, in der wir leben möchten Dr. Wolter, Düsseldorf: Wirtschaftliche Aspekte Gerd Steinhauer, Essen: Chancen der Nachbarschaft Dipl. rer. hort. von Reuß, Bottrop: Grünzüge? Dipl.-Ing. Ruhnau, Gelsenkirchen: Entlastungsstädte? Dipl.-Ing. Einsele, Gladbeck: Verkehr und regionale Struktur

Foto: Wortmann/Klappert

Gesellschaft durch Dichte

Gelsenkirchen, 27. und 28. November 1963

Ernst-Otto Glasmeier

Zur Begrüßung

Die Tagung wurde initiiert von Professor Kühn und uns, der Gruppe BDA in Gelsenkirchen. Bei der gemeinsamen Programmgestaltung haben wesentlich mitgeholfen, und das muß ich hier unbedingt erwähnen, weil es wichtig ist, Josef Borghoff vom Planungsamt Bottrop, Martin Einsele vom Planungsamt Gladbeck und Werner Ruhnau. Die Regie dieser Veranstaltung lag in den Händen von Herrn Professor Kühn und mir.

Erich Kühn

Zur Einführung

Die Einführung von Herrn Glasmeier kam mir fast vor wie der Vorspann an einem Film. Trotzdem muß ich noch einmal sagen, daß der eigentliche Anlaß, der Anstoß zu unserem Zusammensein, nicht von mir ausging, sondern von den Kollegen hier in Gelsenkirchen, von Herrn Glasmeier vor allem und von Herrn Borghoff. Sie kamen vor einigen Wochen zu mir, um zu überlegen, was man tun könne, um die brennenden Probleme – die hier in Gelsenkirchen und Ihrem ganzen Ruhrrevier ja doch ständig jeden beschäftigen, der damit zu tun hat – zwar noch nicht zu lösen, sondern zu diskutieren, so daß zunächst einmal die eigentliche Veranlassung das Ruhrrevier ist. Wir fanden bald, daß der Kreis größer gezogen werden müsse, daß man viel hören müsse, daß Erfahrungen nützlich seien, und so glaubten wir, eben mehrere Kollegen zusammenfassen zu sollen, und wir glaubten auch, den Bereich der Architekten und Städtebauer überschreiten zu müssen, so daß wir das gemeinsame Vorhaben nannten „Gesellschaft durch Dichte".

Diese Formulierung soll nicht so sehr als eine *Behauptung* genommen werden; ich möchte etwas einschränken, vielleicht auch eine *Frage* in bezug auf die Grenze, nicht auf die Tatsache, über die sind wir uns alle völlig einig, glaube ich, ein wenig auch wohl als Hoffnung. Und dieses Phänomen nun eines Hinstrebens zum Städtischen – ich möchte das schöne Wort urban noch schonen aus Gründen, die ich gleich noch erwähnen werde – ist fast in der ganzen Welt mit der Unausweichlichkeit, aber auch mit dem Geheimnis des Stilwandels seit Jahren spürbar. Und die Idealvorstellung vieler, vor allem der Jugend, ist nicht mehr die Gartenstadt, deren englische Vorbilder unsere Väter und Großväter fast wie ein Mekka besuchten – ich habe noch die Fotografie eines Kremsers, in dem deutsche Kollegen, fast alle mit Bärten, so nach dem vorigen Kriege oder vor dem Kriege sogar, durch England fuhren, um die wenigen Gartenstädte aufzusuchen –, sondern die Idealvorstellung ist die Großstadt, da wo sie am dichtesten ist, sagen wir mal in Paris, Île St. Louis. Die deutschen Gartenstädte, meine Damen und Herren, glaube ich, kann man nur als „sogenannte" bezeichnen; wenigstens die meisten derjenigen Siedlungen, die unter dem Namen Gartenstadt laufen. Man kann sie nur in Anführungsstrichen anführen, weil sie fast immer ein Surrogat jener sehr viel dichteren englischen Gartenstädte sind, die am Anfang der Entwicklung standen.

Wie kommt es nun zu dieser Kehrtwendung um fast 180 Grad? Ist sie vorübergehend, ist sie eine Mode, oder ist es elementare Zwangsläufigkeit? Handelt es sich um eine andere Form der Romantik, um eine Romantik, möchte man sagen, mit umgekehrten Vorzeichen, oder stehen sehr harte Realitäten hinter diesem ungewöhnlichen Ereignis? Ich glaube, wir können wirklich von einem ungewöhnlichen Ereignis sprechen, denn was wir seit einigen Jahren erleben, ist aufregend, entscheidend, radikal wie eine Revolution und interessant im gewöhnlichen Sinne des Wortes und in seinem wahren Sinne des Interesses, des Dabeiseins, des Dazwischenseins, des Erlebens. Wir Zeitgenossen haben daher nicht nur das Recht zu fragen, zu prüfen, nach dem Sinn zu suchen, Grenzen abzustecken und auch Gefahren unter Umständen zu bannen. Wenn ich scheinbar einiges vorwegnehme, so geschieht es, um unser gemeinsames Anliegen nicht formlos ausufern zu lassen. Wir haben nur zwei Tage Zeit, um einige mir bedeutsame Punkte hervorzuheben, wobei selbstverständlich jede Ergänzung willkommen ist und wobei das, was ich sage, nichts mit der Zeitfolge zu tun hat, die uns in diesen beiden Tagen beschäftigen wird. Zunächst einige Überlegungen, die auf die Gründe hinzielen. Ich sehe sehr *rationale* Gründe zunächst. Das Zeitalter der Menge zwingt zum Zusammenrücken, um Land und Boden zu erhalten für lebenswichtige Voraussetzungen der Existenz dieser Menge, zur Ernährung, Erholung, Gesundheit. Und Zusammenrücken verlangt dann in einer ganz unausweichlichen Konsequenz dichtes Zusammenrücken, um die Wege kurz zu halten, um den kostspieligen Apparat zu ermöglichen; Unterpflaster- und Untergrundbahn etwa lohnen sich nicht in lockerer Bebauung. Und ich sehe *formale* Gründe. Sie sind nicht weniger wichtig; der Gegensatz von Dichte und Weite ist erlebnisreicher als träges, spannungsloses Ineinanderüberfließen. Gebautes und Gewachsenes, Organisches und Anorganisches, Technisches und Natürliches, Takt und Rhythmus sind ebenso bedeutsame Gegensätze. Und ich sehe *irrationale* Gründe, und die sind vielleicht die beweiskräftigsten, obwohl sie weitgehend in den Bereich des nicht Erklärbaren gehören mögen. Wenn junge Studenten beispielsweise seit vielen Jahren ganz aus sich heraus ohne irgendeine Anregung von außen bei vielen Entwürfen die verdichtete Siedlung und die verdichtete Stadt suchen, so ist das ein Phänomen, das man registrieren muß, das man anerkennen muß und bei dem man aufhorchen sollte, und wir haben das ja auch seit vielen Jahren getan. Ich möchte auch sagen, unsere eigene – darf ich mal sagen – Aufregung beim Durchdenken dichter Wohngebiete und Zentren, die Ungeduld, das Vorgestellte nun gebaut zu sehen, könnte man ähnlich werten. Und sicherlich wirkt auch mit das Gesetz des dialektischen Gegensatzes. Eine selbstverständliche und erwartete Reaktion: Auf die Auflösung unserer Siedlungen ins Formlose mußte der neue Trend zur Dichte antworten. Und ich glaube, daß gerade die Langeweile und Öde, die Phantasielosigkeit, die provinzielle – nun Biederkeit ist noch zu wenig gesagt – sehr vieler Siedlungen auch hier im Ruhrgebiet mit einer der Gründe sein mag für den Versuch, auf dem Wege der Verdichtung jetzt Form, Leben, Vitalität, Fülle, Erfülltsein in diese Wohngebilde hineinzubringen. Es kommt hinzu das ebenso deutlich ablesbare Streben nach Städtischem, das mit dem Phänomen, das uns hier jetzt im Speziellen beschäftigt, zwar auch weite Strecken parallel geht, aber nicht voll mit ihm identisch ist. Was bei diesem Trend alles an Triebkräften mitwirken mag, bleibt auch noch weitgehend ungeklärt. Ich möchte das Wort „urban" schonen und einschränken. Und diese Einschränkung hat zudem eine gewisse Berechtigung, die deutlich wird, wenn wir einen Moment lang versuchen, den Begriff genauer zu definieren. Unter Urbanität möchte ich eine Lebenshaltung verstehen, die durch Substantive wie Kultiviertheit, lässige Überlegenheit, Weltoffenheit umschrieben wird, ohne dadurch selbstverständlich genau bestimmt zu sein. Marcuse nennt zur Kennzeichnung dieser städtischen Kultiviertheit die beiden Namen Fontane und die Buddenbrocks. Unsere cisalpine Urbanität, die sicherlich eigener Art ist, hat meiner Meinung nach drei Wurzeln, die *Antike*, in den Gebieten der römischen Provinz dünn weitergegeben, aber doch weitergegeben; die *Kirche,* die die wichtigste Vermittlerin mittelmeerischer Stadtkultur war, Sie wissen, die Bischöfe waren gehalten, in den Städten zu residieren, und zwangen dadurch den widerstrebenden germanischen Adel in die Städte. Als Drittes der *Nahe* und *Fernere Orient,* dessen Urbanität uns über die in Spanien lebenden Araber, über die Kreuzzüge und später über den Handel vermittelt wurde. Die Träger des urbanen Weltgefühls waren nacheinander Priester, Ritter und Händler, und damit sind als Prinzipien des Urbanen genannt: Das Geistige, das Politische, das Wirtschaftliche.

Meiner Ansicht nach wird Urbanität in diesem Sinne zwar in der Stadt und vom städtischen Geist geprägt. Sie zu leben setzt aber nicht unbedingt Stadtgebundenheit voraus. Urbanität dieser Art existiert auch außerhalb der Urbs. Ich glaube, schon im frühen Mittelalter mag dem Urbanen nahekommendes Leben zeitweise auf den Burgen und Schlössern stärker gepflegt worden sein als in den Städten. Und auch heute kann ein Gutsherr etwa, urban sein und lebensnah, weitgereist, ein Weltmann, mitdenkend, mitfühlend, urban also im besten Sinne des Wortes, ohne in der Stadt zu wohnen. Und in Ländern mit hohem Lebensniveau, in Dänemark und England etwa, sind urban und ländlich keine Gegensätze. Leben kann man diese Urbanität außerhalb der Stadt, bilden kann sie sich nur in der Stadt, sie setzt Stadt voraus.

Wir wollen aber Dichte auf Stadt beziehen oder auf Ballungsgebiete, das müssen wir unterscheiden, und müssen uns daher mit jenen Eigenschaften des Urbanen beschäftigen, die mit der Stadt eng verbunden sind und bleiben, und diese nenne ich das Städtische. Das Städtische meint also, urban, Urbanität eingeschränkt auf die Stadt, zugleich verbreitert um andere Bestandteile städtischen Lebens. Die Bewegung ist elementar und ebenso wie der Drang zur Dichte offenbar in der ganzen zivilisierten Welt spürbar. Wie weit die Intensität zum Urbanen geht, zeigt jene Anekdote von einem französischen Schriftsteller, der von sich sagte, er sei ein absoluter Kriegsgegner, er würde nie Soldat werden, einmal sei der Krieg scheußlich und atapistisch, zum anderen fände er aber meistens auf dem Lande statt. Diese Bemerkung offenbart die Intensität der Bewegung, sie zeigt aber auch die Grenzen und zeigt unter Umständen auch Gefahren. Ich gehe voll mit, solange städtische Verdichtung gefordert und gesucht wird, und ich unterstützte alle diese Bestrebungen, wie auch unser heutiges Anliegen, ganz selbstverständlich. Ich muß aber mich distanzieren, wenn mit dieser Bewegung, dieser Forderung, die gleichzeitige Ablehnung des anderen Pols verbunden wird, wie es hin und wieder, ich möchte sagen im Übermaß, Überschwang einer jungen Bewegung geschieht. Damit wird wiederum Einseitigkeit geschaffen. Eine besonders gefährliche Einseitigkeit zudem. Der überall notwendige Dualismus wird negiert, Leben und Stadt werden spannungsloser, langweiliger, eine Seite des Lebens würde unterdrückt und vergewaltigt. Denn immer noch gilt, und vielleicht heute erst recht, daß gleichzeitig mit dem Trend, von dem wir am Anfang sprachen, starke Kräfte zum Natürlichen hin drängen. Eine Bewegung, die zwangsläufig noch stärker wird, je mehr wir gezwungen werden, je mehr wir wollen, daß die Städter dichter und enger zusammenrücken.

Wir können ablesen, im Leben selbst ablesen, die Flucht aus der Stadt am Wochenende im Sommer und im Winter, wenn das Wetter es nur im geringsten zuläßt, die Volksbewegung des Zeltens und was sie alles noch zusammensuchen müssen. Die Tatsache beispielsweise, daß in den Kunstpassagen, ich kürze ab in Anführungszeichen, in den Großstädten, wenig *Nuditäten* zu finden sind, fast nur Landschaftsbilder, Stilleben, Jagdbilder usw. Vor allem aber die Tatsache, daß die Werbepsychologen der meisten großen Firmen, die sicher sehr genau überlegen, wofür sie das viele Geld ausgeben, in fast allen Plakaten irgendwie die Natur mit herbeiziehen – ob es geht oder nicht. Ein Teppich liegt am *Niagarafall,* und die merkwürdigsten Kombinationen werden hergestellt, um die Natur, als das im Moment vielleicht Ansprechendste, mit ihrem Artikel, für den sie werben, in Verbindung zu bringen. Die Beziehungen des Städters zur Natur sind vielgestaltig und verschiedenartig. Es gibt sicherlich viele Menschen in unseren Städten, die im Grunde verhinderte Landbewohner sind und verhinderte Bauern gar; für die müssen wir genauso sorgen, für sie mag beispielsweise die Kleinsiedlung wichtig sein. Andere mögen ohne diese Beziehungen eine ganz natürliche Verbindung zur Pflanze haben. Andere suchen die Natur ebenso elementar, aber veranlaßt durch Lektüre, durch Reiseerlebnisse, also auf dem Wege über die Bildung. Denken Sie an die große, sehr tiefgreifende und sehr ins Feinste gehende ostasiatische Lebenshaltung, so daß wir Veranlassung haben, auch das Künstlerische einzubeziehen, den Park, den Garten usw. Es gibt auch den Städter, der ohne Beziehung zum Natürlichen auskommt, ich achte diese Haltung selbstverständlich. Große Männer lebten so, Mozart mag dazugehört haben und – wie ich neulich las – der Schriftsteller Döblin etwa. Aber ich beneide sie nicht, und ich glaube, ihr Leben gehört in das große Kapitel der selbstgewählten Armut. Sie erleben nicht den Wechsel und die Fülle der Jahreszeiten. Vom Fest der Farbe in der Natur sind sie ausgeschlossen. Die vielen Wunder erreichen sie nicht. Allen aber dient die Natur als formaler Gegensatz zum Gebauten – wir sprachen schon davon –, und sie ist zwingend notwendig in unserem Zeitalter der Technik. Die Stadt ist ein absolut technischer Apparat, und zur Technik gehört ebensosehr der a-technische Bereich. Ganz besonders in der Zeit, in der wir noch in „ungekonnter" technischer Umgebung leben. Wir sind ja erst in den Anfängen der technischen Entwicklung. Wir leiden psychisch und physisch. Ich nenne nur die Worte Luftverunreinigung, Lärm oder was sonst hier gerade mitten im Herzen des Ruhrgebietes noch dazu genannt werden könnte. Ich muß hier keine Erläuterungen geben.

Wie eine ins Übermaß verdichtete Stadt sich auswirkt, las ich neulich in einer Untersuchung, die Frau Erna Schmidt-Überreiter in Wien vorgenommen hat. Sie hat die Krebsfälle in Wien in langen Zeiträumen festgestellt, und darüber wurde folgendes in der *Frankfurter Allgemeinen* berichtet:
„Trägt man für jeden Krebstoten einen Punkt auf einem großen Stadtplan ein, so zeigt sich überraschenderweise eine sehr ungleiche Verteilung. Während die Krebssterblichkeit in manchem *Sprengel* nur 3 Promille ausmacht, beträgt sie in anderen bis zu 96 Promille. Die Hälfte, nämlich 109 von den 200 *Wahlsprengeln* Wiens weichen *signifikant* von den Durchschnittswerten ab. 71 von diesen 109 haben eine Krebssterblichkeit von mehr als 68 Promille, bei 38 beträgt sie weniger als 13 Promille. Die guten *Sprengel*, mit weniger als 13 Promille Krebssterblichkeit, liegen ausschließlich an der Peripherie, die schlechten mit mehr als 67 Promille aber in den schon lange dicht bebauten Industriebezirken, die sich wie ein Ring um den ‚Gürtel' erstrecken, die bogenförmige Umgrenzung der Innenbezirke. Das große, nur locker verbaute Industriegebiet nördlich der Donau aber ist auffälligerweise frei von schlechten Bezirken. Hier tragen die starken Winde des Donautals, offen nach Westen wie nach Osten, Staub und Abgase der Industrie fort. Die schlechten *Sprengel* häufen sich auch in den Bezirken am Ostabhang des Wiener Waldes, die zwar keine ausgesprochenen Industrieviertel sind, wo sich aber bei Ostwind die von der Stadt kommende verunreinigte Luft staut. Nur im Bezirk Döbling machen große Grünflächen die Wirkung der von der Industrie verpesteten Luft wett."
Ich denke, Sie werden mir zustimmen, wenn ich sage, daß jeder an einer ausreichenden Einbeziehung des zweiten Pols, von dem ich sprach, interessiert sein müßte. Ich glaube, daß wir gegen die anerkannten Regeln der Baukunst verstoßen würden, wenn wir es nicht täten.

So, meine Damen und Herren; ich habe diesem Gegenpol soviel, sie mögen vielleicht annehmen, unverhältnismäßig viel Zeit gewidmet, weil er nicht mehr zur Sprache kommen wird und auch heute und morgen nicht mehr zur Sprache kommen sollte. Uns interessiert die andere Seite. Ich glaubte aber, als Anwalt dieses anderen Poles hier auftreten zu müssen, um zu sagen, daß erst aus beidem ein Ganzes wird. Und unsere Aufgabe sollte es auch sein, diese Synthese in der Dialektik zu finden, von der ich sprach. Sie ist möglich, und das Ruhrrevier zeigt uns am besten, wie ein ausgezeichneter Grundstoff das Baumaterial für eine Zukunftsstadt

abgeben kann, die aus vielen dichten *Kernen* besteht und aus breiten genutzten – und das ist auch sehr wesentlich – Grünzonen dazwischen. Nun, wir haben bisher zwei Arten von Verdichtungen angesprochen und sind damit etwas ungenau und unwissenschaftlich gewesen, weil wir sie nicht unterschieden haben. Ich meine, in Zukunft sollten wir daran denken, daß wir mit der Verdichtung innerhalb der Stadt, in Wohngebieten und im Zentrum zu rechnen haben, daß wir sie wollen, und mit verdichteten Zonen, die wir bisher als Ballungsgebiete kannten. Für beide gilt auf weiten Strecken das gleiche. Und für beide kann man sagen, Konzentration ist gut und in vielen Fällen notwendig. Mir scheint aber, es handelt sich um eine Medizin, die das Leben retten, aber auch töten kann. Und nicht umsonst hat der Deutsche Gewerkschaftsbund an die Spitze seines neuen Programmes zwei Punkte, zwei Forderungen gestellt, die sich mit der Konzentration beschäftigen. Allzu starke Konzentration bedeutet auch in den Ballungsräumen (auch darüber müssen wir uns klar sein, *man hat* Ausdehnungsmöglichkeiten), solange wir die Technik nicht restlos beherrschen, Verstärkung der Gefahren durch Lärm, durch Luftverunreinigung, Klimaverschlechterung, Wassermangel und was es sein mag. Auch das sage ich nicht, damit wir es heute besprechen, sondern um darauf aufmerksam zu machen, daß irgendwo Grenzen gesetzt sind. Und beide – sagte ich schon –, beide Arten der Dichten haben Gemeinsames, sind aber in vielem verschieden. Und es wäre daher gut, wenn wir möglichst angeben würden, möglichst sagen würden, welche Art von Verdichtung wir meinen, wenn wir über das Problem sprechen.
Wir sollten uns auch bewußt sein, daß dichteres Aufeinanderrücken, das wir wollen, das wir mit großer Intensität wollen, Ordnung und auch eine größere Disziplin auf vielen Gebieten voraussetzt.
Zum Schluß noch ein Hinweis, der mir nicht unwichtig zu sein scheint: Wir hatten Urbanität und Dichte ganz kurz und ganz flüchtig miteinander in Verbindung gebracht. Vielleicht müßten wir uns noch darüber klar sein, daß Dichte allein noch nicht Stadt bedeutet. Es gibt dicht gebaute Bauerndörfer, etwa in Gegenden mit sehr guten Böden, die gar nichts mit Stadt zu tun haben. Es müssen eine ganze Reihe anderer Elemente hinzukommen, um „Stadt" werden zu lassen. Beispielsweise – meiner Ansicht nach – die Mischung. Wenn wir uns über Dichte unterhalten, so haben wir nur *ein* Element des Städtischen, das allein noch nicht ausreicht.
Wir sehen, unser Vorhaben wird bei näherem Zusehen nicht einfacher. Das soll uns aber nicht abhalten, mit größter Intensität an unsere Aufgabe

heranzugehen, das Problem *Gesellschaft durch Dichte* zu untersuchen. Wir haben das Wort Gesellschaft gewählt, um anzudeuten, daß wir mehr meinen als materielle Dinge, daß wir glauben, daß wir hoffen, das dichte Zusammenrücken würde sich auch auswirken auf das Zusammenleben des Menschen im Sinne eines Elementes, das uns heute am stärksten fehlt. Wir haben auch einen Soziologen gebeten, über dieses Thema zu sprechen, der selbstverständlich für die Gesellschaft zuständiger ist als wir Techniker. Und vielleicht wird es später notwendig sein, uns mit Soziologen noch ernsthafter zusammenzusetzen, so daß das, was wir jetzt vorhaben, ich möchte sagen, als eine Art Vorgespräch unter den im engsten Bereich Beteiligten anzusehen ist, das fortgesetzt werden sollte, wenn sich hier ergibt, daß die Notwendigkeit dazu besteht.
Ich wünsche unserem Vorhaben allen Erfolg.

Günter Günschel

Gemeinschaftsbildung und bauliche Dichte

In den hochindustrialisierten Ländern leben heute fast 70 % der Bevölkerung in Städten. Diese großen Zuwanderungen führen zu einer hohen Heterogenität der Bevölkerung, die nicht ohne gravierende Einflüsse auf soziale Beziehungen, ökonomische Operationen und kulturelle Entwicklungen sind. Je mehr Menschen eine Stadt aufnehmen muß, um so mehr finden wir in ihr Differenzierungen und Spezialisierungen ihrer Strukturen.
Die Städte setzen sich aus verschiedenen Bevölkerungsgruppen zusammen, die entweder ihrer vertrauten Stadt selbst, einer Stadt anderer Struktur, einem Dorf oder gar einem anderen Land entstammen. Sie beherbergen also Menschen, die aus Orten unterschiedlichster sozialer und gesellschaftlicher Bindungen, Pflichten und Rechte übergesiedelt sind. Diesem Bevölkerungsgemisch kann die Stadt vielfältige Möglichkeiten individueller Daseinsgestaltung für den Preis der Eingliederung in ein umfassendes Ordnungs- und Leistungsgefüge bieten. Die unterschiedlichen sozialen, geistigen, kulturellen und politischen Lebensorientierungen des Großstädters, die verschiedenen Erwartungsgrade und das Leben in aufeinander abgestimmten Funktionsbereichen der Großstadt führen aber auch fraglos zu Spannungen und Erscheinungen, die von Zivilisationskritikern gern zum Anlaß genommen werden, auf das Versagen der Großstadt hinzuweisen.
Entgegen der von der Großstadtkritik nicht selten traditionsgeleiteten Stimmen können wir aber beobachten, daß immer mehr Menschen diese Kritik ignorieren und nur in der Großstadt und in den Ballungsräumen die Verwirklichung und Befriedigung ihrer vitalen und sozialen Bedürfnisse zu erhoffen vermögen. Dieser hohe Grad der Erwartung kann aber nur erfüllt werden, wenn die vielfältigen und zum Teil recht massiven Herausforderungen der Großstadt von dem Einzelnen verstanden und ausgelebt werden können. Er findet in verdichteten Bebauungsgebieten

Lebensbedingungen vor, denen mit überholten, traditionsgeleiteten Lebensformen nur selten zu begegnen ist.
Wenn die Technische Hochschule Aachen und der BDA Gelsenkirchen dieser Tagung das Thema gegeben haben *Gesellschaft durch Dichte*, so hoffe ich, daß sie nicht in der Vorstellung leben, daß verdichtetes Bauen allein schon genüge, um ein die Menschen verbindendes Gesellschaftsleben herzustellen. Die Grundlagen liegen vielmehr im Menschen selbst. Durch das alleinige Ändern unserer Behausungsstrukturen hin zur Komprimierung und durch die verordnete Errichtung sogenannter gemeinschaftsbildender Institutionen, die uns Stadtplaner gerne vorschlagen, wird wenig zum gesellschaftlichen Situationsverständnis des einzelnen Menschen beigetragen, denn der fragt nach den Bezügen zu sich selbst und will verstehen, was es da neu zu erfahren gibt, dieses Neue muß ihm bewußt gemacht werden, denn er weiß aus Erfahrung, daß Veränderungen seiner Lebenssituation nicht ohne kritische Auseinandersetzung mit sich selbst und der ihn umgebenden Umweltbedingungen möglich sind, wenn ein stabiles Gleichgewicht erreicht werden soll. Neu erkanntes konstruktiv zu verarbeiten wird für viele problematisch werden, denn sie vermuten zu Recht, daß hier sehr viel von ihnen erwartet wird. Es gibt sicher kaum ein Problem, dem sie – nicht zuletzt durch ihre Erziehung – verständnisloser gegenübergestanden haben. Wenn sie aber den sozialpolitischen Wandlungen folgen und sich Doktrinen von außen entziehen wollen, dann werden sie diese Auseinandersetzung suchen müssen oder Einschränkungen ihrer Persönlichkeitsentfaltung von seiten der Gesellschaft zu ertragen haben. Sie werden verstehen müssen, daß Erkenntnis über ihr Umfeld Erkenntnis über sich selbst beinhaltet.
Planung heute glaubt, andere Wege gehen zu können. Sie geht fälschlicherweise davon aus, über statistische Verfahrensweisen Persönlichkeitsstrukturen miterfassen zu können. Aber was vermag die Statistik? Sie gibt uns einen Durchschnittswert an, weil es in ihrer Natur liegt, alle Werte, die über oder unter einer nivellierten Mitte liegen, unberücksichtigt zu lassen. Je mehr ein solches Ergebnis Anspruch auf Allgemeingültigkeit erhebt, desto weniger kann es möglich sein, den individuellen Werten gerecht zu sein, die sich wesentlich, im Sinne des Wortstammes, von dem Mittelwert unterscheiden, der ja in Wirklichkeit nicht einmal vorkommen muß. Es entsteht also ein Ergebnis, das als statistische Theorie durchaus seinen Nutzen haben kann, die Menschen, denen diese Theorie ja dienen soll, so wie sie tatsächlich sind, jedoch nicht erfassen kann, es sei denn, ihre Individualität deckt sich zufällig mit dem Mittelwert.

Der heutige Städtebau beruht vorwiegend auf statistischen „Wahrheiten" und ist nicht bereit, den Einzelnen, den ja nicht nur das Allgemeine, sondern vor allem das Einmalige auszeichnet, zu erfassen. Wir müssen diese Entwicklung den Methodenlehren der Naturwissenschaften zuschreiben, die eine allgemeingültige Anthropologie erstellten, in welcher jedoch das schwer zu erfassende Individuelle, das Probabilistische eine untergeordnete Rolle spielt. Das Individuelle ist fast immer die Ausnahme in den statistisch begründeten Regeln dieser Disziplinen. Das ist nicht ohne bedenklich stimmende Folgen. Durch die Gleichmachung des Individuums, das ja der eigentliche Wirklichkeitsträger ist, entsteht ein „Statistischer Normaltyp", der das Individuum überlagert. Das Zusammenfassen dieser „Normaltypen" zu Organisationseinheiten bedeutet gleichzeitig das Zusammenfassen vieler überlagerter Individuen, die ihrer Werte und persönlichen Grundlagen beraubt auf einen psychischen Spannungsausgleich warten. Solange jedoch dieser Ausgleich nicht eintritt, lebt der Einzelne im Gefühl des nicht Verstanden-, nicht Anerkanntwerdens mit der Bewußtheit über seine eigene Nichtigkeit, also in einem Stadium, in dem er sich aus Orientierungslosigkeit willenlos führen und verplanen läßt und in dem sich Programme und Idealismen mit ihm erfüllen lassen, denn diese scheinen ihn ja von seiner Ohnmacht hinwegzuführen. Er sieht nicht mehr sein hilfloses Ich, seine „Nichtigkeit", sondern das Programm, die große Zahl, das große Versprechen, das Führen des Planers und identifiziert sich mit alledem. In diesem Zustand ist er ein williges Opfer jener psychisch und geistig latenten Minoritäten, die ihn so oft in seiner Geschichte in Not und Verzweiflung brachten. Es ist erstaunlich, wie sehr sich der Mensch dem naturwissenschaftlichen Rationalismus unterstellt und wie wenig er versucht, seine Individualität zum Wirklichkeitsträger zu machen. Wie ist es sonst zu erklären, daß sich Millionen Menschen durch psychisch und geistig Übertemperierte verführen ließen oder, um auf unser Thema zu kommen, ohne aufzubegehren einer staatlich gelenkten Wohnungspolitik folgen, die erschreckend wenig Rücksicht darauf nimmt, welches Maß an Freiheit und Selbstentfaltung der Einzelne anstreben möchte. Gerade unsere staatliche Baupolitik ist mir ein Beweis, wie wenig das Individuum heute in der Lage ist, seine Lebensform, die ja das Wohnen, Arbeiten usw. einschließt, kritisch zu durchdenken und Änderungen anzustreben. Aber zu diesen Individuen zählen auch wir, die Architekten und Planer, und keine Hochschule oder Universität ist bereit, auf dieses fundamentale Problem zu verweisen; sie empfinden das Verlangen, über solche irrationale Prozesse zu diskutieren als unpopulär.

Man kann es in vorhandene Disziplinen nicht einordnen, und außerdem riecht es nach Seele, Moral, Tradition usw.
Es kann aber keine Selbsterfahrung und Selbsterkenntnis über unsere eigene Befindlichkeit in unserer Umwelt nach rein rationalem Wissenschaftsverständnis geben, wenn dadurch die Irregularität des Menschen außen vor bleibt. Irrationale Vorgänge bewußt zu machen, zu entdämonisieren, zu entmythologisieren, ihnen die Schicksalhaftigkeit zu nehmen, muß ein wesentliches Ziel sein, denn nur so kann man dem Staat, den Konfessionen und den großen Organisationen trotzen, die ja davon leben, daß der Mensch sich seiner wirklichen Persönlichkeitsstruktur nur unzulänglich bewußt ist. Es ist für den Einzelnen sehr problematisch, wenn er in seinem eigenen „Hause" nicht Bescheid weiß. Er wird sich mit denen verbünden, die es auch nicht wissen. Tun sich viele solcher Menschen zusammen, so meinen sie, auf diese Weise ihre Wesensart besser verteidigen zu können. Sie tun sich zusammen und fühlen sich dennoch in ihrer Art als Unterdrückte unterdrückt von außen und suchen die Ursache dieses Problems natürlich nicht bei sich selbst, sondern in ihrer Umwelt, bei den anderen. In dieser Situation sind sie der Meinung, daß sie ihre Persönlichkeitskonflikte lösen können, wenn die sie beeinflussenden Umweltbedingungen geändert werden. Aber sie übersehen dabei, daß sie nach Erfüllung dieser Wünsche gleiche innere Schwierigkeiten haben werden, diesmal nur in einem anderen Gewande, denn es wurde ja an inneren Spannungen nichts abgebaut, und dieses nicht Abgebaute tritt jetzt verstärkt nach außen, ist schwerer zu verstehen und zu kontrollieren. Die Ursachen des Verlangens, sich von seinen Konflikten zu befreien, sind nicht behoben, und man wird sich verstärkter nach außen wenden, um sich helfen und damit auch leiten und führen zu lassen.
Wenn wir also für verdichtetes Bauen und gleichzeitig für eine individuelle Lebensgestaltung eintreten, wie es Yona Friedman und seine Freunde anstreben, dann erreicht man es sicher nicht allein damit, daß man bessere Umweltbedingungen schafft, jedenfalls so lange nicht, wie das Individuum nicht bereit ist, sich als selbstkritische Persönlichkeit mit einzubringen, die Konflikte würden sich nur mehren. Angesagt sind eigene Urteilssicherheit, kritische Analyse politisch-sozialer Veränderungen, Aufbegehren gegen das Übermaß an Beeinflussung durch Presse, Funk und Fernsehen mit ihren Psycho-Techniken u.a.m.
Es ist zu beobachten, daß Menschen, die man im weitesten Sinne zu entmündigen versucht, diesen Zustand durch Geltungsverlangen, Konsumaufwand und anderes kompensieren wollen. Es besteht kein Zweifel,

daß sich das in ihrer Lebens-und Umweltgestaltung äußert. Unterschwellig handelt es sich hier um einen Unsterblichkeitsdrang, der sich in der Schaffung von Symbolen verschiedenster Art manifestiert. Der Wille nach Macht, Ansehen und Befriedigung des schöpferischen Tuns sind wesentliche Triebfedern, die die Erfüllung ihrer Bedürfnisse in die verschiedensten Bahnen lenkt mit konstruktiver aber auch destruktiver Richtung. Hier ist kritisches Urteilsvermögen gefragt. Positiv ist das Geltungsverlangen zu bewerten, am Aufbau der großen Gesellschaftsstrukturen mitzuarbeiten. Aber für die meisten wird die Erkenntnis schmerzlich sein, daß sie nicht mehr in der Lage sind, mobile Großräumigkeiten und differenzierte Organisationsformen zu überschauen. Die Folge ist ein resignierter Determinationsglaube. Die Sozialgebilde entziehen sich dann ihrer Mitarbeit und damit immer mehr ihrer Kontrolle. Die Macht der spezialisierten Organisation, die von dem Einzelnen nicht mehr zu verstehen ist, wird immer größer, je schwächer, hilfloser und unentschlossener dieser ist. Es hat wenig Sinn, sich zurückzuziehen und in eine mehr oder weniger infantile Phase der Verantwortungs- und Sorglosigkeit hinabzutauchen, diese Rechnung geht nicht auf, und ich sehe nur dann eine Chance, Widerstand gegen die uns bevormundende Massenorganisation zu leisten, wenn es uns gelingt, unsere Individualität so zu organisieren, wie sich die Masse organisiert. Die Flucht vor der Verantwortung des Selbstwerdens durch Hingabe an undurchschaubare Autoritäten wird uns in ständige Abhängigkeitsverhältnisse bringen. Das wird natürlich von vielen anders gesehen, denn sie fühlen sich in der Massenorganisation als Quasiperson sicher aufgehoben, weil sie ihnen das Gefühl ihrer Nichtigkeit nimmt, sie repräsentiert, verwaltet und amüsiert.
Wir wissen, wie schwer es ist, sich in einer Welt von derartiger Komplexität zu halten, wir wissen, daß wir das Sich-in-der-Welt-Behaupten erst während eines großen Teils unseres Lebens erlernen müssen, und zwar mit Hilfe unserer hohen Anpassungsfähigkeit, die die Unspezialisiertheit unserer Organe in bestimmten Situationen ausgleicht. Wir wissen aber auch, daß diese hohe Anpassungsfähigkeit zur Belastung werden kann, wenn wir dadurch unser Fühlen und Wollen unterdrücken. Wir sollten daher nicht ständig nach neuen Strategien der Anpassung Ausschau halten, sondern uns fragen, woran es liegt, daß wir unsere gesellschaftlichen Fähigkeiten noch immer nicht so weit entwickelt haben wie unsere technischen.
Für die Gesellschaft ist es nicht unproblematisch, wenn sich über den nicht ausgetragenen Dualismus des Einzelnen die Distanz von Mensch

zu Mensch vergrößert. Aber was kann sie tun? In der Regel reagiert sie mit neuen Leitbildern und Ideologien. Da müssen wir uns aber fragen, welche Person denn all dieses erstellt, ob es nicht jemand ist, der selbst keine Antworten auf seine Persönlichkeitskonflikte weiß und der Dynamik unserer Zeit verständnislos gegenübersteht, der sich nur auf neue Leitbilder stürzt, weil er meint, damit seinen eigenen Schwierigkeiten ausweichen zu können. Vielleicht geht es ihm gar nicht um das Wohl der Allgemeinheit, sondern nur um sich selbst, um seine Irrationalität, die er ins Mystische steigern will, um sie ganz bewußt zur Erreichung seiner Gesellschaftspolitischen Ziele zu nutzen. Max Weber hat darauf hingewiesen, daß der emotionale Appell eines Führers die Massen von innen her revolutionieren kann, daß dagegen rationalisieren nur im Äußeren angenommen wird.

Die geistigen Veränderungen vollziehen sich in größeren Zeiträumen, oft über Generationen hinweg. Wir sollten daher übereilten Demonstrationen der Gesellschaft mißtrauen und unser Augenmerk intensiv darauf richten, von welcher Art die Bedingungen sein müßten, damit der Mensch über die Entwicklung seiner Selbstbewußtheit zu den anderen findet. Dies scheint mir erfolgversprechender zu sein als der Ruf nach neuen Leitbildern usf.

Baupolitik kann diesen Prozeß unterstützen, aber wirklich nur unterstützen, wenn Lebensbedingungen geschaffen werden, die bedürfnisentlastend und entfaltungsbegünstigend sind. Es müssen also Lebens- und Arbeitsräume zur Verfügung stehen, die anders als Dorf und enge Nachbarschaft so groß und unabhängig voneinander sind, daß es gelingen kann, Wollen, Fühlen und Hoffen über kritische Analyse zur Bewußtheit zu verhelfen und als konstruktive Potenz zu sublimieren. Es wird zwar in der Literatur immer wieder die Auffassung vertreten, daß die Großstadt solches nicht leisten könne und daß dadurch Konflikte entstehen würden, die Neurosen verursachen würden, aber Großstadtpsychologen um W. Haseloff u.a. bewiesen anhand von Analysen, daß diese These trotz ihrer Popularität nicht stimmt. Sie sind der Meinung, daß die Großstadt von dem Einzelnen intensive Vollzugsbedachtheit des Verhaltens fordert, ihm aber dafür vielfältige Entlastungs- und Sublimierungsmöglichkeiten durch die in ihr herrschende soziale Mobilität bietet. Durch die vielen Möglichkeiten sozialen Engagements gibt sie dem Einzelnen Chancen, chronischen Konfliktsituationen und zwischenmenschlichen Spannungen auszuweichen. Die sozialen Kontrollen sind in der Großstadt in der Regel so weitmaschig, daß die in ihr lebenden Menschen ein Gutteil ihrer

Versagungen und Unterdrückungen abbauen können. Andererseits finden sie differenzierte Institutionen kollektiver Ersatzbefriedigung zur Entlastung ihrer vitalen Bedürfnisse vor. Die Humanwissenschaften gehen davon aus, daß das Individuum durchaus die Formbarkeit besitzt, die Probleme, die sich ihm aus der Dynamik und Differenziertheit unserer Zeit ergeben, und die Ängste vor dem Unverstandenen in einem sicher länger dauernden Prozeß zu überwinden. Es ist zu fragen, ob der Staat, die Konfessionen und die in unserem Lande verankerten großen Organisationen interessiert sind, diese Eigenständigkeitsbestrebungen forciert zu unterstützen. Sie werden versuchen, das Pendeln zwischen individueller Selbständigkeit und kollektiver Abhängigkeit durch Schwerpunktverlagerung zugunsten der kollektiven Sphäre zu verlagern. Sicher haben die Sozialgebilde ein Recht, sich vor überschäumendem Subjektivismus zu schützen, aber jede Reduzierung individueller Lebensgestaltung birgt auch ihre Gefahren, denn die Sozialgebilde sind ja keine abstrakten Instanzen, sondern das Produkt vieler Menschen mit eigenen Vorstellungen und Bedürfnissen und sie können sich nur ständig erneuern, wenn sich ihre Einzelglieder als Wirklichkeitsträger ständig im Geiste erneuern können. Es liegt also eine große soziologische Arbeit vor uns, die darin besteht, den Menschen die individuelle Selbständigkeit zu ermöglichen und ihnen das Gefühl der kollektiven Geborgenheit in einem Gesellschaftssystem zu geben, das sie an der Gestaltung ihrer Lebensziele selbstverantwortlich mitwirken läßt.

Das Ziel dieses Verlangens kann natürlich nicht die Verselbständigung des Individuums in unserer Kultur sein, aber ohne Überwindung moralischer Bequemlichkeiten, sozialer Verantwortungslosigkeiten und chronischer Konfliktsituationen usw. ist ein anderes Gemeinschaftsleben schwer herstellbar. Die Wissenschaften vom Menschen, die Biologie, Psychologie und Soziologie sind heute in der Lage, ungeheure Techniken zu entwickeln, die persönlichkeitsverändernd auf Geist, Seele und Gene des Individuums wirken können. Die Arbeiten der amerikanischen Mediziner Olds und Miller, im Dezember 1956 veröffentlicht, beweisen, daß durch Stimulation bestimmter Gehirnpartien Liebe, Hunger, Todesfurcht, Zorn, Willens- und Widerstandslosigkeit hervorgerufen werden können. Ein anderer Amerikaner, Schafer, hat in Versuchen nachgewiesen, daß die elektrische Stimulierung bestimmter Gehirnteile auch ferngesteuert werden kann, indem er die Hirne seiner Versuchstiere mit kleinen Empfängern versah. Sie ersehen daraus, wie furchtbar es wäre, wenn diese Instrumente der Willenslenkung und Seelenspaltung genauso in den Machtbereich der Massenorganisationen des Staates gelangten, wie es vor 20 Jahren der Atomphysik erging, als man sich ihrer Erkenntnisse zur Konstruktion der Atombombe bediente. Damit diese Bedrohung von uns abgewendet werden kann, bedarf es eben des selbstverantwortlichen Menschen, der sich den modernen wissenschaftlichen, technischen und sozialen Entwicklungen adäquat erweist. Es bedarf aber auch eines Menschen, der eine positive Einstellung zur Gesunderhaltung und Verbesserung seiner Gene hat. Wir sprechen das Gebiet der Eugenik in der Öffentlichkeit nur ungern an. Uns allen sind die verbrecherischen Methoden der Nazis auf diesem Sektor bekannt – und niemand möchte, daß sich derartiges jemals wiederholt. Aber Forscher mehrerer Länder sind der Meinung, daß wir uns sehr wohl mit diesem Gebiet befassen sollten, wenn wir nicht tatenlos zusehen wollen, wie das genetische Niveau der Menschen vor allem in Regionen höherer Zivilisation, mehr und mehr absinkt, Jean Rostand, Huxley, Muller und Nachtsheim fordern, daß diesem Prozeß Einhalt geboten wird, denn wenn er zu weit fortschreitet, helfen auch keine gängigen medizinischen und sozialen Verbesserungen mehr. Rostand glaubt an eine gentechnische Erhöhung des Intelligenzniveaus der Menschheit und erhofft sich von diesen Intelligenzen, daß sie den komplex-komplizierten Problemen unserer Umwelt nicht mehr so verständnis- und hilflos gegenüberstehen.

Wir wissen heute noch nicht, wie sich dieses Gebiet entwickeln wird, und ob es uns gelingt, geeignete Kontrollmechanismen einzubauen, damit die Forschungsergebnisse wirklich dem Wohle der Menschheit dienen. Angesichts solcher Zukunftsvisionen müssen wir uns natürlich fragen, ob wir in Erwartung besserer gesellschaftlicher Zustände in Erstarrung verharren wollen, oder ob wir nicht Ideen entwickeln könnten, das soziokulturelle Verhalten der Menschen mit der Dynamik unserer Zeit in Einklang zu bringen.

Zustände, die nicht so sind, wie sie sein könnten, durch die wir also ein Problem haben, lassen sich, wenn viele Menschen davon betroffen sind, am besten mit Methoden untersuchen, die ganze Gruppen erfassen können. Die Großstadtpsychologie bedient sich daher immer öfter der Gruppenanalyse, wenn Menschen Probleme mit ihrer Individualisierung und gleichzeitig mit ihrer Integrierung ins gesellschaftliche Leben haben. Sie gehen sehr unkonventionell vor, indem sie Gruppenanalysen in Schulen, Universitäten, Fabrik- und Bürogemeinschaften, Freizeitheimen, Klubs u.a. Einrichtungen vorschlagen, frei von jeglicher Pression, autoritärer Moral und gesellschaftlicher Konvention. Ziel ist, daß durch das

Freiwerden schöpferischer Fähigkeiten, durch den Mut zur Entfaltung der Einzelne wieder ein Verhältnis zu den für ihn schwer verständlichen Verhaltensweisen seiner Persönlichkeit finden kann.
Angenommen, ein solcher gruppendynamischer Prozeß würde für den Einzelnen wie für die Gruppe erfolgreich verlaufen, und es würde sowohl zu einer Individualisierung wie auch zu einem Integrationsprozeß kommen, weil die Gruppe und der Einzelne ihre Probleme ja in einem dialektischen Prozeß ausgetragen haben, so müssen wir dennoch weiter fragen, ob das ausreicht, ob jemand, der über primär emotionale Strategien versucht hat, zur Individuation zu finden, dadurch schon gerüstet ist, die komplizierten und äußerst komplexen Vorgänge der Wissenschaft und Technik, die ständig auf sein Leben einwirken, zu durchschauen und zu verstehen. Taucht jetzt vor ihm nicht eine neue Kluft auf, erhält er nicht wegen seines erweiterten Selbstverständnisses jetzt erst recht das Gefühl der Nichtigkeit seiner Persönlichkeit vor der explosionsartigen Ausweitung wissenschaftlicher und technischer Errungenschaften? Mit Sicherheit werden solche Fälle eintreten. Die emotional ausgetragenen Aktionen der Analysen können zwar den Einzelnen aus seinen Verspannungen und seelischen Verkrampfungen lösen, um zu sich selbst zu finden, wenn er aber aktiv in unserem Zeitalter leben will, dann wird er sich ein Wissen, Denken und Operieren zu eigen machen müssen, das nur über das Lernen, Forschen und Versuchen zu erreichen sein wird. Vermag er nicht, sich dieser Herausforderung zu stellen, so könnte es nach Meinung vieler Soziologen in unserer Gesellschaft eine Arbeitsteilung geben, wie sie uns in einem solchen Ausmaß unbekannt war. Die Kluft zwischen den dynamischen und der geistig stagnierenden Menschen könnte so groß werden, daß die Gesellschaft gezwungen sein könnte, sich in Funktionsbereiche entsprechend der sozialen und geistigen Ausstattung ihrer Mitglieder zu ordnen. Es wäre dann absurd, von vielen mitbestimmenden und mitplanenden Individuen zu sprechen. Die meisten würden in den großen Körperschaften, derer es dann immer mehr geben wird, untergehen und ganz klar fixierte Aufgaben zu erfüllen haben. Unsere großen Zukunftsaufgaben im Bereich des Gestaltens unserer Umwelt würden dann noch rigider durchgeführt, weil die kompetente Kontrolle durch breite Bevölkerungsschichten nicht mehr gegeben wäre.
Zur Zeit beobachten wir in vielen Ländern große wirtschaftliche, politische und kulturelle Zusammenschlüsse. Wenn wir uns vergegenwärtigen, daß die Bevölkerung der Erde jährlich um 25-30 Millionen Menschen zunimmt und bedenkt, wie begrenzt die Oberfläche und die Ressourcen

unserer Erde sind, so wird die Komprimierung dieser vielen Milliarden Menschen große vielfältige Gesellschaftsstrukturen entstehen lassen, die sich Ziele stecken werden – und aus dem Bevölkerungsdruck heraus – Ziele übereilt stecken müssen, die wegen des Effizienzdruckes vorwiegend politisch-ökonomische sein werden. Die Individuation der Menschen als der eigentlichen Träger dieser riesigen Urbanisierung wird wahrscheinlich keines dieser gesellschaftlichen Ziele sein, jedenfalls nicht vordringlich. Es wird den Akteuren dieser Urbanisierung nur schwer zu vermitteln sein, daß andere Strategien, die sich nicht gleich ökonomisch auszahlen, letztlich viel effizienter sind, daß die Verdichtung vieler selbst- und sozialkritisch Denkender und handelnder Menschen auf einem engen Raum zwangsläufig zu einem großen schöpferischen Spannungsfeld führen könnte, das geeignet wäre, die Potentiale des Individuums in die Kollektivpotenz zu assimilieren. Das Besondere an diesem Prozeß wäre, daß sich durch die wiedergewonnene Selbstbewußtheit das Individuum konstruktiver an der Schaffung einer neuen Gemeinschaft beteiligen könnte.
Die Soziologen sind der Meinung, daß wir am Beginn einer Epoche stehen, wo die Verselbständigung des Individuums begonnen hat und andererseits der Trend zur Entwicklung komplexer Gesellschaftsformen bereits ablesbar ist.
Bedauerlich ist, daß sich der Prozeß der Selbstfindung langsamer vollzieht als die vielen Tatsachen schaffenden Entscheidungen des Gemeinwesens. Auf den Städtebau übertragen, wäre mir lieber, der Mensch mit all seinen ganz persönlichen Wünschen und Träumen würde im Vordergrund der Entscheidungen stehen und nicht die technisch-materiellen Strukturen der Stadt. Einige Studiengruppen für mobiles und anpaßbares Bauen versuchen da schon andere Wege zu gehen, indem sie Bauelemente entwickeln, die den Bewohnern ein gewisses Maß an Mitgestaltung ermöglichen soll durch kleine handliche Bauteile, die sich den dynamischen Lebensvorgängen während bestimmter Altersphasen z.B. anpassen können. Diese Gruppen entwickeln aber nicht nur eine technische Elementik, sondern, und das scheint mir sehr wesentlich zu ein, sie suchen in allen Phasen der Entwicklung das Gespräch mit denen, für die diese Techniken erdacht wurden. Der Planer ist wieder direkter Gesprächspartner. Hierin sehe ich eine besonders vielversprechende Art des oben erwähnten Analyseprozesses als Teilstrategie auf dem Weg zur Selbstfindung. Friedman und Schulze-Fielitz versuchen, mit ihren Großraumstrukturen den Prozeß zur Individuation wie auch zur Gemeinschaftsbildung baulich zu unterstützen. Sie entwickeln Strukturen, die individuell veränderbar sind und

trotzdem eine spätere Verdichtung nach dem Willen und den Vorstellungen ihrer Nutzer garantieren.
Alle Behausungsstrukturen zwingen ihren Bewohnern notgedrungen bestimmte Verhaltensweisen auf. Es gilt daher, Elemente zu schaffen, die die menschlichen Grundanliegen möglichst wenig einengen. Eine Lösung dieses Problems ist mit vielen technischen Schwierigkeiten verbunden, die zu lösen sich junge Architekten in vielen Ländern bemühen. Erfolgversprechender für schnellere Ergebnisse scheinen mir Baueinheiten von geringer Lebensdauer zu sein, die für bestimmte Lebensabschnitte oder eine Generation bestimmt sind, die in länger bestehenden, aber dennoch veränderbaren Primärstrukturen hängen, und die mit dem Ableben ihrer Bewohner vernichtet werden können.
Aber auch ein solcher Vorschlag bedarf der Diskussion mit den Nutzern und Vertretern verschiedenster Disziplinen, denn hier treten nicht nur technische, sondern vor allem soziale, psychologische und juristische Probleme auf. Daher scheint es mir, und ich kann es nur wiederholen, als erstes viel wichtiger zu sein, die uns gestellten Bauaufgaben in ihrer Komplexität mit den Betroffenen, den Planenden aller Disziplinen und den Verantwortlichen zu erörtern. Ob verdichtetes Bauen oder nicht, hängt von solchen Werkgesprächen ab, und wir erkennen, daß die Reihenfolge in der Formulierung unseres Themas „Gesellschaft durch Dichte", so nicht stimmen kann, wenn wir das Gesellschaftsleben nicht von außen her brutal beeinflussen wollen.
Machen wir uns also frei von einem ungeprüften und ideologisch bestimmten Bild der menschlichen Natur und tun wir den ersten Schritt hin zu den selbstverantwortlich denkenden Menschen, zu dem großen schöpferischen Potential, das ungenutzt, weil nicht gefordert, sondern unterbewertet und unterdrückt brach liegt. Wir erleben doch bereits heute ein weltweites Integrationsmoment durch die über unsere Erde gehende Dynamisierung, wodurch wirtschaftliche und gesellschaftliche Ziele, Techniken der Produktion, der Kommunikation, der Erziehung, der Existenzsicherung und vieles andere mehr von einem Land zum anderen getragen werden, und wir erhalten über diese, wenn auch noch lockere kulturelle Homogenisierung eine erste Vorstellung des sich neu strukturierenden Gebildes Menschheit. Noch tragen wir die Zwiespältigkeit unserer Kulturphase in uns und stehen einer menschheitlichen Integration im Wege. Machen wir uns mit dem Gedanken vertraut, daß die Grundlage eines konstruktiven und kollektiven Bewußtseins im wesentlichen die Verwirklichung des sich selbst erkennenden Individuums ist und daß jegliches

Führenlassen und Organisierenlassen diesen Prozeß stört, wenn nicht gar in Frage stellt.
Als Planer stehen wir vor der schwierigen Aufgabe, die Entwicklungsprozesse zur Individuation zu ermöglichen und zu fördern. Es kann nicht unsere Aufgabe sein, die Kluft zwischen der Dynamik der Technik, der Ökonomie, den Naturwissenschaften und dem Stagnieren unserer gesellschaftlichen Fähigkeiten durch technische und ideologische Sprünge zu vergrößern, sondern wir müssen unsere Trägheit und den uns anhaftenden Widerstand, den wir unserer individuellen Struktur gegenüber noch immer einnehmen, überwinden und dieses Spannungsgefälle verringern. Wir brauchen interdisziplinäre Strukturuntersuchungen über die Stadien der geistigen, physischen und psychischen Dynamik der Menschen sowie über die Dynamik der Umwelteinflüsse, neue Methoden und Systeme zur Durchführung solch komplexer Strukturuntersuchungen und Mechanismen für öffentliche Kontrolle, neue Auswertungssysteme, Bewertungskriterien, Aktionsmodelle und wiederum Systeme zu deren Bewertung. Systemforschung und Planungsmethodik sind hier gefordert, interdisziplinäre Arbeit zu leisten.
Die städtebauliche Strukturanalyse bisherigen Typs ist unzureichend.

Trotzdem bedient man sich ihrer mit konstanter Hartnäckigkeit. Stadtplanung tut sich heute schwer, das Wesentliche, das Unbekannte und das nicht sofort Ersichtliche zu erfassen. Sie orientiert sich lieber an einem relativ statischen Bewußtseinszustand und an Menschen, die ihr gegenüber nur ein geringes Maß an Situationsbewußtsein zeigen. Über Verlagerungen und Verbesserungen der Umweltbedingungen meint sie in Übereinstimmung mit empirischer Sozialforschung die Menschen glücklicher und zufriedener gemacht zu haben, weil sie ihnen andere Wohn- und Arbeitsbedingungen verordnet hat. Aber ich denke, daß aus dem bisher Gesagten hervorgeht, daß dies der Weg nicht ist. Wenn wir Untersuchungen über Individualisierungs- und Integrationsprozesse des Menschen in seinen Entwicklungsstadien als Grundlage planerischer Maßnahmen erstellen wollen, dann kann uns vermutlich nur die Kybernetik als Wissenschaft von den möglichen Verhaltensweisen möglicher Strukturen als die Theorie der sich selbst regulierenden und selbst stabilisierenden Systeme weiterhelfen. Mit den drei grundlegenden sich wechselseitig durchdringenden Komponenten kybernetischer Strukturen, dem Systemaspekt, dem Informationsaspekt und dem Aspekt der Steuerung und Regelung lassen sich die hochkomplexen dialektischen Prozesse zwi-

schen Mensch und Umwelt nachvollziehbarer darstellen, als mit den bisherigen Verfahrensweisen.
Das setzt ein neues Denken und eine andere Schulung unserer Planer voraus. Sie wissen, daß die Kybernetik an den westdeutschen Architekturschulen eine sehr untergeordnete Rolle spielt. Ihre Methoden und Verfahrensweisen sind dort nahezu unbekannt. Auch Planungsämter wissen wenig davon. Dort führt man Strukturuntersuchungen weiterhin auf der Basis des kleinen Einmaleins durch. Aber damit kann man keine Voraussagen über das Verhalten statischer und dynamischer Strukturen machen. Wenn Städtebau nur nach den Regeln und Gesetzen der Baukunst und Bautechnik gemacht wird, sich primär an technisch-materiellen Gegebenheiten orientiert, können planerische Fehlentscheidungen für den Stadtbewohner nicht ausbleiben. Es ist sicher erforderlich, daß wir infolge großer Zuwanderungsbewegungen zu den städtischen Agglomerationsräumen und infolge stärker werdender Baulandknappheit über verdichtetes Bauen in diesen Räumen nachdenken müssen, aber die Bauaufgabe für dieses Problem beginnt nicht mit dem Entwurf großer, hoher und zusammengeballter Architekturen, sondern mit der Frage, wie Menschen auf diesen Prozeß vorbereitet werden, wie sie neues Bauen mitgestalten werden, wie sie andere Formen des Zusammenlebens sich erarbeiten werden, wie sie das mit den Zielen der Gesellschaft in Einklang bringen werden, wie sie reflektieren werden und wie sie vor allem zu sich selbst finden werden, damit sie an dieser Aufgabe selbstbewußt, selbst- und mitverantwortlich teilhaben können. Schon Vitruv wußte, daß die Bauaufgabe vor der Bauform und Bautechnik kommt, auch wenn sie sich hier und da dialektisch durchdringen.
Gesellschaft durch Dichte würde bedeuten, daß sich der Inhalt städtischen Lebens der Form unterzuordnen hat. Tun Sie das nicht. Mein Vortrag sollte diese Warnung begründen.

Yona Friedman

Datenermittlung zur Stadtplanung

Erstens muß ich ein paar Worte über unseren Titel sagen: *Gesellschaft durch Dichte*. Das hat Professor Kühn schon mit einigen Worten kritisiert, und ich glaube, es würde ein großer Fehler sein, die Dichte als eine Möglichkeit anzusehen, „Gesellschaft zu machen". Die Dichte kann man als Begleitphänomen einer Gesellschaft auffassen. Sie ist nicht gesellschaftsbildend an sich. Das bedeutet, sie ist eigentlich ein Parameter. Wenn wir zu einem wirklich operativen Konzept für eine Gesellschaft kommen wollen, dann müssen wir es anders anpacken. Ich glaube, heute sollte Städtebau eine Wissenschaft sein. Bisher wurde Städtebau zu intuitiv betrieben. Das heißt, einzelne Personen aus Technik und Verwaltung hatten fast diktatorische Mittel, der Gesellschaft eine Form zu oktroyieren, vielleicht sogar in der besten Absicht. Wie könnten wir heute annehmen, daß ein Einzelner es besser weiß als Millionen. Er ist ja ebenso nur ein Einwohner wie alle anderen. Das heißt, er weiß nicht sehr viel mehr. Wenn wir also nach eindeutigen Kriterien suchen, die für die Gesellschaft im allgemeinen und für den Städtebau im speziellen gültig sein sollen, dann werden wir feststellen, daß die gesellschaftlichen Phänomene teilweise irrational und teilweise rational sind. Da wir die Dinge vom Standpunkt des Technikers aus betrachten wollen, können wir die irrationalen Aspekte nur schwer in ein System bringen; dagegen können wir die rationalen Aspekte besser fassen und handhaben. Aber die irrationalen Aspekte und die rationalen hängen eng miteinander zusammen. Wir können sie nicht sauber voneinander trennen. Wir haben also das Problem, daß wir zwar technische Mittel haben, von diesen aber unbekannte Einflüsse ausgehen. Wenn wir ein technisches Programm realisieren, so ist dessen Wirkung weitgehend unbekannt.
100 bis 150 Jahre vor uns gab es eine Wissenschaft, die das gleiche Problem hatte, nämlich die moderne Physik. Die moderne Physik arbeitet z.B. heute mit Elektronen, vorher mit Atomen. Man weiß bis heute

nicht, was Elektronen sind. Man weiß nicht einmal sicher, ob sie existieren. Man weiß aber ganz sicher, daß es Zusammenhänge gibt. Diese sind exakt formulierbar. Man hat also eine Methode entwickelt, Zusammenhänge darzustellen zwischen Phänomenen, die an sich unbekannt sind. Wenn wir das näher betrachten, so kommen wir zu einer Art von Axiomatik.

Es gibt bestimmte Axiome, die nicht faßbar sind. Ich kann Ihnen diese Axiome nur beispielhaft nennen: Das ist zunächst das Identitätsaxiom. Das bedeutet, ein Objekt ist gleich mit einem anderen Objekt, das die gleichen Eigenschaften hat. Das zweite Axiom ist das Einheitsaxiom. Das bedeutet, wir denken in Einheiten, das heißt, wir können alles in Einheiten, welchen Inhalt sie auch immer haben, vorstellen. Das dritte Axiom ist das von der paarweisen Zuordnung. Das heißt, wir können an jedes Objekt eine Abstraktion anbinden bzw. wir können eine Beziehung zwischen jeweils zwei Objekten finden.

Und jedes Axiom hat seine Umkehrung: Das Identitätsaxiom das Differenzaxiom, das Einheitsaxiom das Abgrenzungsaxiom und das Axiom der Zuordnung in Paaren das Axiom der Bipolarität, auf das wir hier nicht näher eingehen müssen. Diese Dinge klingen sehr einfach, aber wir dürfen nicht vergessen, daß unsere neue Wissenschaft, die Physik, auf diesen ganz einfachen Axiomen aufgebaut ist. Wir können es uns so vorstellen, daß unser Hirn eine Art Filter ist. Was nicht gewissen Filterpunkten entspricht, das ist unverständlich; was dagegen den Filtern entspricht, das ist verständlich. Wir können uns diese Axiomatik so vorstellen, daß es eben diese Filterstruktur gibt. Natürlich kann eine Axiomatik auch anders gestaltet sein, nicht nur von drei, sondern mehr oder weniger Axiomen. Aber für eine operative Wissenschaft muß man eine aus mindestens drei Axiomen bestehende Struktur wählen, denn ein Axiom ist zwar sehr schön, nur ist es unbrauchbar. Zwei Axiome, das bedeutet ein Gegensatzpaar, und das ist immer noch nicht bestimmend genug. Das Minimum sind drei Axiome, um eine Beziehung zwischen den Elementen herstellen zu können.

Alle unsere Wissenschaftsgebiete können sich in eine solche Axiomatik von drei Axiomen einfügen. Das nennen wir Kongruenzen, das bedeutet, wir können in der Mathematik oder in der Physik oder in der Mythologie dieselben Axiome transformiert wiederfinden, die an sich ausreichend sind. Diese Methode scheint mir der beste Ansatz, um den Städtebau einmal nicht nur intuitiv als künstlerisches Planen mit persönlichen Präferenzen und insoweit als willkürlich anzusehen, sondern als eine Inter-

relationsformel zwischen wenigstens drei Gebieten. Von diesen können allerdings nur wenige von uns als Technikern beeinflußt werden, weil eben die meisten Erscheinungen von Gegebenheiten abhängen, die außerhalb unseres Bereichs existieren, z.B. die bestehende Wirtschaftsstruktur oder natürliche Gegebenheiten, die wir noch nicht technisch beherrschen usw.
Die drei Axiome stehen in einer klaren mathematischen Beziehung zueinander. Wenn man eine Änderung im Bereich eines Axioms vornimmt, kommt es zu Änderungen im Bereich der anderen Axiome. Interessanterweise hat die moderne Physik dasselbe festgestellt wie auch die moderne Psychologie. Das bedeutet, die psychologischen Handlungen der Menschen haben dieselbe Gruppenstruktur. Die moderne Gruppentheorie kann als bekannt vorausgesetzt werden. Das ist eine Kontrollmethode, mit der geprüft werden kann, ob die Axiome richtig gewählt worden sind. Für die Veränderungen müssen wir zunächst eine Hypothese in Definitionsform suchen. Was sind die Axiome der Geometrie, was sind die Axiome der Mathematik? Für eine Axiomatik des sozialen Verhaltens der Menschen müssen wir zunächst als Definition das konventionell angenommene Verhalten des Einzelmenschen in dem konventionell angenommenen physikalischen Raum als Grunddefinition annehmen. So kommen wir wieder auf drei Paare von Axiomen:

1. Der Mensch nimmt mit seinen Aktivitäten einen gewissen Raum ein.

2. Der Mensch will in der Gruppe leben. Wie groß diese Gruppe ist, ist dabei gleichgültig.

3. Der Mensch sucht ein homeostatisches Gleichgewicht. Das heißt, der Mensch muß alle seine Bedürfnisse befriedigen können, sei es Nahrungsaufnahme oder seien es bestimmte klimatische Verhältnisse (Temperatur).

Und nun zu den umgekehrten Axiomen. Das heißt, dieselben Axiome von der anderen Seite her betrachtet.
Das umgekehrte Axiom für die Raumbeanspruchung ist das Axiom des Ortswechsels. Der Mensch kann den Raum, den er für seine Aktivitäten einnimmt, verlassen und in einen anderen Raum hinüberwechseln.
Zum Gruppenaxiom: Der Mensch muß mit den anderen in Kommunikation stehen.

Schließlich das Axiom der rationellen Verteilung. Der Mensch sucht nach einem Verteilungssystem, das ihm Gleichgewicht verspricht. Dieses Axiom ist in Kongruenz mit dem Originalaxiom.

Um von diesem Axiom weiter zum Städtebau zu kommen, müssen wir hypothetisch annehmen, daß menschliche Erfindungen existieren, sei es technischer, sei es organisatorischer Art, die das axiomatische Verhalten des Menschen befördern. Hier wird es für den Städtebauer interessant. Ich nenne diese Erfindungen Infrastruktur (organisatorisch oder technisch-materiell). Diese müssen auf jedem axiomatischen Gebiet befriedigen, d.h. sie müssen die Wahlmöglichkeit für den einzunehmenden Raum bieten. Sie müssen den maximalen physischen Komfort sichern (das entspricht dem homeostatischen Axiom). Man muß einfach von einem Raum zum anderen wechseln können (das ist das Raumwechselaxiom). Die Kommunikation muß befördert werden, auf welche Weise auch immer, und es muß die rationelle Verteilung befördert werden.

Jetzt kommen wir zu einem interessanten Ergebnis: Die Tendenzen zu befriedigen, z.B. in der heutigen Technik, aber auch in anderen vorstellbaren Techniken, bedeutet eine wechselseitige Ausrichtung der Axiome. Das bedeutet, wenn wir den Raumwechsel als axiomatisch betrachten, auf der anderen Seite die Gruppenbildung wiederum axiomatisch, so sind die Tendenzen gegeneinander gerichtet. Wenn wir die Gruppenbildung verstärken, haben wir einen schwierigeren Raumwechsel. Dasselbe gilt für die homeostatische Befriedigung. Wenn wir eine Gruppe zur physischen Befriedigung bilden, so ist die rationelle Verteilung schwieriger. Das bedeutet, das Gruppenaxiompaar geht gegen die anderen beiden Axiompaare in entgegengesetzter Richtung. Daher können wir das nur so annehmen, daß die Axiome nur in gewissen Grenzen, nicht im Extremfall zu beantworten sind. Das ist etwas, was wir aus der Physik gut kennen: Wenn die Axiome einen Zeitfaktor, nicht nur einen Raumfaktor haben, dann sind sie nur in gewissen Grenzen gültig, und außerhalb dieser Grenzen sind sie nicht mehr operativ, weil sie nach unserer Auffassungsgabe unbeantwortbar sind. Das ist sowohl das Problem der Makrophysik als auch das der Mikrophysik. Diese Grenze nehme ich als etwas numerisch Bestimmbares an.

Die Axiome ändern sich, wenn die Dimensionierung zu groß wird. Das ist eben unser heutiges städtebauliches Problem. Wir sind in einer Periode, in der die Dimensionen ihre Größenordnung verändert haben. Und diese Änderung und diese Dimensionen sind nicht mehr von uns abhängig,

weil sie von außen, von uns unbeeinflußbaren Realitäten vorgegeben sind, die aber an sich nicht irrational sind, z.B. die Ökonomie und die technisch industrielle Entwicklung usw.
Ich habe einige Formeln erprobt – das ließe sich weiterentwickeln –. Als Annäherung können wir für das erste Axiom einen Parameter nennen, das dem am nächsten kommt, was wir heute *Dichte* nennen, einen Koeffizienten des nötigen Raumes und des existierenden Raumes in den bestehenden Städten mit einer demographischen Erweiterung.
Für das zweite Axiomenpaar, Gruppe und Kommunikation, ist es der Kapazitätskoeffizient eines Netzes, der Koeffizient zwischen dem Nötigen und dem Existierenden, vergrößert um den Koeffizienten der höchsten Benutzungszahl, geteilt durch die ganze Kapazität. Und für das dritte Axiom, das der materiellen Existenz, ist es der Lebenshaltungsindex, bezogen auf die Mittelinanspruchnahme, vergrößert um die öffentlichen Investitionen pro Einwohner, bezogen auf die Einnahmen. Wenn dieser Wert nicht höher ist als 1, dann ist eine Planung in den Grenzen möglich, in denen die Axiomatik gültig ist. Natürlich ist das für eine geplante neue Stadt viel einfacher, weil man die Größenordnung noch vor der Planung korrigieren und sie so auf den richtigen Wert bringen kann.
Mit Hilfe dieser Axiomatik können wir die Kriterien festlegen, die uns zeigen, welche Zusammenhänge zwischen den Axiomen bestehen. Wir kommen zu einem System, das die Möglichkeiten unseres technischen Einflusses bestimmt. Es geht um Verteilungssysteme. Wir haben grundsätzlich zwei Verteilungssysteme: Das erste ist das System der zentralisierten Verteilung, d.h. die Befriedigung der Axiome ist an einen bestimmten Ort gebunden. Dorthin muß der Bewohner gehen, um ein Axiom zu befriedigen. Die zweite Art ist das, was ich die homogene Verteilung nenne, nämlich die Art, wo die Axiome in einer Stadt an jedem Ort mit der gleichen Intensität befriedigt werden, d.h. wo die Befriedigung der Axiome zum Bewohner hinkommt.
Ich gebe Ihnen ein Beispiel: Ein Shopping-Center, das ist zentralisierte Verteilung. Wenn Sie etwas kaufen wollen, müssen Sie dort hingehen. Ein amerikanisches Versandhaus, das ist homogenisierte Verteilung. Sie schreiben eine Katalognummer, und die Sache kommt zu Ihnen. Das Feuer der Vestalinnen oder das Feuer in afrikanischen Dörfern, das war zentralisierte Verteilung. Wenn Sie eine Zigarette anzünden wollen oder so etwas, so müssen Sie dort hingehen, und Sie müssen das Feuer nach Hause mitnehmen. Die Zündhölzer oder die Elektrizität, die überall verfügbar sind, das ist homogene Verteilung, weil Sie das Feuer anzünden

können, wo immer Sie auch hingehen; oder wo Sie auch in der Stadt hingehen, haben Sie einen elektrischen Anschluß.
Jetzt könnten wir für jedes Axiompaar eine Verteilungsart heraussuchen. Aber wenn Sie für das erste Axiompaar einen Verteilungstyp annehmen und die Größenordnung der Stadt oder der Agglomeration gegeben ist, so sind sie für die anderen beiden Axiompaare nicht mehr frei. Hier ist die erste große Willkür im Städtebau. Wir glauben zu leicht, daß wir nach der ersten Wahl noch frei sind. Die erste Wahl ist völlig frei, aber die anderen sind qualitativ bestimmt von der ersten Wahl.

Jetzt möchte ich einige Beispiele geben für konkrete oder denkbare (abstrakte) Stadttypen, die dem einen oder anderen Schema entsprechen. Mathematisch sind viel mehr Stadttypen möglich. Wir können uns leider nur weniger Stadttypen vorstellen, als das System erlaubt. Das System begrenzt die Möglichkeiten nicht. Wir kennen bis heute nicht einmal ein Zehntel der Möglichkeiten. Wir wollen dabei nicht der Technik die Schuld geben, obwohl die Technik einige Lösungen bisher nicht gebracht hat.
Die klassische Stadt, wozu ich auch die Stadt nach der Charta von Athen rechne, ist eine heterogene Infrastruktur, das heißt, eine nicht homogene zentralisierte Verteilung. Eine solche Stadt kann bis zu einer bestimmten Größenordnung funktionieren. Wenn diese Größenordnung überschritten wird, funktioniert die zentralisierte Verteilung nicht mehr. Das hat die Charta von Athen nicht berücksichtigt, und ich sehe das als einen schweren Fehler an. Wenn Sie für eine Stadt diese Koeffizientwerte und die noch vertretbare Überschreitung der Grenzwerte ausrechnen, haben Sie gleich den mathematischen Index, der anzeigt, warum es nicht funktionieren kann.
Nicht erst in der Größenordnung von Millionenstädten, schon jenseits einer Grenze von 200.000 Einwohnern verliert die Regel ihre Gültigkeit. Für eine kleine Stadt, z.B. für die neue Stadt Cumbernauld in Schottland, von der hier noch berichtet werden wird, ist die zentralisierte Verteilung an sich kein Fehler, weil die Größenordnung gewahrt bleibt, in der das System noch funktioniert. Für eine Millionenstadt benötigen wir hingegen eine homogene Verteilung. Für diese homogene Verteilung ist die *Raumstadt* ein Beispiel im Rahmen der heutigen ökonomischen Gegebenheiten (ich verweise auf die Veröffentlichungen zur Raumstadt von mir und von Schulze-Fielitz). Die Raumstadt basiert auf einem neutralen strukturellen Kontinuum, wenn Sie wollen, wie ein Elektrizitätsnetz oder ein

Kanalisationsnetz. Dieses System enthält alle technischen Antworten auf alle Axiomenpaare an jedem Punkt, und es läßt daher der Gruppenbildung freien Raum, so wie Sie heute die Elektrizität einschalten können, wo Sie wollen. In diesem Fall (in der Raumstadt) haben Sie an jedem Ort eine bestehende Struktur und gemeinsame Leitungen und an jedem Ort die Möglichkeit des Transports und der Kommunikation.

Dieses Ordnungssystem könnte durch ein anderes ersetzt werden, das nicht weniger homogen ist, technisch viel einfacher, dem aber größere psychologische Widerstände entgegenstehen. Man kann es nicht im Raum vollziehen, aber in der Zeit. Nehmen wir als Beispiel an: Wir haben heute eine Zeitverteilung, die zentralisiert und homogenisiert ist. Wir haben einen Sonntag, an diesem Sonntag geht jeder ins Freie; oder wir haben einen Sonntag, da geht jeder ins Kino oder ins Theater. Wir fangen um 8.00 Uhr an zu arbeiten, und es geht jeder um 8.00 Uhr zur Arbeit. Wenn es beispielsweise unter Beibehaltung der heutigen räumlichen Struktur sieben Sonntage für sieben verschiedene Fachgruppen oder Arbeitsgruppen oder irgendwelche soziale Gruppen gäbe, oder wenn eine Gruppe um 8.00 Uhr mit der Arbeit beginnen würde, die andere um 11.00 Uhr und die dritte um 16.00 Uhr, dann könnten wir in der heutigen Raumorganisation ruhig weiterleben ohne besondere Probleme, weil es auch eine Antwort auf die Axiomatik ist. Ich will damit nur zeigen, wie das im allgemeinen ist und wie die Antworten ganz verschieden sein können. Der Planer als Organisator oder als Techniker kann sehr verschiedene Antworten geben, deren Grundcharakter aber axiomatisch bestimmt ist. Ich kann auch ein anderes Beispiel dafür geben, das unseren ökonomischen Möglichkeiten nicht entspricht, das aber mit unserem heutigen technischen Stand möglich wäre.

Nehmen Sie wieder eine Variante an: Wir können uns vorstellen, daß es soviel Räume wie Einwohner in einer Stadt gibt. Die Räume wären von innen verschließbar, eine Art Kofferablage in einem Bahnhof. Das bedeutet: Sie sind irgendwo, sie können dort schlafen, sie finden dort alles wie in einem großen Hotel. Am nächsten Tag sind sie in einem anderen Teil der Stadt; sie suchen ein Zimmer, das nicht besetzt ist; sie bleiben dort. Das klingt komisch, aber im Orient existiert es. Darum nenne ich diesen Organisationstyp Stadt *Kan*. Große Teile des orientalischen Marktes wurden so organisiert. Ein Kaufmann kommt, und er setzt sich in die erste freie Nische mit seinem Kamel; er bleibt dort drei oder vier Wochen, vielleicht zwei Jahre, und dann geht er weiter. Das funktioniert sehr gut. Es handelt sich um eine homogene Verteilung.

Dieses System entspricht nicht unseren ökonomischen Möglichkeiten. Zwar wäre es nicht schwierig, ein solches System zu entwickeln; aber es wäre schwierig, es aufrechtzuerhalten.

Der vierte Typ ist das, was ich die *zerstreute Stadt* nenne. Das ist heute absurd, wie die Axiomatik zeigt. Die Axiomenpaare können in einer zerstreuten Stadt nur befriedigt werden durch neue Erfindungen, die bis heute nicht existieren, oder durch einen ungeheuren ökonomischen Aufwand. Dafür existieren heute in keinem Lande die ökonomischen Voraussetzungen. Ich denke an die Kommunikation, d.h. an die zweite Axiomengruppe, oder an die dritte Axiomengruppe, die des physischen Wohlstands, z.B. der Versorgung mit Nahrungsmitteln. Die Versorgung mit Nahrungsmitteln ist in einer zerstreuten Stadt sehr kompliziert, ich nenne nur das Problem der Lastauto-Organisation.

Das war im großen und ganzen das, was ich Ihnen sagen wollte. Ich bitte, das nicht als endgültig anzusehen, sondern als ein Arbeitsgebiet. Ich möchte aber betonen, daß es sich um ganz einfach klingende Axiome handelt, die ganz strenge und rechenbare Kriterien für den Städtebau abgeben. Was das Künstlerische angeht, so ist jeder frei. Wenn die Axiomenpaare in einem richtigen Verhältnis zueinander stehen, so wird das Projekt funktionieren, ob es schön ist oder nicht.

Martin Einsele

Planen im Ruhrgebiet

Für mich ist dieses Referat ein zweifaches Wagnis: erstens, weil ich als unbekannter Beamter einer kleinen Stadt vor Sie hintrete, also weder ein eigenes Prestige noch dasjenige einer einschlägigen Institution, die ich vertreten könnte, im Rücken habe. Ich bin daher ganz auf mich selbst angewiesen und darf auch nicht mit „mildernden Umständen" rechnen, welche man berühmten Rednern gelegentlich zubilligt. Zweitens werde ich im folgenden manches sagen, was nicht in jedem Falle wissenschaftlich oder empirisch als gesichert betrachtet werden kann. Manches Problem werde ich gar nicht berühren. Mein Referat soll ein Versuch sein, das Phänomen „Ruhrgebiet" – meinen eigenen Erfahrungen folgend – unvoreingenommen zu betrachten und einmal versuchsweise unter gewissen neuen Voraussetzungen neu zu modellieren. Ich will also keine Forderungen aufstellen, sondern einen Diskussionsbeitrag liefern.
Ich weise noch darauf hin, daß ich in größerem Umfange Material des Siedlungsverbandes Ruhrkohlenbezirk sowie der Stadt Gladbeck verwendet habe. Es handelt sich durchweg um Unterlagen, die allgemein zugänglich sind.

Der biblische Begriff: „Am Anfang war das Wort" drückt in sehr schlichter Form eine universale Grundwahrheit aus. Jedem Vorgang in unserem Welt- und Lebensraum liegt zunächst ein Wort, das heißt eine präzise Vorstellung, ein Gedanke, ein Ziel zugrunde.
Ablauf und Ziel des Universums sind von Gott gesetzt, auch das Ziel jedes menschlichen Daseins. Aber dazwischen ist uns ein weiter Raum gelassen für eigenes sozusagen stellvertretendes Handeln. Dieses Handeln unterliegt denselben Voraussetzungen der Zielsetzung. Bloße Aktivität ohne eine solche Grundlage überzeugt uns nicht.
Das Denken und das Verdichten der Gedanken zu einer Vorstellung, einem Leitbild für unser Handeln, ist eine Aufgabe, vor die wir immer

wieder neu gestellt werden. Besonders schwierig wird diese Aufgabe, wenn uns zeitlich und räumlich weitreichende Entscheidungen abverlangt werden, an welchen sehr viele Menschen beteiligt sind. Solche Aufgaben der Zielsetzung bzw. der Erarbeitung eines Leitbildes (das Wort „Ziel" klingt vielleicht zu statisch) können in unserer demokratischen Gesellschaft nicht durch Dekrete und Verordnungen, sondern nur über eine breit gestreute Willensbildung innerhalb der betroffenen Menschengruppen bewältigt werden.

Vorstellungen vom Ruhrgebiet

Als ich vor viereinhalb Jahren nach Gladbeck zog, wußte ich vom Ruhrgebiet nur so viel, daß es ein hochinteressantes, aber auch ein problematisches Land war, kein schönes Land, sondern ein Land der Gruben, Hochöfen und Schornsteine, daß dort mehrere Millionen Menschen sich in einen Lebensraum teilten, dessen wirtschaftliche Grundlage bedroht war – ja daß es schon so weit war, daß niemand ohne Not dorthin wollte. Man hatte mich in Stuttgart oft gefragt, warum ich ausgerechnet ins Ruhrgebiet wolle.
Es mußten dort also Entscheidungen vor der Tür stehen. Ich nahm an, daß die Menschen im Ruhrgebiet ihre neue Lage bedacht hätten, daß ihre Gedanken sich vielleicht bereits zu einem Willen, einem Ziel verdichtet hätten, das insbesondere die Politiker und alle einflußreichen Leute gemeinsam erstrebten, eine Vorstellung, das Leben im Revier wirtschaftlich zu sichern und zu bessern, das Ruhrgebiet als Lebensraum zu erhalten und interessant zu machen. Die Voraussetzungen dafür schienen mir nicht ungünstig. Ich war früher ein Jahr in London gewesen und hatte dort erfahren, was eine Zusammenballung von vielen Millionen Menschen an Problemen, aber auch an Vitalität und geistiger Auseinandersetzung, an schöpferischer Initiative und an kulturellem und zivilisatorischem Reichtum hervorbringen kann.
Ich nahm also naiverweise Karten und Statistiken zur Hand und rechnete mir aus, was das Ruhrgebiet hat, und was das Ruhrgebiet sein könnte: Etwa 5 Millionen Menschen im Kernbereich, *also eine Stadt oder ein Stadtverband von der Größe einer der Metropolen der Erde.* 4500 km^2 Fläche (Verbandsgebiet), *also ein eigener politischer Verwaltungsbezirk, etwa ein Regierungsbezirk, mit entsprechenden zentralen Einrichtungen an einem Ort.*

Das dichteste Netz von Straßen und Eisenbahnen in der Bundesrepublik, *also ein Gebiet mit hervorragenden Verkehrsverbindungen aller Art.*
Eine günstige Lage innerhalb des westeuropäischen Raumes und erstklassige Wasser- und Landwege zu den Wirtschaftszentren dieses Raumes, *also ein Gebiet mit besonders guten Bedingungen für die Ansiedlung auch von neuen Industrien und Industrieverwaltungen, insbesondere entlang der zentralen Kanal-, Autobahn- und Eisenbahnstraßen.*
Viele Tausend Hektar Wald- und Erholungsflächen unterschiedlichen Landschaftscharakters, *die, wenn sie zusammenhängend erhalten und erschlossen werden, eine der großartigsten Erholungslandschaften bilden könnten, wie sie kaum eine andere Stadt dieser Größe in solch unmittelbarer Nähe bieten kann.*
Eine große Zahl von Einrichtungen der Kultur und des Bildungswesens, mehrere geplante neue Universitäten, zahlreiche Schauspielensembles und bekannte Orchester mit vielen z.T. hervorragend geeigneten Häusern, Museen und Ausstellungen, *also ein kulturell blühendes Zentrum mit einem Umfang konkurrierender und damit niveausteigernder Einrichtungen, wie sie sonst nur wenige Weltstädte besitzen...*

So träumte ich und war gespannt auf die Arbeit im Ruhrgebiet, das sich – in meinen Augen – ein so großartiges Ziel setzen konnte.
Denn der Stadtplaner braucht eine Vorstellung, die er sich nicht allein setzen kann. Selbstgesetzte Ziele des Planers sind allzu leicht künstlich und lebensfern, oder es sind nur Teilziele, die dem Zweck, einen Lebensraum zu gestalten, nur unvollkommen dienen können. So sind zum Beispiel flüssiger Verkehr und Durchgrünung und Sanierung von Baugebieten höchstens Teilaspekte einer Zielsetzung, an denen man nur dann sinnvoll arbeiten kann, wenn sie auf ein klares Gesamtbild bezogen werden. Dieses Gesamtbild kann der Planer wohl – in Gemeinschaft mit anderen Fachleuten – ersinnen und seine Voraussetzungen und Ergebnisse gedanklich durcharbeiten, zum Akt der Zielsetzung jedoch bedarf er seiner Mitbürger, insbesondere der Politiker.

Derzeitiger Zustand

Die derzeitigen Verhältnisse, wie ich sie dann hier vorfand, brauche ich nicht zu schildern. Jedermann klagt ja darüber: den Schmutz und Rauch, die miserablen Verkehrsverhältnisse, die Düsternis am wirtschaftlichen

Horizont, das provinzielle Niveau des geistigen Lebens usw. Ich wollte ja etwas von der neuen Konzeption erfahren, durch deren Verwirklichung diese Verhältnisse gebessert würden. Da ich nur in einem der kleineren Orte im Revier arbeitete, war das nicht so einfach. Es gab darüber keine Bücher oder Veröffentlichungen. Niemand sprach darüber. Ich war also auf meine persönlichen Erfahrungen im Rahmen meiner Arbeit angewiesen. Davon möchte ich nun einige Beispiele bringen. Sie sind wahllos zusammengestellt:
Es fing damit an, daß ich nicht im Ruhrgebiet, sondern in Westfalen wohnte. Mein Kollege in Essen wohnte im Rheinland. Ich hatte immer gedacht, es gäbe nur ein neues Land, das Land Nordrhein-Westfalen. Ich wohnte sogar im Regierungsbezirk Münster, mein Kollege im Regierungsbezirk Düsseldorf und ein Bekannter aus Dortmund im Regierungsbezirk Arnsberg. Alles reizende Orte, aber ziemlich weit entfernt. Diese einen einheitlichen Wirtschafts- und Lebensraum zerschneidende verwaltungspolitische Schizophrenie hat übrigens ihre Folgen: Der Baubeamte in Gladbeck oder Gelsenkirchen hat sein Landesministerium in Düsseldorf, seinen Regierungspräsidenten und Landschaftsverband in Münster, seinen Planungsverband und die Aufsichtsbehörde in Essen, das zuständige Staatshochbauamt und die Gewerbeaufsicht in Recklinghausen, das Landesstraßenbauamt in Bochum, das Wasserwirtschaftsamt in Lippstadt und, wenn er mit der Bauaufsicht zu tun hat, das Verwaltungsgericht sogar ganz nahe, nämlich hier in Gelsenkirchen.
Sie können sich denken, was man da für schöne Dienstreisen machen kann. Zum Vergleich: derselbe Beamte in – sagen wir – Eßlingen oder Heilbronn hat fast alle diese Stellen an einem Ort vereint, in Stuttgart. Er kann nicht so viele Dienstreisen machen. Dafür kann er an einem Vormittag in Stuttgart dreimal soviel erledigen.
Die vielen räumlich und organisatorisch auseinandergezogenen Instanzen planen jede auf ihre Weise. Nur ein Beispiel: Der Landschaftsverband plant seit etwa 2 Jahren für Gladbeck eine große autobahnähnliche Westumgehung. Sie setzt sich im Norden in den Raum Dorsten fort. Südlich kommt sie aus dem Grenzbereich zwischen Essen und Gelsenkirchen. Bis zum heutigen Tage weiß niemand, wo sie dort ihre Fortsetzung finden soll. Essener und Gelsenkirchener Planer erklärten noch vor kurzem: wir wissen nichts. Im Verbandsstraßenverzeichnis existiert die Trasse nicht, und ein Beamter beim Siedlungsverband sagte mir neulich, daß der Verband die ganze Sache nicht für wichtig hielte.

In den Grenzbereichen zwischen den Ruhrgebietsgemeinden werden, wenn es gut geht, Bebauungspläne aufeinander abgestimmt. Dabei wird peinlich darauf geachtet, daß, selbst bei widernatürlichem Grenzverlauf, trennende Grünzonen frei bleiben, auch wenn diese nur 100 m breit sind und keinerlei sinnvolle Funktion zu erkennen ist. Meist sind diese Streifen land- und forstwirtschaftlich kaum verwertbar, ihr Erholungswert darf sehr bezweifelt werden. Als städtebauliche „Baulücken" füllen sie sich mit Unkraut und Schwarzbauten.
Markungsgrenzen gehen im Ruhrgebiet ohnehin häufig mitten durch Siedlungen, ja mitten durch Häuser, durch Wohnküchen, quer durch die Ehebetten. Die Städte Gelsenkirchen und Gladbeck beraten seit vielen Jahren über einen Markungsaustausch, dessen Notwendigkeit jedem, der einen Plan zu lesen versteht, einleuchtet. Er ist bis heute nicht zustande gekommen, meines Wissens deshalb, weil es nicht möglich war, die neue Grenze so zu legen, daß jede Stadt gleich viele Einwohner behält.
Man könnte beliebig fortfahren: Jetzt gibt es z.B. die schwarzen und die weißen Kreise. Essen ist noch schwarz, Gladbeck bereits weiß. Essen kann noch Sondermittel für die Wohnbauförderung erhalten, Gladbeck kaum mehr. Aber es gibt in Essen viele Arbeitsplätze, die von Gladbecker Neubaugebieten aus leichter zu erreichen sind als z.B. aus den Wohngebieten weit im Süden von Essen.
Die Planung von Industriegebieten ist im Ruhrgebiet ein besonderes Kapitel. Da sind die meist erheblichen Schwierigkeiten, die der Bergbau bereitet. Und bedingt durch das geltende Steuersystem, sucht natürlich jede Gemeinde *ihr* Industriegebiet zu entwickeln. Was dabei zum Teil an Geldern vergeudet wird, ist kaum zu beschreiben. Ich meine „vergeudet" gesamtvolkswirtschaftlich gesehen. Der Aufwand für diese zahllosen zersplitterten Industrieerschließungen, häufig auf ungeeignetem Gelände, ist ungleich höher als eine auf die Gegebenheiten der Topographie, des Verkehrs und der sonstigen städtebaulichen, sozialen und hygienischen Verhältnisse ausgerichtete Planung, welche allerdings die zufällig gewachsenen Gemeindegrenzen überspringen müßte.
Eine wichtige Erfahrung für mich als Planer im Ruhrgebiet war die Entscheidung über den Standort der Ruhr-Universität. Die Entscheidung fiel auf Grund engstirniger politischer, kommunaler und vielleicht auch klerikaler Interessen.[1]
Solcher Art also waren meine Erfahrungen, aus denen ich sozusagen rückschließend das „Leitbild" für die Gestaltung des Ruhrgebietes erforschen wollte. Ich hätte andere, ähnliche hinzufügen können. Es sind,

im Grunde genommen, die Erfahrungen aller, die sich über ihre jeweiligen Kommunalgrenzen hinaus Gedanken über die Zukunft dieser Landschaft machen.
Schließlich fand ich das Leitbild.
In dem sehr lesenswerten Referentenentwurf für ein „Entwicklungsprogramm für den Ruhrkohlenbezirk" des Siedlungsverbands, bearbeitet von Dr. Tietzsch, steht als *Ziel* dieses Programms:
„... der Bevölkerung das mögliche Höchstmaß an Sicherheit, Wohlbefinden und persönlicher Freiheit sowie der Wirtschaft günstigste Produktionsbedingungen zu schaffen bzw. zu erhalten!"
Das also ist es. Gegen diesen Satz ist bestimmt nichts einzuwenden, höchstens, daß er sehr allgemein gehalten ist. Jeder kann jedes daraus lesen oder alles hineingeheimnissen. Für meine Begriffe ein allzu unverbindliches Ziel. Aber ein Planer kann wohl gar kein präziseres Programm aufstellen, solange der Politiker als Partner nichts anderes will als solch ein allgemein gehaltenes Bild.
Aber selbst mit diesem unbestimmten Ziel kann ich meine Erfahrungen als Planer im Ruhrgebiet nicht recht vereinbaren. Werden wirklich „der Bevölkerung das mögliche Höchstmaß an Sicherheit, Wohlbefinden und persönlicher Freiheit sowie der Wirtschaft günstigste Produktionsbedingungen" geschaffen bzw. erhalten, solange das Ruhrgebiet trotz seiner Menschenballung in der ihm durch den Bergbau verliehenen dörflichen Struktur und damit in einem Provinzialismus verharrt, die ein gehobenes kulturelles und zivilisatorisches Niveau von vornherein beinahe ausschließen; solange auf Grund engstirniger Kommunalpolitik und verzettelter Planung die Menschen in diesem Raum verwaltungspolitisch, wirtschaftlich und verkehrstechnisch gesehen so weit auseinander wohnen, als lägen anstatt von Kilometern alte preußische Landmeilen zwischen ihnen; solange auf Grund ebenderselben Verhältnisse das Wachstum der Wirtschaft und ihre Neuordnung und damit auch die Bevölkerungsentwicklung stagniert oder wie in einem falsch zugeschnittenen Korsett gehemmt und erdrosselt wird?

Die Chance des Reviers

Ich komme nun zurück auf meine sozusagen prae-ruhrgebietliche Idealvorstellung, und ich möchte fragen: Ist es denn tatsächlich nicht möglich, diese Vorstellung einer blühenden und attraktiven Ruhrstadt Wirklichkeit

werden zu lassen? Ich meine doch! Natürlich fordert das einen langen Weg. Meines Erachtens sind dazu mehrere wichtige Schritte und Entscheidungen notwendig, zum Teil auf der allgemeinen und politischen Ebene, zum Teil auf der Ebene des städtebaulichen Planens. Sie werden mir verzeihen, wenn ich auf die letzteren besonders eingehe, *obwohl sie nach meiner Meinung die weniger bedeutsamen sind.*
Auf der allgemeinen und politischen Ebene wären etwa folgende, sich gegenseitig ergänzende und befruchtende Entwicklungen denkbar: Zunächst müßte das Bewußtsein des Gemeinsamen, des gemeinsamen Loses und der gemeinsamen Chancen, in der Bevölkerung des Reviers geweckt und gestärkt werden. Das wäre eine Aufgabe der Erzieher, der Initiatoren des kulturellen und gesellschaftlichen Lebens, der Presse und nicht zuletzt der Politiker.
Zum zweiten müßten daraus politische Entschlüsse wachsen.
Auf Landesebene: Heraustrennung des Verbandsgebietes aus den drei beteiligten Regierungsbezirken, und Bildung eines eigenen Bezirks mit Sitz der Bezirksregierung an einem zentralen Ort im Ruhrgebiet. Daß so etwas durchaus möglich ist, hat uns die katholische Kirche mit der Gründung des Ruhrbistums erst kürzlich vorexerziert. Auch dort waren bestimmt schwierige politische und organisatorische Fragen zu lösen.
Auf Ruhrgebietsebene: Nicht Verschmelzung, aber verwaltungspolitisches Zusammenrücken der Gemeinden zu einem Verband, der weit über den Status des Siedlungsverbandes hinausgehen und insbesondere einen finanziellen Ausgleich sowohl der Einnahmen als auch der Ausgaben ermöglichen sollte. Gleichzeitig könnten auf dem Gebiet der Verwaltung und der technischen Dienste, der Schul- und Kulturpolitik Vereinbarungen getroffen werden, die durch Zentralisierung die Leistung fördern und den Aufwand mindern würden.
Auf Gemeindeebene: Das Einordnen in ein sinnvolles Ganzes nicht als Belastung empfinden, sondern das Wohl dieses Ganzen im Auge behalten und die Vorzüge, die damit letztlich auch für die kleinere Einheit und für den einzelnen sich ergeben.

Die *Planer im Ruhrgebiet* aber könnten sich einmal selbstkritisch fragen: Sind die landesplanerischen und städtebaulichen Maximen der letzten Jahrzehnte für unsere heutige Situation noch gültig? Sind sie brauchbare Instrumente zur Verwirklichung eines Zieles, das nicht allein auf Erhalten und Sichern eines fragwürdigen Bestandes, sondern auf eine schöpferische Neuentwicklung hin gerichtet ist?

Ich möchte dazu zwei Begriffe, die bei vielen Planern zur Zwangsvorstellung geworden zu sein scheinen, unter die Lupe nehmen: die Entballung und die Grünzüge. Beide gehören zusammen und ergänzen sich in gewisser Hinsicht. Beide sollen helfen, die sogenannten Mängel des sogenannten Ballungsraumes zu beheben.

Die „Entballung"

Ehe ich auf das Revier eingehe, eine allgemeine Bemerkung:
Das Gegenteil von Entballung ist Ballung. Ballung schafft Konzentration, Druck, Hitze, und so wie zur Auslösung gewisser chemischer oder kernphysikalischer Vorgänge einfach ein bestimmtes Quantum an konzentrierter Materie erforderlich ist, so gedeiht eine Reihe wichtiger Vorgänge im gesellschaftlichen und geistigen Leben der Menschen nur in Räumen, wo sich Menschen ballen, wo sich viele aneinander reiben und erst dadurch sich geistig miteinander beschäftigen, sich, wie es sehr treffend heißt: „auseinandersetzen". Die Geschichte der menschlichen Kultur und Zivilisation war von Anfang an eine Geschichte der Städte, also der Ballungen, und es gab schon in der Urzeit solche Ballungen von ganz beträchtlichen Ausmaßen, ohne daß jemand an „Entballung" dachte. Es war vielmehr ein Privileg, im dicht besiedelten Raum zu wohnen, wo man viele Menschen leicht erreichen konnte, wo vielerlei Bedürfnisse und Interessen hervorragende Einrichtungen der Wirtschaft, des Handels, der Verwaltung und der Kultur geschaffen hatten, wo es also interessant war zu leben.
Erst die Ballung – sowohl die regionale als auch die städtebauliche – *ohne politisches, gesellschaftliches und städtebauliches Ziel,* wie man das Wuchern der Städte in der ersten Phase der Industrialisierung bezeichnen könnte, hat diese Form menschlichen Zusammenwohnens in Mißkredit gebracht. Dazu folgten zwangsläufig eine erhebliche Bau- und Bodenspekulation, die übrigens heute noch andauert, eine Mißachtung oder Nichtbeachtung der Grundbedürfnisse der menschlichen Existenz und vor allem ein Unvermögen, die Dinge einander richtig zuzuordnen, d.h. den Siedlungsgebilden eine sinnvolle Struktur zu geben.
So entstanden unsere berüchtigten Mietskasernen älteren und jüngsten Datums und die grauen Häusermeere, deren ungenügende Verhältnisse die Menschen später in die viel gepriesenen Gartenstädte lockten und sie heute in Massen in die „grüne Wüste" der Vororte hinaustreiben.

Aber das hat mit Dichte und mit Ballung nur bedingt zu tun. Es gibt auch heute noch viele Ballungen, in denen es sich sehr angenehm leben und wohnen läßt und die trotz des Verrufes ihre Anziehungskraft nicht verloren haben, im Gegenteil, die, je größer sie werden, um so attraktiver erscheinen. Ich denke an die großen Metropolen, an Paris, London, aber auch an München und den südwestdeutschen Raum. Und nicht zu vergessen: Es gibt „entballte" Gebiete, dünn besiedelte Landstriche, die regelrecht verkommen und auf die der Begriff „Slum" viel besser paßt, als auf manches dicht bebaute städtische Quartier.

Aber zurück zum Revier: Wie gefährlich ist die Ballung und die Dichte im Ruhrgebiet? Hans Mayer-Brüx, Essen, hat in einem interessanten Aufsatz[2] nachgewiesen, wie sehr das Dichtemaß vom jeweiligen Bezugsraum abhängt. Ich will daraus einiges zitieren:

„Je größer der Bezugsraum wird, also vom Wohngebiet mit *Wohndichten* über das besiedelte Gebiet mit *Siedlungsdichten* und das Katastergebiet der Gemeinde mit *Einwohnerdichten* bis zum Landes- oder Staatsgebiet mit *Bevölkerungsdichten*, desto geringer wird die Menschenzahl in der Flächeneinheit, aber um so größer der Anteil der unbewohnbaren, jedoch für das Ganze ebenso lebenswichtigen Strukturzuordnungen wie Verkehrsflächen, Industrieflächen, Erholungsflächen usw. ..."

„Welche Fehlvorstellungen über Dichtegewichte sich für die baulichen Strukturverhältnisse ergeben können, ersieht man daraus, wenn z.B. die *Einwohnerdichte* einer Stadt, die bis nahe an ihre Kommunalgrenze verbaut ist, auf 1 km² bezogen und diese Dichte als Ballungskriterium ins Feld geführt wird."

Wir stoßen hier bereits auf eine wichtige Feststellung. Da die Ruhrgebietsgemeinden weithin bis an ihre Grenzen bebaut sind, andererseits aber diese großen Flächen relativ locker besiedelt sind – häufig handelt es sich ja um sehr weitläufige Bergmannssiedlungen –, paaren sich hier relativ hohe Einwohnerdichten mit relativ geringen oder auf jeden Fall sogar für Gartenstadtmaßstäbe vernünftigen Siedlungsdichten. So steht z.B. in der Stadt Gladbeck einer Einwohnerdichte von 2350 E/km² eine durchschnittliche Siedlungsdichte von nur 90 E/ha gegenüber. Dabei ist selbst diese Einwohnerdichte noch relativ gering, denn die durchschnittliche Einwohnerdichte aller Stadtkreise des Landes Nordrhein-Westfalen liegt mit 2803 E/km² noch um 500 über der Gladbecker Zahl.

Nach den Ergebnissen der amtlichen Bodennutzungserhebung entfielen 1958 im gesamten Verbandsgebiet auf 1 ha Land für Gebäude und Hofflächen, Wege, Eisenbahnen, Friedhöfe, Parks und Sportplätze 54 Ein-

wohner. Nach Abzug der hierin mitenthaltenen Industrieflächen dürfte sich für die durchschnittliche *Siedlungsdichte* damit ebenfalls etwa ein Wert um 90 E/ha ergeben. Auch im gesamten Ruhrgebiet stehen also einer – verglichen mit anderen Ländern oder Landesteilen – relativ hohen *Bevölkerungsdichte* relativ geringe *Siedlungsdichten* gegenüber.
Um diese Zahlen auszuwerten, muß nun geprüft werden, welches Dichtemaß bzw. welche Bezugsbasis als Kriterium für die Ballung am ehesten verwendet werden kann. Meines Erachtens ist dies die *Siedlungsdichte* (oder Brutto-Wohndichte), d.h. die Zahl der Bewohner bezogen auf die besiedelte Fläche ohne Industrie (also die Flächen der Baugrundstücke, der Wege und Straßen, Grünanlagen, Sport- und Spielflächen sowie der öffentlichen Einrichtungen aller Art). Innerhalb dieser Flächen spielt sich der größte Teil des Lebens der Menschen ab, hier wird gewohnt und geschlafen, zum großen Teil auch gearbeitet, da wachsen die Kinder auf, gehen zum Spielplatz, zur Schule, hier wird abends und am Wochenende gebummelt, gekauft, „Kultur" betrieben, im Gärtchen geruht oder gebosselt[3] – es ist der natürliche Lebensbereich, dessen Räume tagtäglich erlebt und durchmessen werden. Die Elemente dieses Bereiches werden räumlich-optisch und zeitlich noch zusammenhängend erfaßt und verarbeitet, d.h.: auf dieser Ebene wird das Maß der Dichte zur täglichen Erfahrung.
Sind wir aber übereingekommen, nicht die Bevölkerungsdichte (bezogen auf ganze Länder), auch nicht die Einwohnerdichte (auf das Katastergebiet einer Gemeinde bezogen) und nicht die Wohndichte einzelner Wohngebiete, sondern eben die Siedlungsdichte als Kriterium für die Ballung anzuerkennen, dann folgt aus alledem, daß von einer das menschliche Befinden gefährdenden Ballung im Ruhrgebiet höchstens in einzelnen (wahrscheinlich auch anderweitig vernachlässigten) Bereichen die Rede sein kann.
„Die Ballungsprobleme[4] des Ruhrgebiets sind, ... selbst bei einem Anwachsen auf 9 Millionen Einwohner im Revier, nicht vergleichbar mit denen Londons."

Die „Grünzüge"

Die besondere Bedeutung der Grünzüge im Ruhrgebiet neben ihrem allgemeinen land- und forstwirtschaftlichen Wert wird vom Siedlungsverband wie folgt präzisiert:
a) Trennung, z.B. zwischen Industrie- und Wohngebieten,
b) Gliederung (regional und städtebaulich),
c) Luftverbesserung,
d) Erholung (Nah- und Wochenenderholung),
e) Versorgung, insbesondere Wasserschutzgebiete.

Ich will auch dazu einige kritische Anmerkungen machen, immer unter der Voraussetzung, meine Idee einer kompakteren Ruhrgebietsstadt zu untermauern:
Der *land- und forstwirtschaftliche Wert* der Grünzüge ist gering. Die Bauern fühlen sich trotz aller Zusicherungen auf Grund ihrer Erfahrungen mit Recht ständig bedroht. Sie lassen sich meist gern umsiedeln oder aber wollen ihre Höfe als Bauland teuer verkaufen. Häufig sind die Restflächen in den Grünzügen für eine neuzeitliche wirtschaftliche Arbeitsweise zu klein oder durch Verkehrswege und Leitungen zerstückelt. Die Gesamtentwicklung im EWG-Raum wird nur wenige Betriebe übrig lassen.
Ähnliches gilt für den Forstmann, wobei hinzukommt, daß seine Pflanzen, die u.a. auch die Luftverschmutzung bekämpfen sollen, wegen eben dieser Luftverschmutzung erst gar nicht richtig wachsen.
Beide, Land- und Forstwirtschaft, sind dazu von Bergsenkungen und ihren nachteiligen Folgen für den Grundwasserstand und die Wasserführung bedroht.
Die *trennende und gliedernde Funktion* der Grünzüge würde sich, soweit sie bisherige politische Trennungen unterstreichen sollte, auf Grund des oben skizzierten neuen Leitbildes weitgehend erübrigen. Für die optisch-städtebauliche Gliederung innerhalb eines geschlossenen Gesamtorganismus aber reichen schmale Zungen mit entsprechender intensiver Nutzung.
Auch der lufthygienische Wert der Grünzüge ist zumindest umstritten. Es scheint vernünftiger (und hat sich inzwischen als unumgänglich herausgestellt), die Luftverschmutzung am Entstehungsort zu bekämpfen. Die technischen Möglichkeiten sind gegeben: Filter, Fernheizung usw. Bäume und Gräser können nur begrenzt als Filter dienen, von giftigen Gasen aber werden sie selbst angegriffen.
Als Versorgungsflächen kommen diese Grünzüge ebenfalls kaum in Betracht. Mir ist kein größeres Wasserwerk bekannt, das sein Wasser aus

den Quellen eines der Grünzüge im Kernbereich des Ruhrgebiets bezieht. Schutzzonen für die Grundwasserentnahme an Flüssen aber sind relativ klein. In einer Zeit, in der ernsthaft die Versorgung mitteleuropäischer Ballungsräume mit Trinkwasser aus Skandinavien diskutiert wird, halte ich solche Erwägungen für nicht entscheidend.
Es bleibt die Bedeutung der Grünzüge für die Erholung. Ein Bild eines Grünzugs im Westen Gladbecks zeigt, wie das aussieht.
Zweifellos ist dort zur Zeit noch ein angenehmes Gebiet zum Spazierengehen. Man sieht sonntags auch gelegentlich einige Leute. Aber wie wird dieser Grünzug in 5 bis 10 Jahren aussehen? Außer den bereits vorhandenen Straßen, den Linien der Bundes- und der Zechenbahn, den Abwasserkanälen und den Trassen für Hochspannungs- und oberirdische Rohrleitungen sind für die Zukunft eine weitere Bahnlinie und zwei autobahnmäßig ausgebaute Schnellstraßen mitten hindurch geplant. Bergsenkungen und Grundwasseranstieg bedrohen die wenigen noch vollwertigen landwirtschaftlichen Betriebe und den kümmerlichen Baumbestand. Die Wanderwege aus Asche versinken im Morast. Die Erholungsuchenden werden in weiter entfernt liegende Grünbereiche „abwandern", aus der Naherholung wird die Fernerholung – und wenn ich mich schon einmal ins Auto setzen muß, um in ein Wandergebiet zu gelangen, fahre ich lieber gleich weiter in die wirklich großräumigen Erholungsbereiche der „Naturparks".
Wir sehen an diesem Beispiel, daß den Grünzügen zumindest im Kernbereich vor allem eine Aufgabe zugewiesen wird, die sich aber mit den anderen Zwecken kaum vereinen läßt: Reservefläche für Verkehrswege und Versorgungsleitungen zu sein. Dafür aber würden wiederum schmale, sinnvoll zueinander geordnete Freizonen ausreichen.
Als Gegenstück zu diesen Grünzügen bildet der klar umgrenzte und günstig zu den Wohngebieten geplante Stadtpark oder Stadtwald eine echte Quelle der Naherholung. Seine kompakte Form erlaubt Rundspaziergänge, die auch durch stille Bereiche führen. Durch seine relativ geringe Größe kann er von der Gemeinde gut ausgestaltet und auch unterhalten werden. Ein derart begrenztes Gebilde, möglichst weitgehend von Wohnvierteln gehobenen Niveaus umgeben, kann auch mit Erfolg gegen die vielfältigen Wünsche und Ansprüche örtlicher und überörtlicher Planungen gesichert und verteidigt werden.
Ich habe nun die wichtigsten allgemeinen und die politischen Voraussetzungen für eine große Ruhr-Stadt kurz gestreift und bin auf einige Teilprobleme der Planung näher eingegangen. Ich betone noch einmal,

daß ich die ersteren wirklich für Voraussetzungen halte, was für die letzteren nur bedingt zutrifft.

Konzeption Ruhrstadt

Wie könnte nun solch eine Superstadt an der Ruhr und Emscher, weniger eine Stadt im alten Sinne als eine *zentralisierte Ballungsregion*, etwa aussehen?
Die Ruhrstadt kann einen „Kopf" haben: der Sitz einer Bezirksregierung, durch politischen Beschluß auf Landesebene geschaffen, wird unmittelbar ordnend wirken, wie ein Magnet, der ein bisher chaotisches Nebeneinander mit einem Schlage in Spannungslinien richtet. Denn alle zentralen Einrichtungen für eine solche Verwaltungseinheit werden sich in der Nähe ansiedeln, dazu die Spitzeninstitutionen des Geldwesens und der Industrieverwaltung, des Kultur- und Bildungswesens. Die Frage von Universitätsstandorten wird dann sehr einfach.
Das räumliche Beisammensein all dieser zentralen Einrichtungen für eine so große Zahl von Menschen wird automatisch zu einer Differenzierung und damit einer Steigerung der Leistung führen. Durch ihre Vielzahl und ihre Anziehungskraft wird in der Nähe des „Kopfes" ein großer Flächenbedarf entstehen, und auf Grund der gegebenen Struktur wird sich dadurch wahrscheinlich ein reich gegliederter bandförmiger Bereich solcher Zentralfunktionen entwickeln, innerhalb dessen möglicherweise eine gewisse Spezialisierung stattfände: Bereiche für die Verwaltung, für Banken, Versicherungen und Industriemanagement, Großhandelsumschlag, Märkte und Geschäftsviertel (mindere und bessere), für Kultur und Vergnügen, Volksbildung, Universitäten und Kliniken, für Parkanlagen, Tiergärten, Sportzentren usw. – und all das entlang hervorragend ausgebauter und bedienter Wege für den öffentlichen und den individuellen Verkehr. Dieser „zentrale Gürtel" könnte z.B. seine Endpunkte in Duisburg und Dortmund, seine Mitte etwa im Zentrum von Essen finden. Durch die große Ausdehnung – bei geringer Tiefe – bleibt genügend Platz für Reserveflächen, für umfangreiche Parkplätze, für zentral gelegene Grünflächen und dazwischen eingestreute dichte Wohnviertel. Die bandartige Anlage gewährleistet günstige, leicht überschaubare Verkehrsverhältnisse und große Flexibilität.
Kleinere Bezirkszentren liegen an Querverbindungen draußen, weit genug entfernt, um ein ihrer geringeren Bedeutung entsprechendes Eigenleben

entfalten zu können. Die relative Verdichtung in dieser Zone zentraler Funktionen und dichten innerstädtischen Wohnens wird die angrenzenden Bereiche ebenfalls anziehender gestalten. Durch Zulassung größerer Siedlungsdichten, durch Aufgabe oder Reduzierung gewisser Freiflächen und vor allem durch systematisches Sanieren und Aufstocken umfangreicher Streusiedlungsgebiete können in einem Bereich beiderseits des Zentralbandes – unter Aussparung der nachher erwähnten Industrieflächen – etwa $6^{1}/_{2}$ Millionen Menschen wohnen, keiner mehr als 15 km (= 20 Minuten Fahrzeit) von diesem Zentralband entfernt.

Damit sind zweifellos nicht alle, aber einige wichtige Voraussetzungen für die Entwicklung einer gehobenen großstädtischen Gesellschaft, Wirtschaft und Kultur geschaffen: Ein auf den ganzen Raum bezogener Zentralbereich, Dichte, Berührungspunkte, und damit Punkte, an denen geistige Auseinandersetzung und Spitzenleistung entstehen kann. Gleichzeitig eine großstädtische Massengesellschaft, die neben ihren vielzitierten „Nachteilen" auch den Vorzug hat, daß sich der einzelne im privaten Bereich in ungestörter Anonymität entfalten kann.

Für Industrie und Gewerbe können sich nach der Einschränkung des Kohlebergbaus mit seinen besonderen Standortbedingungen in dem Bereich beiderseits der Emscher, also etwa zwischen dem Zentralband im Süden und der Autobahn im Norden ideale Voraussetzungen ergeben: ungehindert durch politische Grenzen und fragwürdige Trennzonen reihen sich die Betriebe zu langen Bändern, alle gleich gut durch Kanal, Bahn und Straße erschlossen – im Herzen des westeuropäischen Wirtschaftsraumes. Kleinere, ähnlich geformte und ähnlich gut erschlossene Industriegürtel entwickeln sich am Rande, vornehmlich im Norden und Nordosten.

Durch die Verdichtung und durch das Aufgeben oder die Einschränkung von Grüngürteln im inneren Stadtbereich rücken die *echten Erholungsräume*, nämlich das weite, unbebaute Freiland, näher an die Stadt heran. Dort sind wirtschaftliche Agrar- und Forstbetriebe möglich. Die Kommune braucht für solche Flächen kaum etwas aufzuwenden. In landschaftlich wertvollen Bereichen können weiträumige Naturparke nahe an die Wohnbezirke herangeführt werden.

In den dicht bebauten inneren Stadtbereichen aber werden günstig gelegene und gut dimensionierte Grünflächen ausgespart und als Naherholungsflächen gesichert. Hier entstehen ruhige Innenräume der Stadt, vergleichbar mit dem Innenhof beim Atriumhaus oder dem Anger unter der Linde im altdeutschen Dorf. Beispiele solcher „guten Stuben" gibt

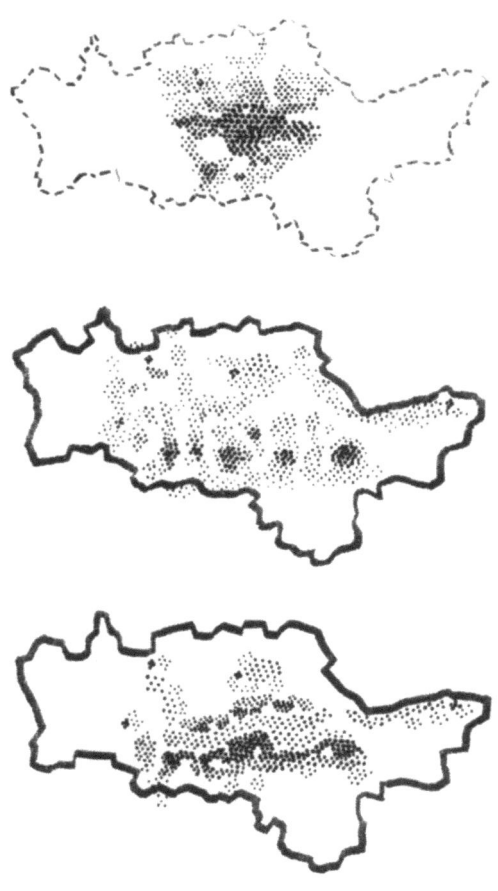

Oben: Siedlungsdichte in London, auf die Grenzen des Ruhrsiedlungsverbandes projiziert. Darunter die vorhandene und ganz unten die etwa mögliche Bevölkerungsverteilung im Gebiet des Ruhrsiedlungsverbandes

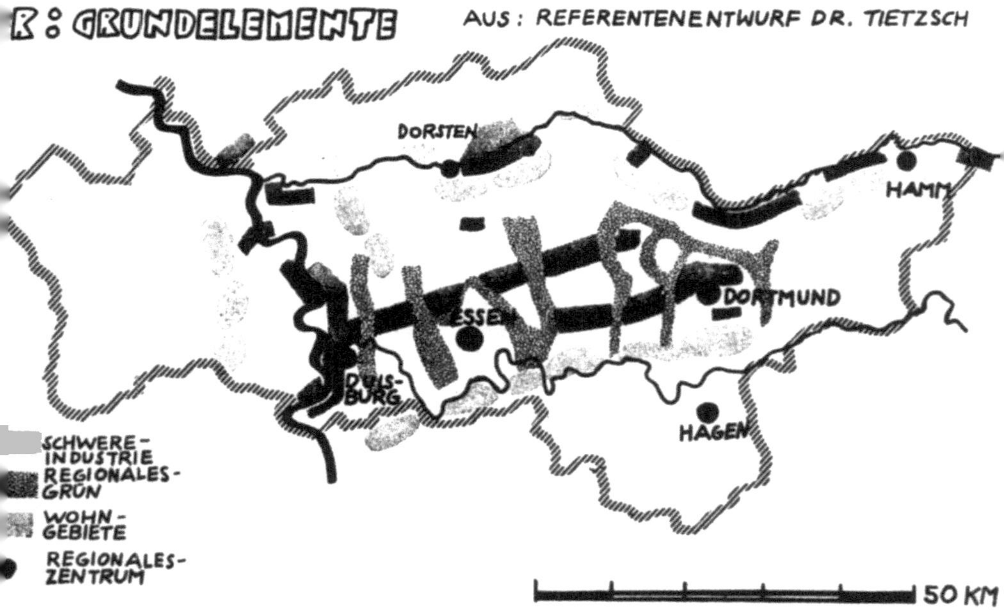

R: GRUNDELEMENTE

AUS: REFERENTENENTWURF DR. TIETZSCH

- SCHWERE-INDUSTRIE
- REGIONALES-GRÜN
- WOHN-GEBIETE
- REGIONALES-ZENTRUM

50 KM

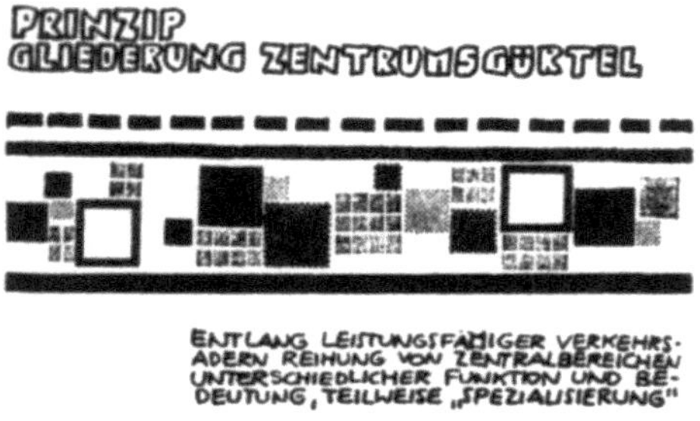

PRINZIP GLIEDERUNG ZENTRUMSGÜRTEL

ENTLANG LEISTUNGSFÄHIGER VERKEHRS-ADERN REIHUNG VON ZENTRALBEREICHEN UNTERSCHIEDLICHER FUNKTION UND BE-DEUTUNG, TEILWEISE „SPEZIALISIERUNG"

Schematische Darstellung des Referentenentwurfs aus dem Ruhrsiedlungsverband

Diese und die folgenden Skizzen im Maßstab 1 : 1.000.000

RUHRSTADT: ZENTRUMSGÜRTEL

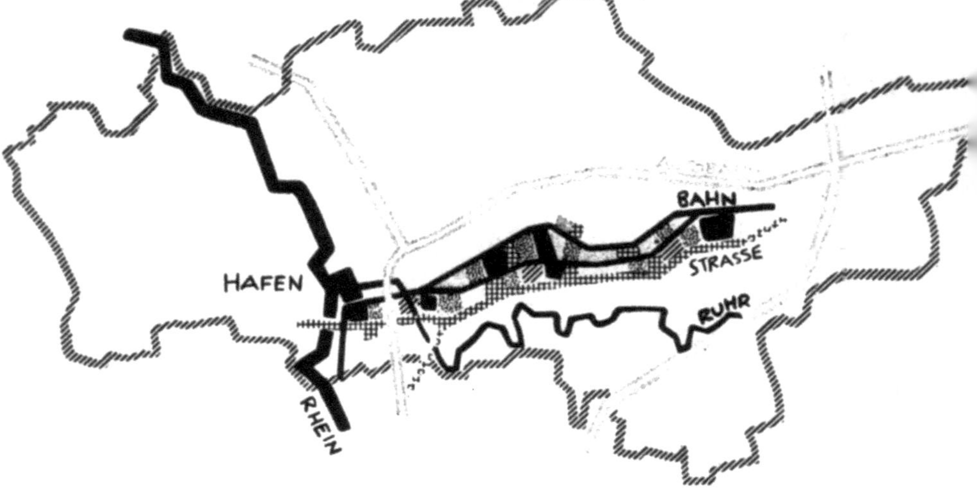

RUHRSTADT: INDUSTRIEGÜRTEL

NZEPTION RUHRSTADT

- ZENTRUMSGÜRTEL U. WOHNEN IM ZENTRUM
- ZENTRUMSNAHES DICHTES WOHNEN
- LOCKERES WOHNEN
- INDUSTRIE
- ZENTRAL GELEGENE PARKS
- NATURPARK LAND- U. FORST- WIRTSCHAFT

Linke Seite:
Schema eines von mehreren Verkehrssträngen bedienten mittleren Siedlungsbandes. Die senkrecht schraffierten kleinen Quadrate deuten Parkanlagen an, die als kleine Oasen in die stark konzentrierte Bebauung des Kernbereichs eingeschoben werden.

Schematische Darstellung des Konzepts, wie die unförmige, von Verkehrsmiseren jeder Art geplagte Stadtlandschaft des Ruhrgebiets zu einem lebendigen Organismus geformt werden könnte, der mit den benachbarten Stadt-Großräumen in den Niederlanden, in Belgien und im Rheinland bis hin zum hesso-rheinpfälzischen Rhein-Main-Kessel gleichwertig in Beziehung treten würde.
Die Skizze stellt das Prinzip dar, nicht eine maßstäbliche Flächenverteilung.

es im zentralen Bereich von Groß-London, ebensogut im Tiergarten in Berlin oder auch in der Gruga, dem Schloß Berge oder dem Gladbecker Stadtwald.

Ist es wirklich utopisch, an eine Ruhrstadt zu glauben?

Ich habe, lückenhaft und teilweise stark vereinfacht oder überspitzt, versucht, mein Bild eines attraktiven Ruhrgebiets darzustellen. Es ist ein langer Weg bis dahin, 100 oder 200 Jahre wären nicht zu lang; die Mittel dazu, politisch organisatorisch, technisch und auch wohl finanziell, haben wir in der Hand.
Es gibt sicherlich auch andere Vorstellungen und vielleicht solche, die heute näher liegen und sich leichter realisieren lassen. Aber eines scheint mir sicher:
Alle wissen, daß das Ruhrgebiet krankt. Alle sagen: Es muß attraktiver werden!
Wir können also nicht so wie bisher weitermachen. Industriegebiete können, so wie sie aufblühen, auch wieder absterben. In England habe ich in den Tälern, in denen der Bergbau zu Anfang des letzten Jahrhunderts zuerst blühte, fast gänzlich verlassene Städte und Dörfer gesehen.
Ich zitiere hier noch einmal einen Satz aus dem Referentenentwurf des Siedlungsverbands:
„Unter dem *Zwang* des Bisherigen und nach dem Prinzip des geringsten Widerstandes wird heute vielfach auch dann im wesentlichen nur *restauriert*, wenn bei weitsichtiger Planung und verständnisvoller Mitwirkung der Beteiligten fortschrittliche Lösungen möglich wären ... Ohne die Ausrichtung der Einzelmaßnahmen auf ein Leitbild können die bestehenden Mißstände niemals bereinigt werden und immer wieder neue entstehen ..."
Wirtschaftsförderung allein kann also hier nicht helfen (oder Sanierung des Altbaubestandes; oder Schlagen von Schneisen für den individuellen Verkehr, irgendwo; oder der Aufbau einer Universität, irgendwo am Rande einer Stadt, wo sich Fuchs und Has' Gute Nacht sagen).
Es bedarf einer größeren Anstrengung. Es bedarf der neuen Zielsetzung für einen ganzen Lebensraum, der sonst von Stagnation oder Untergang bedroht ist. Diese Zielsetzung muß von unten herauf wachsen, um, wenn das Ziel einmal gesetzt ist, von oben nach unten ordnend alles zu durchdringen und jeder Aktion ihren rechten Platz zu geben. Dieses Ziel setzen

aber ist weniger eine Tat der Planer allein als vielmehr ein Entschluß, zu dem sich die Mehrzahl der Menschen in diesem Lande durchringen muß. Und so wie ich diese Menschen kenne, würde ich ihnen das eigentlich zutrauen.

Anmerkungen

1 „Grundsätzliche Überlegung und Versuch einer Stellungnahme zur Standortwahl für die Ruhruniversität", Horst Klement, Werner Böhm, Martin Einsele, Bauwelt 19-20/1963.
2 Bauwelt 36/1963, Raumordnung und Raumstruktur.
3 Schwäbischer Ausdruck für „do it yourself".
4 Referentenentwurf des Siedlungsverbandes.

Gerhard Fehl

Liverpool und Hook: High Density – Low Rise

Ich werde Ihnen aus England berichten, wie man dort die Probleme der Verdichtung sieht, und Ihnen zwei Beispiele vorführen. Vor allem werde ich als Architekt über die neuen Konzeptionen und die neuen Leitbilder, die sich dort entwickelt haben, sprechen und zeigen, wie sie mit den alten Leitbildern kontrastieren. Zu den Leitbildern sei am Anfang folgende Feststellung gemacht: Jede Planung und jeder Entwurf wird von Leitbildern geprägt. Leitbilder unterscheiden sich von Vorbildern, und ich bitte, das nicht zu verwechseln: Vorbilder werden formal kopiert, während Leitbilder gewisse abstrakte Konzepte darstellen, die unter Fachleuten Konsens finden, einer Konvention gleich, eine bestimmte Sicht aktueller Probleme und ihrer Lösung darstellen; sie „leiten" die Findung der Form im Einzelfall, lassen aber breiten Spielraum dabei. Leitbilder können reinem Wunschdenken entsprechen, sie sind fordernd, statisch auf ein Ende ausgerichtet und ignorieren oft die Realität. Andere Leitbilder können jedoch auch realitätsbezogen sein, und die Vervollkommnung des Bestehenden anstreben. Bei unseren heute mehr oder weniger völlig verplanten Städten spiegelt sich das Bild der Gesellschaft nur dann im Bild der Stadt, wenn Leitbild und Zeitströmung im Einklang sind. Der Geist unserer Zeit und die Strömung unserer Zeit sind jedoch geprägt durch ständig zunehmende Komplizierung, Vielfalt und breitere Auswahl. Wenn die Monotonie und Öde unserer Städte als leitbildhaft für unsere Zeit hingestellt wird, erscheint mir das als eine schlechte Entschuldigung. Es wirft bestenfalls ein Licht darauf, daß das Leitbild der Stadtplaner sich in der Öde spiegelt. Leitbilder wurden gezimmert, um in aller Komplexheit und Vielfalt die Übersicht zu behalten, und sie bedienen sich notwendigerweise grober Vereinfachungen. So machen sie u.a. die Leute glauben, sie seien nivellierbar; der völlig klassenlose Mittelstand sei das Ideal, und mit dieser Gleichheit und Unterschiedslosigkeit versorgt man sie und gewinnt damit eine gewisse Macht über sie; dies schlägt sich in den

Statistiken von Befragungen nieder, denen zufolge die Leute stets „sehr zufrieden" sind. Diese Verdrehung der Statistiken und die Ideologisierung der klassenlosen Mehrheit gehören indes hoffentlich der Vergangenheit an.
Aus England kam diese Ideologie, die vor 50 Jahren als „Gartenstadtbewegung" zu uns getragen wurde und von moralischen, gesellschaftsreformerischen Ideen geprägt war. Sie war gegen den „Sumpf der Großstadt" gerichtet. Das Vorbild war das Dorf, die Kleinstadt. Mit der Forderung, alle sollten gleich sein und alle sollten eine Gemeinschaft bilden, vertraten viele Stadtplaner dieses Leitbild, nachdem es noch mit der Nachbarschaftsideologie und der Durchgrünungsbewegung angereichert worden war. Es war das mundgerechte Planungsprinzip für autoritäre politische Systeme und wurde folglich von Hitler ebenso angewandt wie von den Stalinisten; denn bei ihren Strukturen ist der Einzelne völlig der Kontrolle ausgesetzt und kann sich nirgends hin zurückziehen. Aber auch heutzutage wird dieses Leitbild immer noch vertreten, vor allem von der Landesplanung, die sich daran begeistert wegen des volksgesundheitlichen Standpunktes; aber der volksgesundheitliche Standpunkt alleine ist noch nicht gesellschaftlich ausreichend! Soziale Erwägungen, psychologische Erwägungen sind außerdem in Betracht zu ziehen. Andernfalls lassen sich solche Leitbilder in einer stark differenzierten Gesellschaft nicht realisieren.
Immer noch schaut die ganze Welt nach England um Rat und Vorbild entlang diesen Linien. Um so erstaunter ist mancher daher, wenn er plötzlich aus England von neuen und stadtbejahenden Konzepten erfährt, und daß Dichte plötzlich wieder eine gewichtige Rolle spielen soll. England bewegt sich damit in einem internationalen Rahmen, denn überall treten diese Forderungen auf, aber von England hat man das eben nicht erwartet. Vielfalt und Verflochtenheit unserer Zeit soll sich in der Fülle der Formen zeigen; das ist die Grundlage der Überlegung. Die Menschen sollen nicht eingeordnet werden in ein einziges System und isoliert werden, sondern bei all ihrer Verschiedenheit soll die Schaffung von möglichst vielen Schnittpunkten ihnen das Zusammenkommen erleichtern. Aber je komplizierter die Verhältnisse werden, desto schwieriger wird das Planen; desto verantwortungsvoller muß das Planen sein; desto größer ist aber auch die Möglichkeit, viele Menschen auf engem Raum unterzubringen; d.h. je verantwortungsvoller ich bin, desto mehr kann ich verdichten.
Die Komplexheit der Stadtbilder ist notwendig für die ordnungsgemäße Entwicklung unserer ganzen Agglomeration von Städten, wie wir sie heute

vor uns sehen. Wenig erstaunlich ist es, wenn man England kennt, daß sich dort derartige Konzeptionen entwickelt haben; denn dort hat man die meisten Erfahrungen bei der Realisierung von Gartenstädten und „new towns" gemacht; und selbst deren Anhänger geben ihre Unzufriedenheit mit den Ergebnissen zu. Die Söhne, immer kritischer gegenüber dem Werk der Väter, sind unzufrieden, und wo das Hauptanliegen der Väter das Neubaugebiet war, ist heute das Hauptanliegen der Söhne der Umbau der Innenstadt. Dieses ist beim technischen und wirtschaftlichen Aufschwung nur natürlich und verständlich. Durch das Zusammenrücken in den Innenstädten und durch die Citybildung wird also die große Aufgabe der nächsten Jahrzehnte die Sanierung der inneren Stadtgebiete sein und nicht, wie bisher, die weitere Ausweitung der Städte. Es zeigt sich nämlich – und man hat in England in der Zwischenzeit gelernt, Statistiken besser zu lesen –, daß keineswegs alle Menschen im Grünen leben wollen. Sicher: Das Grüne wollen viele genießen, aber sie wollen nicht immer dort leben. Es zeigt sich, daß viele Menschen zum Leben den Kontakt, die Auswahl und die Anregung benötigen, wie man sie in den dichten alten Innenstadtbereichen findet. Und seit Jahren kann man eine zunehmende Rückwanderung in die innenstadtnahen Bereiche Londons feststellen. Vor allem ist es die High Society in England, aber auch die Intellektuellen und die Freiberuflichen, die dadurch ihrer Stadtbejahung Ausdruck verleihen, und die den Vorzug genießen, in der Nähe ihrer City-Arbeitsplätze zu wohnen.

Aber auch am unteren Ende der sozialen Leiter sind die Leute mit den hygienischen und durchgrünten Neubaugebieten keineswegs zufrieden und klagen über Sterilität und Kontaktlosigkeit. So läßt der Hang zum Slum wieder aufhorchen. Lediglich ein Teil der Mittelklasse zieht mit seinen Kindern weiterhin aufs Feld hinaus, dem Ruf der Illusion und des sozialen Prestiges folgend: Um die Illusion der Natur erträglicher zu machen, sollen die Nachbarn möglichst weit entfernt sein. Die Folge ist geringe Dichte, weite Wege zum Einkauf, Arbeitsplatz, Abhängigkeit vom Auto, Kontaktlosigkeit, nachbarlicher Haß, fehlende Anteilnahme am Gemeinschaftsleben und Einsamkeit. Erkenntnisse dieser und ähnlicher Art, und zusammen mit der Landverknappung, haben neuerdings eine Anzahl von jungen Architekten – es sind nicht die Stadtplaner, die die neuen Leitbilder formulieren – folgerichtig zur Enthüllung der fadenscheinigen und halbwissenschaftlich formulierten Axiome der Gartenstadtidee veranlaßt.

Im folgenden sei nur von der Innenstadt die Rede, auf die sich die neuen Ideen vorzugsweise beziehen. Grundlage der neuen Einstellung ist es, daß das innere Stadtgebiet weiterhin attraktiv bleibt als Beziehungspunkt und besonders definierter Knotenpunkt in den oft unbegreifbaren und amorphen suburbanen regionalen Strukturen; das alte Stadtzentrum bleibt weiterhin interessant und attraktiv für die Verwaltung aus Prestige- und Zentralitätsgründen; für die kulturellen Funktionen und die Vergnügungseinrichtungen ebenfalls aus Zentralitätsgründen; desgleichen für Läden und für den Einkauf des langfristigen Bedarfs und des Luxus. Verwaltungen, Handel und Kultur setzen sich im Verlauf des Spezialisierungsprozesses, wie er mit dem Wachstum einer Stadtregion im Stadtzentrum stattfindet, durch; im Ringen um den begrenzten Platz an der Sonne sind sie immer stärker angewiesen auf eine immer weiter verstreute, höchst spezialisierte Kundschaft. Die vierte Funktion, die in der Stadt neuerdings wieder bejaht wird und die man für unabdingbar notwendig hält, ist: das Wohnen! Und zwar vorwiegend für Kinderlose und Unverheiratete mit höherem Einkommen. Der soziale Wohnungsbau ist völlig ungeeignet für die Innenstadt, da ein hohes Anspruchs- und Einkommensniveau Voraussetzung ist für die Behauptung des Wohnens an diesem innerstädtischen Standort. Das Prinzip des Wohnens in der Stadt ist es, zu Fuß schnell bei der Arbeitsstelle zu sein und mit dem Auto nur noch hinaus ins Freie fahren zu müssen.

Wenn alle diese Funktionen, einschließlich des Wohnens, eine Daseinsberechtigung im Zentrum haben, dann wird es zukünftig eine Fülle von Überschneidungen, Vermischungen und Möglichkeiten der Auswahl geben; dann wird aber auch notwendigerweise eine hohe physische Dichte und Kompaktheit der Stadt gerechtfertigt sein. Kompaktheit aber ist bodenwirtschaftlich als höchstmögliche Ausnützung des teuren Baulandes notwendig. Konsumwirtschaftlich ist sie notwendig, damit die Läden in geschlossener Reihe nebeneinander liegen und in der Nähe der zentralen Arbeitsplätze: Die vielen Arbeitsstellen erhöhen den Konsum der Läden. Sozial gerechtfertigt ist die Dichte auch deshalb, weil dort, wo viele Funktionen zusammentreffen, Isolation und Kontrolle unmöglich ist. Auch psychologisch läßt sich die Dichte rechtfertigen, indem nämlich Spannung und Gegensatz dort entsteht, wo Dichte ist, indem also nun erst ein Kontrast geschaffen werden kann zwischen Dichte und Weite. Verkehrstechnisch ist ebenfalls Dichte gefordert, denn der Fußgänger nimmt wieder eine bevorzugte Stellung ein; zu seiner Sicherheit und Bequemlichkeit ist Nähe zu einer Vielzahl von Einrichtungen Voraussetzung.

Ich hoffe, daß ich, wenn ich jetzt noch etwas über den Verkehr spreche, nicht mit späteren Referenten zusammenstoße. Ich will Ihnen aber ganz kurz einige Erläuterungen geben, wie junge englische Verkehrsplaner heute den Stadtverkehr betrachten und in Zusammenhang bringen mit den Stadtzentren. Dort rechnet man, wie üblich, mit einem stetig erhöhten Kraftfahrzeugbestand und, im Gegensatz zur bisherigen Haltung, mit einem sogenannten „entideologisierten Kraftfahrzeug". Mit einem Kraftfahrzeug also, von dem man im Augenblick noch infolge seines Prestigestatus glaubt, es nicht beschränken zu dürfen, dem man meint, gerecht werden zu müssen. Demgegenüber behaupten nun die jungen englischen Verkehrsplaner, daß die Verstopfung der Innenstädte nur das Ergebnis des unbeschränkten Kraftfahrzeugbesitzes sei und ergo so aussehen müsse, weil sie eine technische Möglichkeit einseitig ausnützt. Das „entideologisierte Kraftfahrzeug" aber muß nach Auffassung der jungen englischen Planer beschränkt werden auf die Funktionen, die es am besten erfüllen kann: Nämlich auf Fahrten zu nichtzentralen Orten, d.h. nur ins Freie zur Erholung, in die Ferien, auch quer durch die Stadt hindurch aber auf keinen Fall zum Berufsverkehr. Da nämlich muß das private Kraftfahrzeug in Konkurrenz treten mit den, zugegebenermaßen verbesserungswürdigen, öffentlichen Massenverkehrsmitteln, die durch erhöhte Schnelligkeit, Bequemlichkeit, Billigkeit und Sicherheit attraktiv zu gestalten sind. Durch die Art der Planung muß der öffentliche Massenverkehr so begünstigt werden, daß das Kraftfahrzeug als Verkehrsmittel im Verhältnis dazu für den Berufsverkehr erheblich benachteiligt wird, nämlich so, daß in der Stadt das Parken ausschließlich auf Kostenbasis betrieben wird. Keineswegs soll damit die Benutzung des privaten Kraftfahrzeugs völlig verboten werden. Voraussetzung für all diese Konzepte ist es günstige öffentliche Verkehrsmittel zu schaffen und eine schnelle und einfache Fußgängerverbindung innerhalb der Innenstadt zu ermöglichen; was also wieder eine erhebliche Dichte voraussetzt.

Auf der Suche nach einem neuen Leitbild hatten die jungen Architekten und Planer sich bald von Dorf und Kleinstadt abgewandt und sich wieder der viktorianischen Stadt erinnert, in der im Grunde alles das, was an städtischen Elementen erstrebenswert war, zu finden war. Die große viktorianische Stadt umfaßte im wesentlichen das, was in den 60er bis 90er Jahren des 19. Jahrhunderts in England zur Zeit seiner größten wirtschaftlichen Blüte gebaut worden war. Die englischen Städte des 19. Jahrhunderts unterscheiden sich aber von den gleichzeitigen deutschen dadurch, daß sie in der Entwicklung weiter voraus und stets sehr dynamisch waren; eine Baudenkmalspflege hat es dort nie gegeben: Es wurde immer alles abgerissen, was nicht funktionsfähig war, so daß man in den alten Innenstädten fast keine Bauten aus dem 16. bis 18. Jahrhundert findet. Das meiste in diesen Innenstädten stammt aus dem 19. Jahrhundert. Hier findet man Kompaktheit und physische Dichte mit einer Fülle von Menschen und Funktionen an einem Ort: Der Kontrast zwischen großer räumlicher Ordnung und der Vielfalt kleinteiliger Funktionen zwischen Enge und Weite der öffentlichen Parks. Hervorgerufen durch die bestmögliche Ausnützung in den Baugebieten der „City" finden sich Dichten, die bei einer GFZ von 5, 6 ja bis 7 hinaufreichen. Hier gibt es ein dichtes, vielfältiges Netz: die Kontinuität der Wege und Räume, der engen Gassen und Unterführungen und der weiten Plätze, der Kolonaden, Passagen und Brücken, über die der Fußgängerverkehr irgendwelche Schluchten zwischen Häusern wie Ufern überbrückt. Die Passagen sind Vorläufer des modernen Shopping-Centers aus dem frühen 19. Jahrhundert. Die Architektur ist oft bizarr: großzügige Architektur, meistens von hoher Qualität, wenn mit den richtigen Augen betrachtet. Wenn man die Liebe der jüngeren englischen Architekten für die „Victoriana", wie sie genannt wird, sieht, versteht man, warum sich eine perfekte glatte Architektur, wie die des Bauhauses, in England erst spät durchsetzten konnte.

Die Negativseiten der Viktorianischen Stadt werden natürlich durchaus gesehen: die Überfüllung, der Schematismus und die Einseitigkeit der Gebäude, die Vernachlässigung ganzer Bezirke. Durch die Berücksichtigung hoher hygienischer und medizinischer Standards für „Luft und Licht" wird dem neuen Leitbild zufolge eine Überfüllung der Stadt vermieden. Die Mischung der Funktionen wird durch die Ausnutzung mehrerer Niveaus, u.a. durch Dachterrassen erzielt.

Vor allem beim Wohnungsbau. Der Raum zwischen den Gebäuden, differenziert in Bewegungsraum und Ruheraum, wird wesentlicher Bestandteil der Planung. Der öffentliche Raum wird nicht mehr dem Zufall überlassen, indem ein Gebäude hingestellt wird, ohne daß sich die Planung darum kümmert, wie es drumherum aussieht; vielmehr haben die Architekten in England gelernt, die Bauwerke in Beziehung zu setzen, den Raum drumherum zu gestalten. Die Raumstruktur soll im wesentlichen das Rückgrat der Planung bilden.

Im allgemeinen sind in England zur Realisierung dieser Ideen die Bodenbesitz-Verhältnisse als Pachtland ausreichend großmaßstäblich. Dem entspricht die Tradition des Entwerfens in Quartieren, dergestalt nämlich, daß ein Quartier nach dem anderen von jeweils einem „developer" realisiert wird und nicht, wie in Deutschland, die Gemeinde alles im voraus im Bebauungsplan festlegt. In England wird ein Bebauungstyp entwickelt, der dann, oft mit kleinen Abwandlungen, in einem Quartier gebaut wird. Uns erscheint diese Art kritisierenswert, weil zwischen den Quartieren die gestalterische Kontinuität fehlt und ein additiver Charakter entsteht: Die Stadt als „Flickenteppich"; aber aus englischer Sicht liegen die Vorteile klar offen. Nämlich erstens die Wandlungsfähigkeit, weil man sich nicht unnötig im voraus festlegt und späteren Formauffassungen leicht folgen kann. Zweitens enthält jedes Gebiet ausgesprochen eigenen Charakter und Identität, wodurch dem Stadtgebiet als Ganzem Vielfalt verliehen wird. Daß in England die rechtlichen Voraussetzungen zur Realisierung derartiger Konzepte bestehen, nämlich Mehrfachnutzung auf einem Gelände und umfassende Enteignungsmöglichkeiten, soll nur am Rande erwähnt werden.

Nun abschließend als Beispiel zur Erneuerung die Innenstadt von Liverpool. Liverpool ist eine Hafenstadt, mit etwa 800.000 Einwohnern und einer regionalen Bevölkerung von etwa insgesamt 1,5 Millionen. Die Hauptprobleme dieser großen Stadt sind, daß die kaufkräftige Mittelschicht und viele Handelsbetriebe nach dem attraktiveren Londoner Raum abwandern, eine Folge der traditionell starken Zentralisierung Englands. Folge der Abwanderung ist eine sehr starke Ausdünnung, und zwar nicht so sehr in physische Hinsicht, als insbesondere in sozialer und kultureller Hinsicht: es ist kein Luxus-Handel mehr da, es gibt kaum noch Theater. Das zweite Problem liegt in der fehlenden Investitionstätigkeit und in der Überalterung des Baubestandes, der in keiner Weise mehr den modernen Ansprüchen gerecht wird und folglich teilweise leersteht. Das dritte Problem ist das Verkehrschaos durch steigenden privaten Kraftfahrzeugbesitz und die Benutzung des PKW für den Berufsverkehr angesichts der Verschlechterung der öffentlichen Verkehrsverhältnisse. Indem nämlich in England zur Zeit die Eisenbahnlinien rationalisiert werden, werden viele Nahverkehrslinien geschlossen. So sieht man überall in der Stadt Kriegslücken, auf denen heute Parkplätze ausgewiesen sind: Mitten im Hauptzentrum liegen weite Ödflächen, auf denen sich nichts anderes findet als abgestelltes Blech. Ein weiteres Problem ist die einseitige Orientierung dicht bebauter alter Quartiere mit völlig unausgeglichenem Verkehrsaufkommen: Rund um die Innenstadt gibt es viele Lagerhäuser, die den Lastwagenverkehr anziehen.

In Liverpool wird die Stadt quartierweise geplant: Jedes Quartier für sich eine Einheit. Die Planung bleibt im Zeitablauf anpassungsfähig. Das hier gezeigte Quartier stammt aus der Anfangszeit; es ist stark verdichtet, mit zweigeschossigem Wohnungsbau, die üblichen „terraced houses" entsprechen den Gesundheitsgesetzen von 1890. Der Plan für die Sanierung dieses Quartiers sah völlige Niederlegung vor; die Neubebauung ist Sozialer Wohnungsbau (public housing) mit etwa gleicher Dichte wie zuvor, aber völliger Verkehrstrennung. Die Engländer sind ausgesprochene Meister darin, die Grünflächen spannungsvoll und straff in die Wohngebiete einzubinden und ihnen städtischen Freiraum-Charakter zu geben. Zum Schluß noch einmal das neue Leitbild des verdichteten Städtebaus; es stammt aus der Planung der neuen Stadt Hook. Es ist freilich keineswegs so, daß alle englischen Planer und Architekten so denken, wie ich es hier eben erläutert habe; es ist noch eine kleine, jedoch wachsende Minderheit. Jedoch eines ist erreicht, daß das bisher als Alleinprinzip geltende Gartenstadtsystem einen konzeptionellen Widerpart gefunden hat und der Boden für eine Auseinandersetzung um die künftige städtische Gestalt, die verdichtete Stadt, wirklich bereitet ist.

Vorstadt und Stadt-Traum.
Zeichnung von Gordon Cullen, 1961

„Townscape" heißt das neue Zauberwort zur Wiederentdeckung der *urbanen* Stadt. Gordon Cullen verweist mit kritisch-analytischen Zeichnungen auf die Schönheiten der englischen Innenstädte wie auch auf ihre vorsätzlich oder fahrlässig bedrohten Qualitäten. Cullens zeichnerische Analysen erschienen von 1961 an in der Zeitschrift *Architectural Review*.

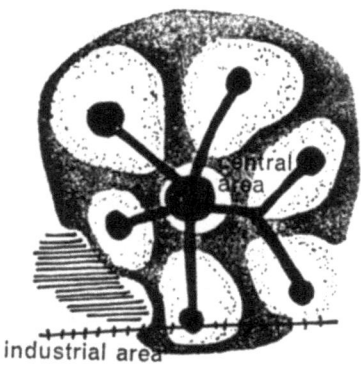

Die ersten Londoner *New Towns* haben ein Stadtzentrum, um das sich frei Nachbarschaften und ein gesondertes Industriegebiet gruppieren

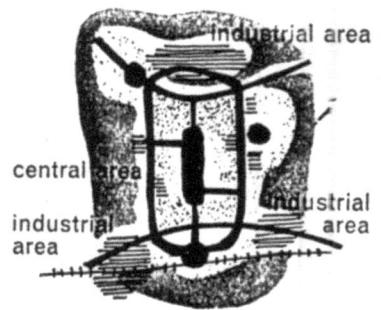

Der Plan für die Neue Stadt Hook zeigt eine lineare Struktur; außer den Wohngebieten konzentrieren sich drei Industrie-Areale um das gestreckte Zentrum

Hook: Vision einer Neuen Stadt südwestlich von London für 100.000 Einwohner mit allem zugehörigen Gewerbe und voller Arbeitsplatz-Ausstattung. Auf Grund einer politischen Entscheidung von 1965 nicht realisiert.

Das wettergeschützte multifunktionale Stadtzentrum von Hook ist unmittelbar fußläufig mit den angrenzenden Wohn- und Gewerbegebieten verbunden. Das urbane Element *Boulevard* ist erneut aufgegriffen.

Abbildungen aus: Plan für Hook, 1961

Um ein amerikanisches Shopping-Center
abgestellte Autos

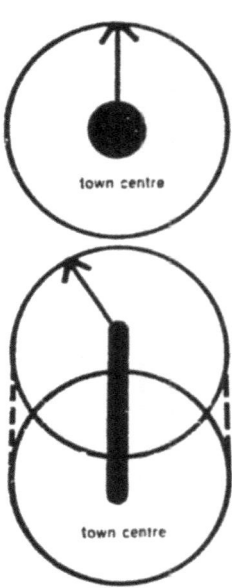

Vergleich eines zirkularen mit einem
linearen Zentrum, das mit seiner
Überlappung von Funktionsbereichen
urbane Vielfalt schafft. Da eine Saturierung
des Bedarfs an privaten Kraftfahrzeugen
abzusehen ist, kann die Neue Stadt vor
allem auf die Bedürfnisse des Fußgängers
ausgerichtet werden.

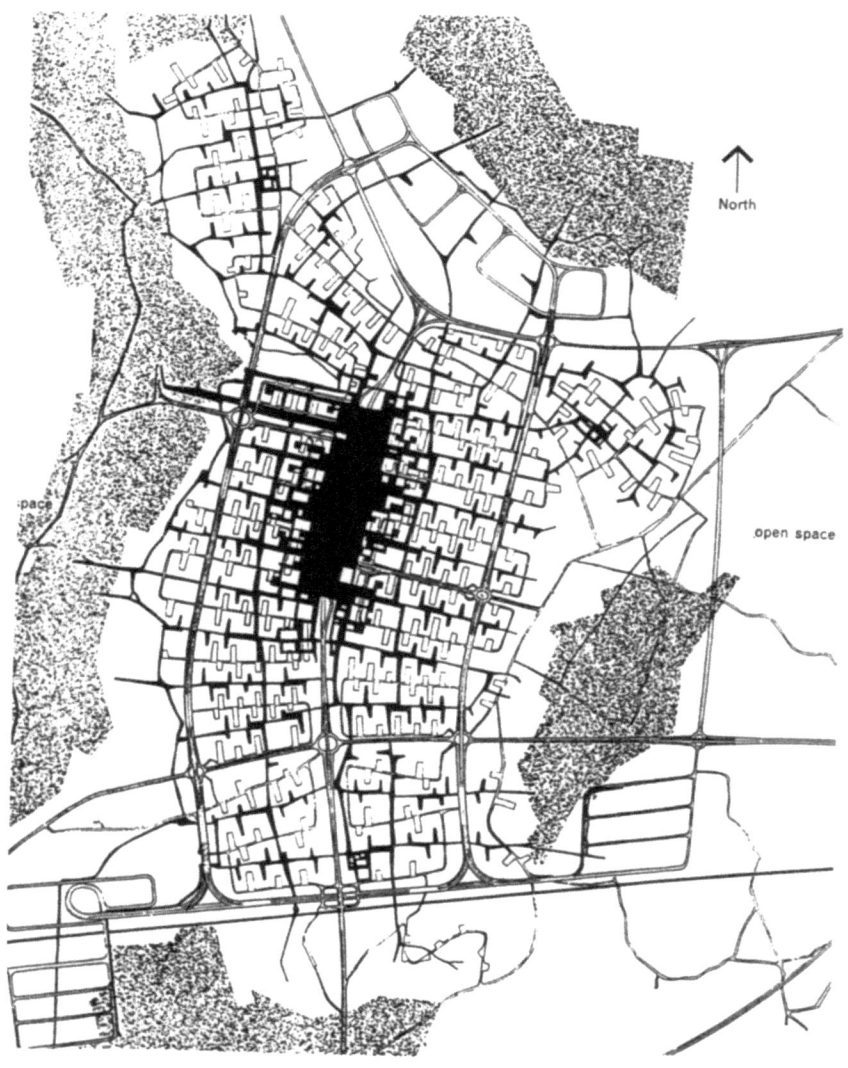

Plan für die Neue Stadt Hook. Fußwege-System. Die grundsätzliche Ausrichtung auf den Fußgängerverkehr gestattet kurze Wege – in der Regel kaum mehr als 10 Minuten zum linear ausgebildeten Stadtzentrum

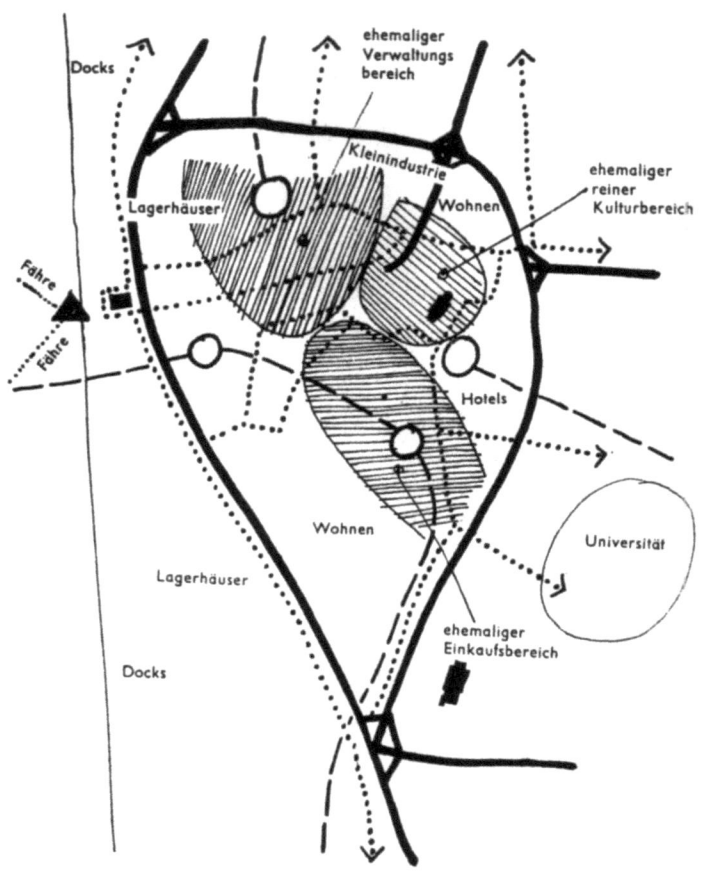

Planung für die Neuordnung der City von Liverpool. Entwurf: Graema Shankland, 1962/63. Die wichtigsten Merkmale des Plans sind die Schaffung einer Fußgängerzone in der Innenstadt (schraffiert), die Stärkung des Einzelhandels in Verbindung mit den Verwaltungs-Institutionen im Zentrum, der Bau von Parkhäusern gleich am Autobahn-ing, die bessere Einbindung der alten Bahnhöfe in das Zentrum, um den Öffentlichen Nahverkehr zu fördern. Gebiete mit heruntergekommenen Gewerbebauten und Lagerhäusern sollen weiträumig abgeräumt werden, um dort gemischt genutzte Baukomplexe – Büros, Läden, Kleingewerbe, Wohnungen – zu errichten

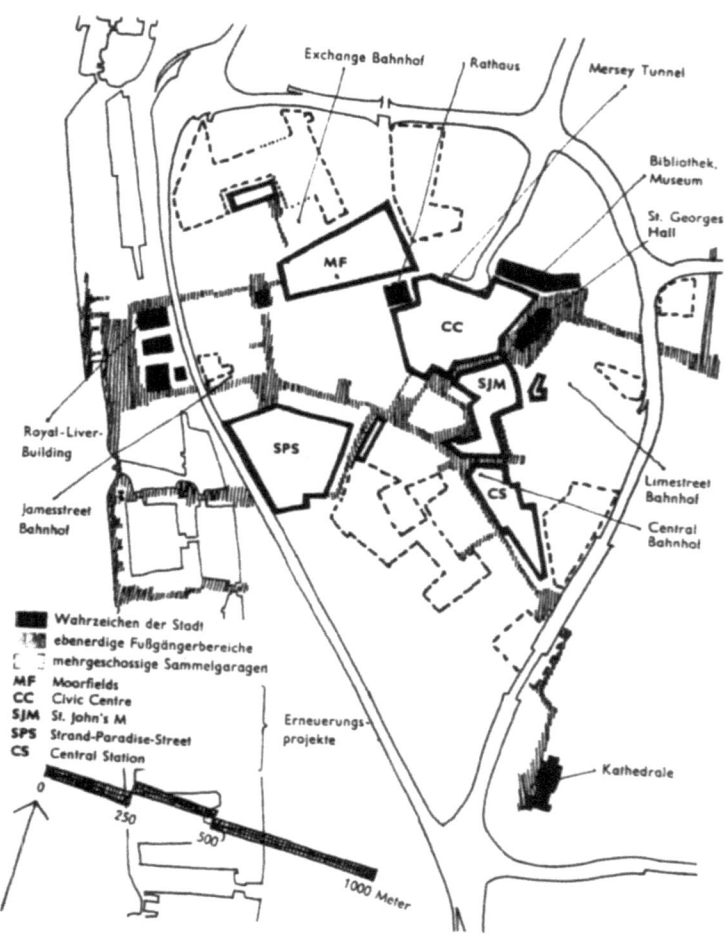

Die Erneuerungsprojekte im Gefüge der Altstadt von Liverpool.
Stand der Planung: Sommer 1963

Aus: Bauwelt, Heft 3/1964

Lucius Burckhardt und Marcel Herbst

Wachstum, Dichte und Flexibilität

Ein Arbeitsbericht zu Planungen
von Frank Gloor, Rolf Gutmann, Felix Schwarz,
mit Lucius Burckhardt

Die Planung wachsender Versorgungskerne

Das Wachstum der Städte einerseits, andererseits der Wille der stadtnahen Bevölkerung, an der städtischen Entwicklung teilzuhaben, führen heute zu einer beschleunigten Entwicklung an den Stadträndern. Zwei Planungsaufträge haben die Architekten Schwarz & Gutmann und ihre Mitarbeiter zu diesen Problemen geführt. Der vorliegende Vortrag greift aus dem weiten Themenkreis, der von ideellen bis zu recht handfesten praktischen Fragen reicht, einige Überlegungen über Wachstum, Dichte und Flexibilität heraus.
Die beiden Planungsaufträge betrafen Ortschaften in erheblicher Entfernung von der „Stadt", so daß ein Geograph die Frage stellen könnte, mit welchem Recht diese Gebiete zur Stadt gerechnet werden – was dann auch zur planerischen Frage führen könnte, weshalb man nicht eigenständige „Satellitenstädte" plane. *Nach Auffassung der Verfasser ist die Stadt gekennzeichnet durch die Kooperation, durch die Partizipation aller Bewohner am gesamten Geschehen und durch die Verflechtung aller Beziehungen über das ganze Stadtgebiet. Zur Stadt gehört jenes Gelände, auf welchem sich der Städter einen geeigneten Wohnplatz sucht, von dem aus er wiederum auf dem ganzen Gelände seine Arbeitskraft anbietet und das Netz seiner freundschaftlichen Beziehungen aufbaut.*[1]
Es ergibt sich das Bild des modernen Städters als eines „Pendlers', aber nicht unbedingt von peripheren Wohnorten zu zentralen Arbeitsplätzen, sondern auch umgekehrt oder tangential von einem Vorort zum andern. Die Stadt aber erscheint als das Feld, innerhalb dessen die Zuordnung des Wohnortes zum Arbeitsplatz des Familienvaters an Wichtigkeit zu-

rücktritt gegenüber der subjektiv besten Ausnützung aller Wohnchancen und Arbeitschancen, Ausbildungsmöglichkeiten, Benützung der Einrichtungen und der Teilnahme an den gebotenen Vergnügungen. Die Beziehungen in diesem Felde sind temporär; sonst ließen sie sich ja entflechten. Wohnt man nahe dem Arbeitsplatz des Vaters, so arbeiten die Kinder anderswo, hat man sich mit den Nachbarn angefreundet, so wechseln diese die Wohnung. Dieser ständige Wechsel bildet sich ab als „Netz" des ständig neu verflochtenen Verkehrs. – Diese Vorbemerkung soll nicht nur eine Umschreibung dessen abgeben, was wir als „Stadt" bezeichnen, sondern auch dem Mißverständnis vorbeugen, hinter der *konservativen Behandlung, die unsere Planungen überkommenen Strukturen und Ortsteilen angedeihen lassen*, stecke der Gedanke ihrer eigenständigen Erhaltung; eine „Gliederung" der Stadt in diesem isolierenden Sinne empfinden wir stadtplanerisch als Desintegration, volkswirtschaftlich als Rückschritt und geistig als Armutszeichen.

Bergstedt

Die erste von Schwarz & Gutmann durchgeführte Planung war ein Gutachten über die Entwicklung des hamburgischen Ortsteils Bergstedt[2]. Gleich zu Anfang wurden wir uns klar, daß man mit dem Instrument der Zone oder noch genauerer Bauvorschriften, gar mit der Ablieferung eines architektonischen Bebauungsmodells, nicht Herr über das Problem der zeitlichen Entwicklung des Ortsteils wird. Eine Planung für eine vorläufig unbekannte und soziologisch nicht faßbare zukünftige Bevölkerung muß zugleich aktiv und offen sein; es muß eine gewisse Dichte und ein Eigenleben geschaffen werden, und gleichzeitig müssen Elastizitäten und Reserven vorhanden sein, welche die Anpassung an mögliche Entwicklungen und spezifische Wohnwünsche und Verhaltensweisen der Bevölkerung erlauben. In welcher Weise diese Flexibilität in den Plan eingebaut wurde, kann hier im einzelnen nicht entwickelt werden. Prinzip war das „Offenhalten" der Entwicklung und die Etablierung einer korrigierenden Instanz, welche die Planung als einen Prozeß begleitet.

Dällikon

Bei der zweiten Planung, welche das Dorf Dällikon im Furttal betrifft, geht es uns um die Stufen dieses Wachstumsprozesses. Im Gegensatz zu

Bergstedt ist Dällikon kein von Siedlungsgesellschaften gefördertes Gebilde. Es handelt sich also, wirtschaftlich gesprochen, um ein „natürliches" Wachstum, wobei jedoch anzumerken ist, daß *von seiten der Gemeinde und ihrer Grundbesitzer der Wille zur Teilnahme an den bevorstehenden Entwicklungen und Möglichkeiten* einen allfälligen konservativen Segregationswillen *beträchtlich überwiegt.*
Immerhin wollen die Gemeindebehörden die Entwicklung in geordnete Bahnen lenken, und so ist auch den Verfassern eine Ortsplanung in Auftrag gegeben worden. Diese Ortsplanung vollzieht sich in jeglicher Hinsicht unter den Bedingungen der Gemeindeautonomie und umfaßt lediglich gemeindeeigenes Territorium. Zwischen dem jetzt stattfindenden Beginn der Entwicklung und dem geschätzten Endausbau von ca. 13.000 Einwohnern wird sich das Dorf verdreißigfachen. – Eine dreißigfache Vermehrung der Einwohnerzahl betrachten wir nicht mehr als bloßes Wachstum, vielmehr ändert ein derart sich vergrößerndes Gebilde mehrmals fundamental seinen Charakter. Wir halten es deshalb für falsch, von heute aus einen möglichen Endzustand zu planen, sondern interessieren uns viel mehr für die Stufen und Schwellen der Wandlung im Laufe dieses Prozesses.
Was uns bei dieser Planung vorschwebt, ist die politisch und soziologisch wie auch architektonisch-städtebaulich möglichst behutsame Überführung der jeweils erreichten Stufe in die nächsthöhere. Die einzelnen Stufen sollen eigenständige und funktionsfähige Gebilde ergeben, die manches Jahr stationär bleiben können. Andererseits soll das weitere Wachstum die Zerstörung investierter Werte[3] gering halten. Wiederum umgehen wir das Planungsmittel der zahlreichen und differenzierten Zonen, von welchen wir nur die elementarsten ausscheiden: Kernbebauung, dichtere und lockere Wohnbebauung, Grünzone und Industrie.
Besondere Beachtung schenken wir dem Kern: Wir denken uns ein relativ strenges Überbauungssystem, basierend auf einem Baugesetz, das eine dem Wachstum des Wohngebietes angepaßte Steigerung der Ausnützung in Stufen zuläßt. Zur Planung dieses Kerns studierten wir die erreichbare Literatur[4] über Folgeleistungen und fanden, daß sie fast durchweg an den Problemen des Wachstums vorbeigeht. Deshalb haben wir uns dazu eigene Gedanken gemacht, die wir im folgenden kurz skizzierten, um sie einem weiteren Kreis interessierter Persönlichkeiten vorzulegen. Mit diesem Schritt möchten wir in Erfahrung bringen, ob sich andere Planer mit ähnlichen Gedanken tragen und ob sie uns helfen können.
Wir sind der Meinung, daß die Planung von Wohngebieten und Folge-

leistungen ein Standortfaktor von steigender Wichtigkeit ist. Mit der ständig wachsenden Unabhängigkeit der Menschen und vieler Betriebe von bestimmten Standorten wird der Wohnsitz immer häufiger ausgesucht nach den Kriterien des gebotenen Wohnkomforts, der Folgeleistungen, der Ausbildungsmöglichkeiten und der gesamten künstlichen oder natürlichen den Wohnreiz betreffenden Standortvorzüge. Damit wird die sorgfältige Entwicklung gut versorgter Wohnzonen zu einem wirtschaftlichen Erfordernis, das in seiner Bedeutung neben die Erschließung standortgünstigen Industrielandes und neben die Behebung der innerstädtischen Verkehrskalamitäten tritt.

Modell und Stufenplan

Die Aufgabe, eine Gemeinde unter den Bedingungen eines zwar allmählichen, aber doch recht steilen Wachstums und der weitgehenden Selbstregulierung zu planen, führte uns auf das folgende Problem: Wie wir schon andeuteten, ist der Zeitpunkt der „Füllung" oder „Sättigung" des ausgewiesenen Baulandes unbekannt. Dennoch planen wir naheliegenderweise gerade diesen Zustand. Die reale Entwicklung wird aber stets irgendwo unterwegs befindlich sein und an bestimmten Punkten vielleicht längere Zeit verweilen. Sind solche Situationen nun Fragmente des geplanten Endzustandes, oder werden unterwegs *sinnvolle Stufen* durchschritten, in welchen die Beziehungen zu einem gewissen Gleichgewicht kommen, und welche demnach als solche auch vorgeplant und sogar angesteuert werden können?
Wir stoßen hier auf die Frage der „optimalen Siedlungsgrößen", wobei wir diese Größen allerdings nicht als anzustrebende Endzustände[5], sondern nur als Durchgangsstadien betrachten. Was könnte im Zusammenhang mit solchen durchlaufenen Zuständen oder Stufen das Wort „sinnvoll" bedeuten?

1. Wir könnten an ein finanzwirtschaftliches Gleichgewicht denken, bei welchem die Einnahmen der Gemeinde aus Steuergeldern mit den Ausgaben für Schulen und Dienstleistungen in ein Gleichgewicht kommen oder es sogar ermöglichen, Schulden zurückzuzahlen, welche auf Grund der vorausgegangenen Erschließungen und Erhöhungen der gemeindeeigenen Ausrüstung notwendig geworden sind.

2. Wir denken aber auch an eine rentable privatwirtschaftliche Versorgung, welche dem Bewohner die der Größe des Ortes angemessenen Bequemlichkeiten vermittelt, ohne selber durch zu geringe Ausnutzung Verluste zu erleiden oder infolge des Wachstums überlastet und ungenügend zu werden.

3. Das Problem kompliziert sich noch, wenn wir die Ortschaft nicht als eine isolierte Stadt betrachten, sondern als Vorort eines größeren Gebildes, mit dessen Hauptzentrum es sich in die Versorgung teilt. So steigt die Versorgung nicht linear an, sondern in bestimmten Stufen wird sich ein Teil der Zentralität der Metropole auf den Vorort verlagern.

4. Wir können das Problem der ortseigenen Versorgung als einen Faktor des psychologischen Wohnort-Gefühls betrachten. Das Gefühl der vorhandenen Versorgung und der *urbanen Atmosphäre* des Ortszentrums fördert die Neigung, sich der im Zentrum dargebotenen Leistungen auch zu bedienen. Andererseits wird ein Zentrum, das dieses „Dichtegefühl" nicht ausstrahlt, den Bewohner des Vorortes zur Benutzung des nächsthöheren Zentrums anspornen. Das Gleichgewicht zwischen Zentrum und Subzentrum hat also psychologische oder gestalterische Implikationen.

5. Wir können nach Betrachtung all dieser Faktoren die Frage nach der Leistungsfähigkeit des Vorortes als eines bewohnten Gebildes überhaupt stellen: funktioniert es rentabel? Erfüllt es die Ansprüche und Bedürfnisse seiner Bewohner im Rahmen der ortsüblichen Kosten, oder erhalten die Bewohner die gewünschten Leistungen teurer als anderswo, bzw. für das gleiche Geld wie anderswo eine geringere Bedürfnisbefriedigung? – Diese Frage müßte nun für jede Besiedlungsstufe der Ortschaft gestellt werden.

6. Als besonderes planerisches und architektonisches Problem betrachten wir die Frage der Elastizität und Anpassungsfähigkeit des Zentrums und der Reserven, welche dort für die Versorgung der wachsenden Gemeinde gewahrt werden müssen. Die Versorgung wächst nicht gleichlaufend mit der Gemeinde, sondern zunächst langsamer, später dafür um so schneller, da allmählich immer höhere Funktionen von der Metropole an den neuen Kern delegiert werden. Müssen wir also zunächst, um „Erlebnisdichte" zu gewinnen, verschiedene Funktionen überlagern, so werden wir später, bei übermäßigem Wachstum der Ausnutzung des Kerns, nach einer Entflechtung rufen.

7. Die Ortschaft wächst durch Wanderungsgewinn, das heißt durch die Zuwanderung einer vorläufig unbekannten Bevölkerung in die neuerstellten Wohnungen und auf die Bauplätze der Eigenheime. Dadurch ergibt sich allmählich eine soziologische Veränderung der Dorfbevölkerung. Gibt es auch im Laufe dieser Entwicklung sinnvolle Stufen und bestimmte Gleichgewichte? Gibt es ein bestimmtes Tempo der Assimilation der neuen Bevölkerung am Ort und der alten Bevölkerung an die neue, das nicht überschritten werden soll?

8. Wir sehen das Wachstum der Bevölkerung auch als politisches Problem: Die Beschlußfassung über die Planung selbst kann nur auf der Basis der jeweils erreichten soziologischen Stufen erfolgen. Es geht nicht an, daß die heutige Bevölkerung von 450 Einwohnern Beschlüsse faßt, welche 12.000 Einwohner betreffen.[6] Die Entwicklung sollte auch von der planerischen Beschlußfassung her Schritt für Schritt vorangehen; gemeinsam mit den neuen Einwohnern soll die Gemeinde die jeweils nächste Wachstumsstufe vorausplanen.

Die selbstverständliche Forderung, wenn wir eine neue Stadt bauen, diese „richtig" zu planen, erweist sich nicht nur als schwer erfüllbar, sondern auch als schwer beschreibbar. Die „Richtigkeit" zerfällt in eine Vielzahl von Zielen, die untereinander schwer vergleichbar und schwer gegeneinander abwägbar sind.

Die Schwierigkeiten lassen sich aber nicht dadurch beheben, daß wir die Fragestellung auf das ökonomische Gebiet einschränken und die verschiedenen Ziele als finanzielle Rentabilität vergleichbar machen. Immerhin ließe sich der Versuch machen, eine „Gesamtwirksamkeit" oder gesamthafte Rentabilität der Stadt zu bestimmen oder wenigstens als ein Modell zu beschreiben.[7]

Wir gehen davon aus, daß es so etwas gibt wie eine Gesamtwirksamkeit der Stadt. Unter Gesamtwirksamkeit wäre die größtmögliche Bedürfnisbefriedigung der Bewohner im Rahmen ihrer privaten finanziellen Verhältnisse zu verstehen – unter Einhaltung eines Rahmens von rechtlichen, politischen und die Tradition oder das Brauchtum betreffenden Bedingungen. Wir können die Gesamtwirksamkeit nun in Abhängigkeit von der beeinflußbaren wie der nicht manipulierbaren Variablen zu formulieren versuchen. Die allgemeine Form eines solchen formalen Modells[8] wäre dann:

$V = f(x_i, j)$
wobei
V: ein Maß der „Gesamtwirksamkeit" (der „Utilität", der „Leistungsfähigkeit") der Stadt sei,
x_i: die beeinflußbaren Variablen und
x_j: die vom Planer unbeeinflußbaren Merkmale des Objektsystems.

Die Aufgabe des Planers wird demnach die sein, jene „Zustände" der von ihm manipulierbaren Variablen herbeizuführen, die in der Kopplung mit den Zuständen der unbeeinflußbaren Merkmale des Objektsystems das Maß der Gesamtwirksamkeit optimieren.
In der Praxis erweist es sich meistens als äußerst schwer, solche Abhängigkeit der wesentlichen Variablen voneinander zu formulieren, wie auch die Abhängigkeit der Variablen von dem Maß der Gesamtwirksamkeit. Dreierlei Gründe lassen sich dazu anführen:
1. Die *Großstadtforschung* hat noch einen mangelhaften Stand.
2. Sie stößt recht bald an die Grenzen der Erforschbarkeit, die sich grundsätzlich an den gleichen Stellen nachweisen lassen wie die Grenzen der der Stadtforschung subsumierten Forschungszweige, wie z.B. die empirische Sozialforschung[9]. Nur addieren sich hier für das Ganze gesehen die Unbestimmtheiten der einzelnen partiellen Forschungen;
3. das Objektsystem „Stadt" hat einen ausgesprochen probabilistischen Charakter. Dieser ist grundsätzlicher Art; er wird durch die Vielzahl der Akteure selbst ins System hineingetragen. Versuche zur Formulierung solcher „Ganzheitsmodelle", sind erst in jüngster Zeit nachzuweisen. Vornehmlich in den USA hat man sich darum bemüht, wo die „Detroit Metropolitan Area Traffic Study" (2 Bde., Chicago 1959/62) zu nennen wären, oder die im Vergleich zu diesen methodisch verbesserte „Penn-Jersey Transportation Study" („Die Bezeichnung als ‚Verkehrsstudie' sollte nicht von der grundsätzlichen Bedeutung ablenken ... Wegen der Finanzierungsbedingungen wurde der Auftrag erteilt, nach den erwarteten Verkehrsverhältnissen die Planung der Verkehrseinrichtungen vorzubereiten. Dennoch war man gezwungen und in der Lage, das volle Modell zu bearbeiten"[10]).
Wesentlich weniger Aufwand erfordert der Versuch, Teilmodelle zu konstruieren, die in ihren gegenseitigen Abhängigkeiten voneinander zu betrachten wären. Bei der Wahl zwischen einem Versuch zu einem Ganzheitsmodell und Teilmodellen entscheidet man sich des geringeren Aufwandes wegen vielfach für die Konstruktion einiger wesentlicher Teil-

modelle und nimmt die geringere Aussagekraft solcher Analysen in Kauf.[11] Eine solche Entscheidung dürfte auch für unsere Verhältnisse die günstigste sein, um im Laufe der Zeit der Bearbeitung solcher Probleme sukzessive durch Zusammenfassung und Vervollkommnung mehr oder weniger spezieller Teilmodelle des Objektsystems zu übergeordneten Teilmodellen vorzustoßen.

Sobald das Gesamtmodell sich als schwer beschreibbar erweist, liegt der Wunsch nahe, die Planung „anpassungsfähig" zu gestalten und verschiedenartigen, vorhergesehenen und unvorhergesehenen Entwicklungen Raum zu lassen. Wir sind gewiß der Meinung, daß es eine absolute Planbarkeit nicht gibt. Kontrollierbar ist ja ohnehin nur die *Struktur der Bausubstanz* (die Bauten und Straßen der Gemeinde), nicht aber die Gesellschaft, die sie besiedelt. So ist jede Planung unvollkommen und unperfekt im Zusammenspiel mit dem unkontrollierbaren Teil des Objektsystems. Die geforderte Anpassung bezieht sich also auf die Kopplung des kontrollierbaren Teils des Systems mit dem unkontrollierbaren, der Struktur der Bausubstanz mit der Struktur der Bevölkerung.

Nicht nur die Planbarkeit, auch die Wißbarkeit hat, wie wir sahen, ihre Grenze. Deshalb gibt es keine Möglichkeit des Planens als in Form eines Prozesses, welcher sich als eine fortschreitende Korrektur älterer Pläne darstellt und dessen Wirksamkeit daher auch darauf beruht, daß seine Maßnahmen nicht allzu präjudizierend und determinierend sind. Dennoch müssen wir uns aber Gedanken machen über die prinzipiellen Grenzen der Anpassungsfähigkeit, und welches Ausmaß sie sinnvollerweise haben kann, damit noch eine Wahrscheinlichkeit besteht, daß in der Zukunft verborgene Möglichkeiten überhaupt von ihr profitieren werden. Flexibilität ist nur sinnvoll, wenn sie mit einer nennbaren Wahrscheinlichkeit ausgenützt wird; denn sie kostet ja nicht nur Geld, sondern sie ist stets ein Verlust an Ordnungskraft für die Struktur der Bausubstanz selbst. Wir beginnen deshalb nicht mit der Frage, was offen sein solle, sondern was festgelegt werden muß, und verstehen die Flexibilität stets nur als eine „Bandbreite" der Oszillationen der Entwicklung.

Das Problem der Anpassung der Struktur der Bausubstanz stellt sich im Zusammenhang mit der Mobilität und dem Wachstum der Bevölkerung. Allgemein bestehen die Planungsaufgaben darin, die Struktur der Bausubstanz den Veränderungen der Bewohnerschaft oder Teilen von ihr anzupassen. Andererseits existiert eine Beeinflussung der Bewohnerschaft durch die Struktur der Bausubstanz, die unter anderem auch eine kulturpolitische Funktion erfüllt (oder erfüllen kann). Man hat diese Beziehung also durchaus in beiden Richtungen zu sehen. *Die Summe der Einschränkungen, die durch eine Planung formuliert sind, bildet sich dann in der Wirklichkeit ab als „Stil" im weitesten Sinne des Wortes.*

*Ein mögliches Teilmodell:
Die Folgerungen*

Aus dem Problem der Gesamtwirksamkeit eines städtischen Gefüges nehmen wir ein Teilproblem heraus, nämlich die Angemessenheit und Rentabilität von Folgeleistungen. Über die Anzahl der bei einer bestimmten Einwohnerzahl notwendigen Folgeleistungen, ihre Besetzung mit Arbeitskräften und ihren Flächenbedarf finden sich in der Literatur voneinander abweichende Angaben.[12] Dennoch handelt es sich nicht um eine Frage, welche im Prinzip beantwortbar ist, sofern sich die Fragestellung an die Bedingungen einer mehr oder weniger isolierten und zudem statischen Stadt hält.[13]

Als fragwürdig erweist sich die Methode, die Verhältnisse bestehender Kleinstädte bezüglich ihrer Besetzung mit Geschäften direkt auf „zu gründende" Städte gleicher Größe zu übertragen. Die bestehenden Städte dieser Größenordnung sind meist Landstädte mit zentraler Funktion für das umgebende landwirtschaftliche Umland. Zudem sind sie möglicherweise Schrumpfungsprozessen unterworfen, welche einen historisch bedingten, heute übersetzten Bestand an Geschäften denkbar erscheinen lassen.

Bei der „gegründeten" Stadt sind demgegenüber mindestens zwei Faktoren zu nennen, welche das Problem komplizierter erscheinen lassen. Die Versorgung mit Geschäften steigt bei wachsender Größe der Siedlung nicht für alle Branchen gleichmäßig und linear an. Vielmehr müssen wir unterscheiden zwischen Branchen „niederer Zentralität", welche jeder Besiedlung, wie klein sie auch sei, auf dem Fuße folgen, und Branchen „höherer Zentralität", welche keineswegs schon in dem Moment in einer Siedlung vertreten sein werden, in welcher die Einwohnerzahl gemäß Statistik zur Erhaltung eines solchen Geschäftes ausreichen würde. Vielmehr werden diese Geschäfte sich erst dann einstellen, wenn Gewähr dafür besteht, daß der Ort für diese Waren „Marktcharakter" hat und die Bevölkerung sich tatsächlich hier und nicht in der benachbarten Großstadt mit diesen Waren versorgen will. Kurz, der erste Faktor betrifft das Verhältnis des aufstrebenden Ortes zu seinem nächsthöheren Zentrum.

Wir können diesem Problem der allmählich vom höheren auf das niedrige Zentrum überspringenden Zentralität einen verhaltensmäßigen und einen gestalterischen Aspekt geben. Primär liegt nur der gestalterische in unserem Einflußbereich: Hier tritt das Wachstum des Ortszentrums als planerisches Problem auf. Es ist sinnvoll, den Einkaufswillen der Bevölkerung am Orte selbst zu fördern, denn dadurch, daß sie ihr Einkommen am Orte ausgibt, kommt sie in den Genuß weiterer Versorgungsdienste. Diese Einkaufsneigung wird – so nehmen wir an – durch die betonte Ausbildung eines dichten, konzentrierten Ortskerns gefördert. Dieser Ortskern sollte andererseits aber in der Lage sein, nicht nur mit dem Wachstum der Bevölkerung Schritt zu halten, sondern eben die zusätzlich auftretende Zentralität zu beherbergen. Allerdings wird er gleichzeitig Geschäfte primärer Versorgung wieder an die Peripherie abgeben können. Immerhin stehen wir vor der paradoxen Notwendigkeit, sogleich urbane Dichte erzeugen zu müssen und dennoch räumliche Reserven zu bewahren. Bezüglich der kontinuierlich wachsenden Gemeinde können wir uns die Frage stellen, ob es irgendwelche Größenstufen gibt, auf welchen eine angemessene Versorgung besonders gut ausgelastet ist. Die Versorgung besteht aus einem untereinander unabhängigen Spektrum von öffentlichen und privaten Diensten. Jeder Dienst hat eine gewisse unterste Stufe der Rentabilität; ein Lehrer beispielsweise kann 30 Kinder unterrichten; bei nur 10 Kindern ist er nicht vollwertig eingesetzt. Ein Arbeitsplatz in einem Lebensmittelgeschäft sollte 70 Kunden versorgen; mit weniger Kunden ist er nicht voll ausgelastet. Reparaturgarage, Telephonsprechstation, Post, Gemeindeverwaltung, Bürgermeister, Autobuslinie, Arzt, Apotheker, jeder solche Dienst hat eine zugehörige Bevölkerungszahl, die ihn in einem statistisch erfaßbaren Bereich bisher trug und ihn fernerhin mindestens tragen sollte.

Wenn wir uns nun eine rentabel versorgte Gemeinde denken, so müßte diese nicht nur so viele Einwohner haben, daß alle für den modernen Menschen notwendigen Dienste mindestens einmal vertreten sind, sondern es sollte eine Zahl erreicht werden, auf welcher möglichst viele dieser Dienste möglichst nahe an ihrer Auslastungszahl oder einem Vielfachen davon sind. Die kleinste Gemeinde[14] wäre das kleinste gemeinschaftliche Vielfache der notwendigen Dienste. Es sollte also untersucht werden, ob von den Folgeerscheinungen her sinnvolle Stufen von Gemeindegrößen zu bestimmen sind, so daß vernünftigerweise die schrittweise Vergrößerung der Gemeinde immer von einer solchen Stufe zur nächsten geplant wird.[15]

Die soeben skizzierte Überlegung abstrahiert vorerst von der räumlichen Ausdehnung der Gemeinde sowohl wie von ihren Beziehungen zu Standorten höherer Zentralität. Der Kern der Gemeinde wird als klein angenommen, das Wohngebiet als zu Fuß erreichbar. Im realistischen Falle einer Vorortgemeinde fallen aber diese beiden Einschränkungen weg. Dabei sind sie untereinander in gewisser Weise gekoppelt, denn wenn einmal das Auto bestiegen ist, kann auch das nächsthöhere Zentrum in kürzester Zeit erreicht werden. Im realistischen Falle ergibt sich also das Modell einer netzartigen Struktur, auf welcher sich nach standortmäßigen Gesichtspunkten eine Hierarchie der Versorgungseinrichtungen erhebt.[16] Nachdem im Modell der „kleinsten Einheit" das Problem des Überganges von einer sinnvollen Stufe zur nächsten, also das Wachtumsproblem, vernachlässigt worden ist, muß untersucht werden, welche Rolle diese Übergänge in der Realität spielen, wobei auch die Substitution einzelner Dienstleistungen durch andere beachtet werden müßte, und ob nicht im Rahmen der Region[17] Elastizitäten zur Abschwächung der Unter- und Überbenutzungen eingebaut werden können (beispielsweise Wohngebiete, welche Zugang zu zwei Schulen haben und umgekehrt).

„Gesellschaft durch Dichte"?

Um näher an die Realität des Wachstums und der dabei auftretenden Wandlungen heranzukommen, müßte die Möglichkeit einer genaueren Beschreibung der Struktur der Bausubstanz geschaffen werden, als sie mit dem Werkzeug der Quotientenplanung zur Verfügung steht. Das bloße Verhältnis zweier Größen, also beispielsweise von Wohnfläche zu Kerngebiet, oder von Einwohnerzahl zu Folgeleistung, beschreibt eine Siedlung nur ungenügend: Das im folgenden angeführte Werkzeug versucht, die Anpassungsfähigkeit über die Beziehung zwischen Dichte und Konzentration bei verschiedenen Einrichtungen zu charakterisieren. Es könnten damit verschiedene denkbare oder existierende Besiedlungsvorgänge, historische Abläufe der Besiedlung, modellartig charakterisiert werden.
Eine Besiedlung kann völlig dispers beginnen, dispers bleiben, bis zu einer bestimmten Dichte, bei welcher sich ein Kern ausbildet. Sie kann umgekehrt konzentriert beginnen und im Laufe der Zeit einen dispersen Kranz von Wohnbauten ansetzen. In einem bestimmten Punkte der Siedlungsdichte beginnen die inneren Kämpfe um die Nutzung der Zentren.

Die innere Struktur ändert sich, Bodennutzungen von geringerer Rendite werden an den Rand geschoben, zunächst das Wohnen, dann die Industrie. Sind diese Vorgänge beschreibbar?
Offenbar sind die Kräfte, die dabei am Werk sind, in ihrer Gesamtwirkung nicht linear einzusetzen. Wir beobachten beispielsweise, daß der Verkehr von Mittelstädten, die sich der Einwohnerzahl von 100.000 nähern, gewisse Erstickungserscheinungen aufweist, die sie ernstlich zu gefährden scheinen. Dennoch gibt es auf der Erde Ansiedlungen, welche die hundertfache Einwohnerzahl haben und deren Verkehrsprobleme zwar recht kompliziert sind, die aber keineswegs an sich selber ersticken, wie dies von der Mittelstadt und ihren Problemen her zu erwarten wäre. Dieses Phänomen kann nicht restlos damit erklärt werden, daß eine Riesenstadt eben eine Ansammlung von „non competing groups" sei; sie ist vielmehr ein hochintegriertes Gebilde mit Institutionen von höchster Zentralität. Das Problem des Kerns und seiner „Dichte" ist eben direkt nicht beschreibbar.
Im allgemeinen betrachtet man die Dichte als das Charakteristikum der Besiedlung, und die Leitbilder der Siedlungspolitik beziehen sich stets auf eine bestimmte wünschbare Dichte, sei es im Sinne einer „Vermenschlichung der Besiedlung" durch Verminderung der Dichte und vermehrte Durchgrünung (Gartenstadtmodell) oder umgekehrt im Sinne der heute beliebten „Gesellschaft durch Dichte", also der Anhebung der Dichte zur Verstärkung der Kontakte und Intensivierung des sozialen Gefüges im Sinne einer Reaktion gegen den „isolierten Suburbian".
Dichte als solche ist formal ungenügend beschrieben. Wir benötigen gleichzeitig die Kenntnis der absoluten Dichte – einer bestimmten Siedlung – und der relativen Dichte in ihr, also der Konzentration[18]. Wir benutzen ein Maß der Konzentration und setzen es in Beziehung zur Dichte.

In jedem Zeitpunkt hat die Siedlung eine bestimmte Dichte und eine bestimmte Konzentration der Überbauung. Spezifiziert in Nutzungsarten, Wohnen, Folgeeinrichtungen, Arbeitsplätze verschiedener Art, kann für jede Nutzung eine Konzentration und eine Dichte festgestellt werden. In jedem Augenblick hat jede Nutzung eine bestimmte Konzentration und eine bestimmte Dichte, um im nächsten eine andere Konzentration und eine andere Dichte zu haben. Der Pfad, welcher die Beziehung von Dichte und Konzentration bezüglich einer spezifischen Nutzung oder der gesamten Überbauung durchläuft, ist also charakteristisch für eine

Besiedlung und enthält den dynamischen Prozeß, der sich in einem Siedlungsraum abspielt.

Wir können ein Diagramm bilden, dessen eine Dimension eine Skala für ein Dichtemaß aufnimmt, während auf der anderen Dimension ein Konzentrationsmaß[19] aufgetragen wird. Jeder Punkt in diesem Feld stellt einen möglichen Zustand einer Dichte und einer Konzentration dar, so daß wir im Falle von Ausmessungen von Flächennutzungen Punktwolken erhalten werden, die „reale" Situationen auf dieses Feld abbilden.

Damit wäre ein Instrument geschaffen für die Stadtforschung, welches weit eher geeignet ist, eine Agglomeration zu beschreiben als die herkömmlichen Dichte- bzw. Überbauungswerte der Quotientenplanung. Man kann jetzt versuchen, mit Hilfe der Korrelations- und Regressionsanalyse Gesetzmäßigkeiten herauszufinden, was den Zusammenhang der Konzentrations-Dichte-Indizes betrifft. Es ist zu vermuten, daß man auf diese Weise zu Ergebnissen gelangt, die es einem erlauben, Aussagen zu machen – sowohl über den Umfang als auch über den Standort von Nutzungen.

Ohne aber diese Untersuchungen angestellt zu haben, lassen sich doch einige Vermutungen formulieren, auf welche Weise der Wachstumsprozeß einer Agglomeration funktioniert und welche Auswirkungen das für den Bauvorgang der Struktur der Bausubstanz hat.

Als eine erste allgemeine Vermutung kann diese gelten, die besagt, daß die spezifischen Dichtewerte in Abhängigkeit von der Zahl der Bevölkerung und der Zeit variieren.

R. Mackensen (a.a.O. S. 83 ff.) stellt dabei für die USA fest: „In einem Jahrzehnt (von 1950-1960), in dem die Bevölkerung um .185 wuchs, mußte der städtischen Siedlungsfläche mehr als die Hälfte (.53) des Ausgangsbestandes hinzugefügt werden." Dieser Vorgang ist darauf zurückzuführen, daß „immer größere Anteile der Bevölkerung (sich) entscheiden, auf minimalen Anteilen der Gesamtfläche zu wohnen, und zwar im Einflußbereich der großen Städte". Zum anderen scheint sich die Wohndichte der Städte in Abhängigkeit vom Bevölkerungszuwachs und der Größe der Städte zu verringern, und schließlich erweitert sich der Flächenbedarf der Nutzungsflächen der Tertiärbetriebe, und zwar exponentiell im Vergleich zum Flächenzuwachs für andere Nutzungen. Das hat ein Hinauswandern der Wohnbevölkerung aus dem Weichbild der Stadt an den Stadtrand oder in die Agglomerationsgemeinden der Stadt zur Folge, welches auch relativ in Abhängigkeit des Wachstums der städtischen Agglomeration zunimmt.

Damit müßte bei einer Ortsplanung nach einer Lösung gesucht werden, die die Anpassungsfähigkeit der Baustruktur in Abhängigkeit der wachsenden Einwohnerzahl (sukzessive) erhöht.

Ferner gilt es, ein weiteres Phänomen zu beachten:
Offensichtlich existiert eine Abhängigkeit zwischen der „Urbanität" oder der „Erlebnisdichte" einer Stadt oder eines Quartiers und dem „Konzentrations-Dichte-Index" und der Zahl der Einwohner. Man kann annehmen, daß die Urbanität bzw. die Erlebnisdichte mit wachsender Bebauungs- und Überbauungsdichte wächst, daß aber andererseits das Bedürfnis besteht, bei zunehmender Einwohnerzahl die überbaute Fläche zu verringern und gleichzeitig dazu die Bebauungsdichte konstant zu halten oder sogar zu erhöhen.

Hier müßte also nach einer Lösung gesucht werden, die bei kleiner Agglomeration eine „dichte" Bebauung erlaubt und zugleich ohne großen Anpassungsaufwand bei einem Wachstum der Agglomeration eine „lockere" Bebauung möglich macht.

Die Forderung nach Flexibilität

Wie wir schon zu Eingang dieses Vortrages bemerkt haben, bestehen unübersteigbare Schwierigkeiten, die „Wirklichkeit" der Stadtentwicklung im Bilde eines Modells zu beschreiben. Es sind allzu vielfältige und komplexe Geschehensabläufe, die in den gesamten Wachstumsprozeß eingreifen. Mit einem gewissen Maß an *Unberechenbarkeit* hat der Stadtplaner also zu *rechnen.*
Allenthalben hat heute die Erkenntnis eingesetzt, daß in Anbetracht dieser prinzipiellen Unberechenbarkeit die Planung „offen" sein muß, daß sie die Flexibilität bewahren und in gewissen Bandbreiten Einpendelungen erlauben muß. Der Wunsch nach Flexibilität ging so weit, daß die vollkommen flexible Stadt gefordert wurde; sei es im Sinne provisorischer Bauweise und sukzessiver Erneuerung nach bestimmten Abschreibungsfristen[20], sei es – nun völlig utopisch – als „flexible Raumstadt" aus beliebig verwendbaren Zellen[21], die in einem bestehenden dreidimensionalen Metallgitter beliebig aufgehängt werden. Deshalb scheint es uns wichtig, zum Schluß noch einige Bemerkungen über das notwendige und wirksame Maß der Flexibilität zu machen. Ein Übermaß an Flexibilität

schafft scheinbare Freiheiten, die in Wirklichkeit niemals in Anspruch genommen werden können aus Gründen, die im System selbst begründet liegen.
Ein unbekanntes Systemgewebe kann nicht in jedem Falle durch Flexibilität befriedigt werden, und die bloße Anpassung trägt nicht alles, was nicht exakt bestimmt ist. Die Anpassungsfähigkeit muß mit ihren Grenzen und ihren Bedingungen verbunden sein. Sicherlich, die flexibelste Stadt ist die Wohnwagenstadt. Aber auch diese hat, ist sie einmal aufgestellt, ein Verkehrsproblem. Ein anderes flexibles System wäre der Markt mit seinen transportablen Ständen: ließe man die Verkäufer frei ihren Platz wählen, so entstünde zweifellos kein vernünftig ausgenutzter Markt. Aber mehr noch: durch die Aufstellung der ersten Stände und die dadurch entstehenden Käuferströme wäre so vieles bestimmt, daß die nachfolgende Anordnung festläge und die Flexibilität nicht ausgenutzt würde. Dies gilt für jeden Fall der ersten Platzwahl. Noch ein Beispiel: Wir denken uns einen vollkommen flexiblen Wohnungsgrundriß, Wände, Sanitärstellen und Küche sind frei plazierbar. Die Plazierung der ersten Installationen bestimmt weitgehend den Grundriß. Für diese erste Plazierung besteht aber gar keine große Auswahlmöglichkeit. Der völlig freie Grundriß stellt also einen weit überdimensionierten Anpassungsrahmen auf, der lediglich kostspielig ist, aber niemals auch nur annähernd genutzt werden kann. Deshalb muß die Anpassung, wenn sie nicht zu verfehlten Investitionen Anlaß geben soll, eine auf das Anpassungsziel eingeschränkte Rahmenbreite haben.
An Stelle der bloßen Forderung nach Anpassungsfähigkeit könnte also umgekehrt überlegt werden: welcher Grad von Determinierung ist notwendig? – notwendig, weil er sich ohnehin einstellen wird, weil jedes System gewisse Verfestigungen braucht oder hervorbringt. Nur ein Teil des zukünftigen Geschehens in einer Siedlung ist voraussehbar. Unsere ersten baulichen Maßnahmen schaffen aber schon Präjudizien für das weitere Vorgehen, von dem man nicht weiß, ob es den Erfordernissen noch entspricht. Das gilt für flexible Systeme so gut wie für hochgradig verfestigte – Städte etwa –; sie sind in dieser Hinsicht nur relativ verschieden. Auch der Stadtplaner ist in gewissen Augenblicken „frei" und fällt Entscheidungen;[22] deshalb ist es nicht müßig, mit der Frage zu beginnen: was kann beschlossen werden? Wir stehen wieder am Problem der Anpassung der Baustruktur an eine mobile und wachsende Bevölkerung. Hier können wir nicht die Freiheit öffnen, sondern wir müssen die festen Teile des Systems schaffen: ein Baugesetz, ein Verkehrssystem,

vielleicht einen Zeitplan. Die Gesamtheit dieser notwendigen Festlegungen, dieser „negativen Anpassung" erscheint zuletzt als „Stil".

Wir begannen unsere Ausführungen mit der Frage nach dem Stadtmodell, dem Planungsmodell der Stadt. Wir halten dasselbe für prinzipiell unbeschreibbar, unberechenbar. Der Architekt steht aber unter dem Zwang, planen zu müssen. So macht er sich sein Modell aus der ihm zur Verfügung stehenden Portion von Wissen und Unwissenheit, aus der Kenntnis der Tatsachen, aus übernommenen oder selbsterzeugten Ideen und Vorstellungen davon, wie es sei und wie es sein sollte. Die Einsicht, daß sein so erzeugtes System sich in der Wirklichkeit nicht bewähren wird, treibt ihn in die rettende Ausflucht: Flexibilität. Vom Maß der möglichen Anpassungsfähigkeit, von ihrer Grenze und ihren Bedingungen wollten wir in diesem Vortrag sprechen.

Der Vortrag ist hier in einer überarbeiteten Fassung wiedergegeben, die seiner Veröffentlichung in Heft 2 der *StadtBauwelt*, 1964, entspricht. Dazu gehören auch die folgenden, im Text berücksichtigten Anmerkungen, die teilweise von der Redaktion der Zeitschrift formuliert wurden.

1 Die Entwicklung eines solchen Geländes zum Kunstwerk nennen wir *Stadtlandschaft*.
2 Veröffentlicht in Bauwelt 51-52/1961 und 1/1963 sowie in Werk 3/1962.
3 Diese Investitionen umfassen auch betriebswirtschaftlich längst abgeschriebene Werte, z.B. alte Baukunstwerke, also alle strukturellen Werte, die das Wesen des Ortes sichtbar machen.
4 Giovanni Botero: „Delle cause della grandezza e magnificenza delle città" 1589; Werner Sombart: „Der moderne Kapitalismus", München und Leipzig 1921, Bd.I/1, S. 121; Gunther Ipsen und Mitarbeiter: „Beiträge zur Frage der optimalen Größe von Landgemeinden und Stadtteilen" in „Standort und Wohnort", Köln und Opladen 1957; Mackensen/Papalekas/Pfeil/Schuette/Burckhardt: „Daseinsformen der Großstadt" Kap. II: „Stadtmitte", Tübingen 1959; Feder und Rechenberg: „Die neue Stadt", Berlin 1939; R. Jahke: „Die wirtschaftlichen Grundlagen der Einzelhandelsgeschäfte in neuen Wohngebieten", München 1957; T. Beckermann: „Die Eingliederung von Handwerks- und Einzelhandelsbetrieben in

neue Wohngebiete", Schriftenreihe des Rheinisch-westfälischen Instituts für Wirtschaftsforschung, Neue Folge Nr. 3, Essen 1955; Erich Bodzenta: „Folgeleistungen in städtischen Wohngebieten" in „Soziale Welt", 1962/63, Heft 3/4, S. 330 ff.

5 Gunther Ipsen und Mitarbeiter: „Beiträge zur Frage der optimalen Größe von Landgemeinden und Stadtteilen", in „Standort und Wohnort" a.a.O.; Lloyd Rodwin: „The British New Towns Policy", Cambridge, Mass., 1956, S. 82.
Wir verweisen hier außerdem auf die umfangreiche Literatur über „Nachbarschaftsplanung", welche die Frage nach der optimalen Siedlungsgröße dadurch aus der Welt schaffen wollte, daß sie ein hierarchisches System von Nachbarschaften vorschlug. Uns, die wir nicht an die Möglichkeit einer nachbarschaftlichen Gliederung glauben, stellt sich erneut das Problem der optimalen Siedlungsgröße, wenn auch nur im Sinne vorteilhafter Stufen.

6 Nach unserer Meinung wird hier in aller Kürze das eine Problem jeder Planung herausgestellt, welches immer dann Bedeutung erlangen wird, sobald man sich bemüht, demokratisch vorzugehen. Denn gerade das ist ein materieller Aspekt der Planung, daß die beplanten Menschen möglicherweise noch gar nicht existieren – aber erwartet werden.

7 Hierzu vergleiche man den Beitrag zum Verkehr auf den Seiten 120 bis 122 dieses Heftes. (Red.)

8 Vgl. C.W. Churchman, R.L. Achoff, E.L. Arnoff, „Operations Research", Wien-München 1961, S. 155 ff.

9 Theodor Geiger, „Soziometrik und ihre Grenzen", in „Kölner Zeitschrift für Soziologie", Köln und Opladen 1948/49, S. 292 ff.

10 R. Mackensen, „Planungsprobleme der nordamerikanischen Verstädterung", in „Archiv für Kommunalwissenschaften", 1. Halbjahresband, Stuttgart-Köln 1963, S. 93 ff.

11 E. v. Boeventer, „Theorie des räumlichen Gleichgewichts", Tübingen 1962, S. 2 ff

12 Die meisten Angaben zu diesem Thema sind auf diese Weise zustande gekommen, daß an idealtypischen Planungen ausgezählte Zielwerte von Versorgungsleistung korrigiert wurden an Hand empirischer Auszählungen, wie sie z.B. Feder zu finden sind. Vgl. z.B. Bodzenta a.a.O.: Ernst Egli und Mitarbeiter: „Die neue Stadt" S. 34 ff., Zürich o.J.; W. Eugster: „Detailhandelsverkaufsflächen in Einkaufszentren", in: „Plan" 1962/6: Atelier des architectes associés „Grille d'équipement", Lausanne, o.J.

13 Eine solche Untersuchung wurde auf der Grundlage der Volks- und Arbeitsstättenzählung von 1950 in Berlin (West) zur Vorplanung des neuen Berliner Stadtteils Charlottenburg-Nord vom damaligen Leiter der GSW, Walter Großmann, dem Institut für Städtebau an der Technischen Universität Berlin, Leitung Professor Hans Scharoun, in Auftrag gegeben, getätigt und dem Senator für Bau- und Wohnungswesen zur Verfügung gestellt. In Auszügen einiger Teilabschnitte veröffentlicht in Bauwelt 15-16/1963, siehe auch Bauwelt 35/1958, Seiten 860/61.

14 Ipsen: „Standort und Wohnort", a.a.O., S. 10 ff. und 257 ff. In der für uns erreichbaren Literatur erwähnt besonders Ipsen den „dynamischen" Charakter des Problems, d.h. die Beziehung der „optimalen Größe" zum Wachstum und den dabei durchlaufenen typischen Stufen und Nutzungsdichten. Jedoch koppelt Ipsen die Frage nach der sinnvollen Größe intensiv mit der Frage nach dem erreichten Entwicklungsgrad einer Region und der in ihr „sinnvollen" Dichte und Nutzung. Wir aber gehen aus von der allgemeinen Partizipation an der nahen Stadt, die eine genügende Konzentration an leicht erreichbaren Arbeitsplätzen bietet, und interessieren uns lediglich für die optimalen Stufen des „Wohnortes".

15 Rainer Mackensen, Dortmund, macht uns auf die Kehrseite der „optimalen Siedlungsgrößen" aufmerksam: Gerade die günstigen Bedingungen der optimalen Größe beschleunigen das Wachstum über diese Größenstufe hinaus, und gerade die ungünstigen Bedingungen zwischen den optimalen Größenstufen bremsen das Wachstum und verlängern die nicht-optimale Phase.

16 Vgl. z.B. Walter Christaller, „Die zentralen Orte in Süddeutschland, Eine ökonomisch-geographische Untersuchung über die Gesetzmäßigkeit der Verteilung und Entwicklung der Siedlungen mit städtischen Funktionen", Jena 1933; Edwin v. Boeventer, „Die Struktur der Landschaft, Versuch einer Synthese und Weiterentwicklung der Modelle J.H. von Thünens, W. Christallers und A. Löschs" in: Henn, Bombach, Boeventer, „Optimales Wachstum und optimale Standortverteilung", Berlin 1962; oder das in den Papers der Regional Science Association erschienene Vortragsmanuskript der Zürcher Tagung vom 5. September 1962 von J.P. Tijsse, „A Rural Pattern for the Future".
17 Der Begriff „Region" ist hier ohne jede Definition.
18 Siehe Meyer-Brüx in Bauwelt 36/1963, S. 1026.
19 Wir denken zum Beispiel an ein „Maß der Konzentration", wie es von Lorenz formuliert wurde. Vgl. O.D. Duncan, „The Measurement of Population Distribution" in „Populations Studies", Jg. XI (1957/58), S. 27-45; zuletzt O.D. Duncan, R.P. Cuzzort, B. Duncan, „Statistical Geography", Glencoe, III 1961, S. 83, nach R. Mackensen a.a.O., S. 82. Ferner auch M.N. Pal, „Zur Berechnung eines kombinierten Konzentrationsindexes", in „Raumforschung und Raumordnung", Köln 1962, Heft 2, S. 87 ff.
20 Hans Bernoulli, „Die organische Erneuerung unserer Städte", Basel 1942.
21 Yona Friedman, „Mobile Architektur" in „werk", Winterthur 1963, Heft 2, S. 45 ff.
22 Freilich würde sich hier noch das Gebiet des Zustandekommens persönlicher und politischer Entschlüsse eröffnen. Es ist u.a. abhängig von der Stellung, die der Entscheidende zu den sekundären Konsequenzen seiner Beschlüsse einnimmt: „verantwortungsfreudig" preist sich einer, der die Folgen der Folgen nicht zu sehen vermag, „vorsichtig" ein anderer, der die Möglichkeit des Hinausschiebens der Entscheidung überschätzt – keine Entscheidung ist auch eine ...

Jan Despotopoulos

Urbane Dichte, die City und das neuzeitliche Gemeinschaftszentrum

Entstehung der Stadt durch Verdichtung um einen „offenen öffentlichen Platz" – die Agora, der „Synoikismos"

Die dialektisch wirkenden Kräfte bei der Entstehung und Entwicklung der „Polis"

Nicht jede feste Menschenkonzentration, klein oder groß, ist „Stadt-Polis"

„Scheinstädte – Poleoiden" der Vergangenheit

Geschichtlicher Entwicklungsprozeß der Stadt bis zum Verschwinden der „Polis" im kompakten, spekulativen Chaos der Großstadt

Die Großstädte des 19. Jahrhunderts – ein Menschenlager von Arbeitskraft

Die Struktivität der alten Gemeinschaftszentralen in den chaotischen Städten

Die historischen Gemeinschaftsanlagen aus der Vergangenheit, lebendiges und „schwerwiegendes" Erbe

Die Bedeutung der revolutionären Gährung während der Zwischenkriegszeit

Gründe der Unterschätzung der „erkämpften sozialen Errungenschaften", die unmittelbar „die Stadtbildung bzw. -umbildung" beeinflussen

Europas „ausgebliebene Entwicklung"

Die übertrieben durchgeführte Verlockerung der Großstädte, Reaktion gegen ihre kompakte, spekulative Verklumpung

Morderne, unbewußt geplante Entstädterung

Entstehung der „Unstadt" und ihrer „Autoeinwohner"

Die tieferen Ursachen. Das individuelle und kollektive „Waldgefühl". Einsamkeitsbedürfnis und gleichzeitige Einsamkeitsneurosen. Zuflucht zu Psychosen, Alkoholmißbrauch, chronischer Massendepression und Selbstmord. Asoziale Zerstörungstriebe

Das verlassene, einsame Gemeinschaftszentrum. Statt diesem Zeitvertreib, Kleinkauf und Vergnügungslage. Das Tivoli

Positive und negative Faktoren

Kultivierung und Hierarchie des Citylebens

Ausschlaggebende Gruppierung von Theater, Oper, Musik, Ballett, Ládenausstellung zu einem „Kulturzentrum" in der City

Die städtischen Grünflächen. Die Schnellverkehrsmittel

Das individuelle Auto und die Abgase, destruktive Faktoren

Druck der Übervölkerung der Städte

Geschichtliche Faktoren der Verdichtung der Städte sowie der heutigen Verlockerung

Verteidigung, Gefahr, physische, ökonomische und ideologische Annäherung, Spekulation

Bedürfnis nach Luft und Sonne, Grünflächen, breite Verkehrsstraßen, unbewußter Faktor „weg vom Anderen"

Nach der extremen Verlockung, wegen psychologischer Umwerfung, extreme Verdichtung (neueste Stadtplanung in Schweden)

Was kann heute „urbane Dichte" bedeuten?

Das Problem „Grad der Verdichtung", vertikal, horizontal, durch geometrischen Zusammenhang

Urbane Dichte und die Richtung, vertikal oder horizontal, durch die Stadtgröße bedingt

Fördert die „Dichte" die Gesellschaft?

Die „mechanische Dichte" in Zahlen und die menschlich und ideologisch bedingte. Einige Argumente aus verschiedenen Ländern Europas

Die Notwendigkeit des realistischen Begriffes „geschichtliche Übergangszeit" des Umbildungsprozesses der Gesellschaft und der Stadtbildung/-umbildung

Zentrale und peripherische Verdichtung bei der neuen Umgruppierung der Städte

Verdichtung „um Etwas", das die Menschen in wirklicher Gemeinschaft hält

Großstadt, in der wir leben möchten

Gelsenkirchen, 25. und 26. November 1964

Ernst-Otto Glasmeier

Zur Begrüßung

Unsere erste Städtebautagung im vergangenen Jahr stand unter dem Thema „Gesellschaft durch Dichte". Das Thema hörte sich an wie ein Slogan, wir waren uns dessen bewußt. Es hat inzwischen, wie es einem richtigen Slogan ansteht, Furore gemacht. Wir wußten, was ein Slogan ist. Daß er sicherlich in seiner grob vereinfachenden Art einer akademisch-kritischen Untersuchung nicht standhalten könnte. Wir wußten auch von den Gefahren, die in solch einem Slogan stecken. Wir haben ihn dennoch gewählt, weil ja die groben Vereinfachungen ideologisch und nur instinktiv begründeter künstlerischer und politischer Grundsätze, mit denen wir in der Stadt- und Landesplanung so unangenehm zu tun haben, durch eine derbe Gegenformel am ehesten in Frage gestellt werden können. Das ist inzwischen geschehen. Es ist, glaube ich, nun mehr als zuvor über Entballung diskutiert worden, auch intensiver. Natürlich auch über Probleme der Dichte, vor allem die der Dichtequalitäten. So ein Slogan ist zuweilen ein wirkungsvoller Rammbock. ...

Wir haben uns nun vor einigen Monaten zusammengesetzt und überlegt, ob wir eine neue Tagung machen sollten. Wir haben diese zweite Städtebautagung in die Wege geleitet. Und zwar aus zwei uns besonders wichtig scheinenden Gründen:
1. Stadtplanung heute muß mehr als bisher ein breites wissenschaftliches und optimal exaktes Fundament haben. Formale Intuitionen der Planer genügen nicht, auch nicht der sogenannte gesunde Instinkt des Politikers, der Kompliziertheit unserer gesellschaftlichen Verhältnisse gerecht zu werden. Wir müssen die Vorstellungen von unseren gesellschaftlichen Lebensräumen aus der Kenntnis von Zusammenhängen aller Arten Schritt um Schritt entwickeln und diese Vorstellungen ständig neuen kritischen Untersuchungen unterziehen. Wir brauchen hierzu die Wissenschaftler aller Sparten. Das bedeutet selbstverständlich nicht, daß wir die politische

Entscheidung oder das Planen selbst den Wissenschaftlern übertragen könnten.
Dieses klarzumachen, die breite Skala der für Stadtplanung notwendigen Wissenschaften anzudeuten, erschien uns wichtig. Stadtplanung braucht heute dringend ein qualifiziertes Team nicht nur technischer, sondern auch geisteswissenschaftlicher Berater und Informanten.
2. Ebenso wie die wissenschaftliche muß auch die politische Basis der Stadtplanung verbreitert werden. Das heißt: Die Gesellschaft, für die geplant wird, muß an der Planung wieder beteiligt werden. Die Möglichkeit, an der Gesellschaft vorbeizuplanen, Räume zu bauen, meist unter unverhältnismäßig hohen finanziellen Investitionen und Opfern, welche dann womöglich gar nicht angenommen werden, dieses Risiko kann vermindert werden, wenn man die Gesellschaft selbst in die Programmierung von Stadtplanungen einschaltet, wenn man wieder zu einem kribbeligen Spannungsverhältnis zwischen dem Planer einerseits und den Bürgern und deren politischen Vertretern andererseits gelangt. Die Beschränkung auf Information fertiger Pläne mag zwar formell demokratischen Spielregeln entsprechen. Dem Sinne nach demokratisch ist erst die Teilnahme eines jeden Interessierten am Planungsvorgang.

Erich Kühn

Zur Einführung

Zunächst bestand die Absicht, das vor einem Jahr angeschlagene Thema weiterzutreiben. Gesellschaft durch Dichte etwa zu ergänzen durch andere Elemente, die mit der Gesellschaft zusammenhängen: Gesellschaft durch Verpflichtung, Gesellschaft durch Menge oder was es sein könnte. Wir wären dann immer näher in die Nachbarschaft der Soziologie gerückt, und das wäre angesichts des Abstandes der in Deutschland zwischen Städtebau und Soziologie – des Abgrundes könnte man beinahe sagen, der zwischen diesen beiden Disziplinen besteht – sicherlich richtig gewesen. Es kam aber anders. Und zwar aus einem bemerkenswerten Grunde. Schon während des Zusammenseins vor einem Jahr wurde ein anderes Thema hier in Gelsenkirchen immer deutlicher, und zwar ganz offenbar aus dem Zwang der Situation heraus: Wenn diejenigen, die hier waren vor einem Jahr, sich erinnern, dann wurde das eigentliche Thema „Gesellschaft durch Dichte" überlagert durch etwas anderes, durch Einflüsse, die eben hier ganz deutlich spürbar waren und aus der Situation kamen; von dem Einzelthema kam man immer wieder auf das Ganze, nämlich auf die Stadt. Immer wieder wurde nach der Großstadt gefragt. Wir sprachen davon, das Thema „Dichte" lege es nahe, daß man wieder Stadt wolle – viel stärker als etwa die Generation vor uns –, und daß man gerade die Großstadt wolle, und erste Überlegungen wurden laut über die Art, wie diese Großstadt aussehen könne und wie sie beschaffen sein müsse.
Wir glaubten, diesem starken und deutlich lesbaren Drängen nachgeben zu sollen, und kamen daher zu der Aufgabe, die uns hier beschäftigen soll, wie dann die Stadt aussehen könnte, in der wir leben wollten. Wir verzichteten damit auf die Fortführung des ursprünglichen Themas.
Niemand wird so naiv sein zu glauben, wir Veranstalter wären so naiv anzunehmen, die Gesellschaft entstände nur durch Dichte. Das ist selbstverständlich nicht der Fall.

Nun, diese neue Bezeichnung „Stadt, in der wir leben möchten", ist nur für uns neu, sie ist nicht in der Literatur neu, sie ist meines Wissens zum erstenmal angewandt worden als Überschrift eines Aufsatzes, der sich auf Grund von Befragungen statistisch damit befaßte, wie dann der Bürger in der Stadt – der Stadtbürger – leben möchte.
Wir möchten uns von Menschen, die sich selbst gefragt haben und nicht andere gefragt haben, berichten lassen, welche ihre Vorstellungen, ihre Idealvorstellungen von der Stadt sind.
An wen wenden wir uns? Nun, es steht im Programm: an den Politiker, an den Stadtplaner, an den Architekten und an die Öffentlichkeit. Und in dieser Reihenfolge liegt auch ein Wunsch. Der Politiker möchte sich der gebauten Umwelt, Stadt, stärker annehmen, als es bisher geschah; gleichzeitig möchte auch die Öffentlichkeit sich dessen bewußter werden, daß in der Stadt ja letzten Endes die größere Wohnung ist, die man mitgestalten sollte.
Architekten und Städtebauer stehen bewußt zwischen diesen Polen, zwischen der Öffentlichkeit und den Vertretern der Öffentlichkeit, den Politikern.

Ulrich Conrads

Mein Stadtideal

Meine sehr verehrten Damen und Herren, man hat mir ein Thema gestellt, das mich – und damit auch Sie – unversehens in jene inzwischen selige Zeit versetzt, als uns in Quinta oder Quarta der Deutschlehrer Hausaufsätze aufbrummte über „Mein schönstes Ferienerlebnis", „Mein Lieblingsbuch", „Meine sportliche Höchstleistung", „Mein Einsatz beim WHW" (was damals mit Winterhilfswerk zu übersetzen war). Unter den deutschstämmigen Lehrern, die damals deutschstämmige Knaben in Deutsch zu unterrichten hatten, ist mir einer mit Namen Macherey in höchst sympathischer Erinnerung. Er fiel damals total aus der Rolle, indem er uns fünf Worte ins Aufgabenbuch diktierte, die wir mittels eines Aufsatzes in einen sinnvollen Zusammenhang miteinander zu bringen hatten. Er stellte uns also etwa die Aufgabe, die sich eine solche Tagung wie diese stellt, auf der ein schlüssiger Zusammenhang gefunden werden soll zwischen den deutschen oder Fremdworten:
Stadtideal, Regionalprognose, Verdichtung, Bodenbeschaffung, Theater.
Diese Begriffe klingen für uns hier etwa so wie für den weiland Quintaner die fünf Worte:
Pantoffeln, Veilchen, abends, Sofa, Prophet.

Genau das waren nämlich die Worte, die uns der Studienrat diktierte. Ich dachte damals: so eine Biestigkeit! Und lieferte folgenden Aufsatz ab: „Großvater setzte sich abends in Pantoffeln auf das mit Veilchen bestickte Sofa und las im Buche des Propheten Jesaja." Dieser Satz blieb damals unzensiert. Aber dreißig Jahre später, als ich, provoziert durch „Mein Stadtideal", mich dieses Quintanerspaßes wieder erinnere, werde ich mit einem Mal neugierig. „... im Buche des Propheten Jesaja", hatte ich geschrieben. Warum ausgerechnet Jesaja? Und also las ich nach. Und da wurde aus dieser vergnüglichen Schulerinnerung ganz plötzlich ein Zusammenhang ohne Boden. Jesaja, Kapitel 24, Vers 4 bis 12:

„Das Land steht jämmerlich und verderbt; der Erdboden nimmt ab und verdirbt; die Höchsten des Volkes im Lande nehmen ab. Das Land ist entheiligt von seinen Einwohnern; denn sie übertreten das Gesetz und ändern die Gebote und lassen fahren den ewigen Bund.
Darum frißt der Fluch das Land; denn sie verschulden's, die darin wohnen.
Darum verdorren die Einwohner des Landes, also daß wenig Leute übrigbleiben.
Der Most verschwindet, der Weinstock verschmachtet, und alle, die von Herzen fröhlich waren, seufzen.
Die Freude der Pauken feiert, das Jauchzen der Fröhlichen ist aus, und die Freude der Harfe hat ein Ende.
Man singt nicht beim Weintrinken, und gutes Getränk ist bitter denen, die es trinken.
Die leere Stadt ist zerbrochen; alle Häuser sind zugeschlossen, daß niemand hineingeht.
Man klagt um den Wein auf den Gassen, daß alle Freude weg ist, alle Freude des Landes dahin ist. Eitel Wüstung ist in der Stadt geblieben, und die Tore stehen öde."

Soweit Jesaja. Aber lassen wir das, überspielen wir das, was einem unter die Haut geht. Sagen wir: Das war nur ein Zufall, ein Witz. Aber kennen Sie *den:* Ein später Fahrgast auf einem U-Bahnhof zum Kontrollbeamten: „Wann geht der letzte Zug nach Krumme Lanke?" Antwort: „Männeken, det erleben wa beede nich!" Dieser Witz ist überholt, seitdem Wilhelm Pinder ihn notierte in seiner „Landkarte des Humors". Er ist überrundet, ist längst außer Kurs gesetzt, trotz Versuchsstopp. Beide, Fahrgast und Kontrollbeamter, könnten sehr wohl den letzten Zug nach Krumme Lanke noch erleben.

Aber lassen wir auch dieses hintergründige Faktum. Spielen wir lieber die Zuschauer, Zuhörer, Beobachter; in der Hoffnung, daß in allen Stücken die da um uns herum „Städtebau", „Kabale und Liebe" heißen, einer aufspringt auf irgendeiner Galerie, wenn Luise Millerin das Glas mit der vergifteten Limonade an den Mund setzt: „Luischen, drink nich! Is vajiftet!" Die Vorstellung mußte abgebrochen werden, notierte Wilhelm Pinder.
Vorstellungen sollten immer abgebrochen werden, meine Damen und Herren, wo Gift im Spiel ist. Solche Vorstellungen abzubrechen, abzubauen – deshalb sind wir ja wohl hier zusammengekommen.

Aber nun ist es ja so, daß Vorstellungen, ideale Vorstellungen immer nur auf bestimmten Böden, in geeigneten Klimaten gedeihen. Mit Vorstellungen ist es so ähnlich wie mit den Pilzen, unter denen es ja auch einige wenige giftige gibt, die man schwer erkennen kann. Aber das soll nun beileibe keine Anspielung sein auf die stickige feucht-warme Luft, die zuzeiten über der Godesberger Rheinniederung hängt, und gewiß auch keine Anspielung auf das Phänomen der Inversionsschichten über dem Ruhrgebiet. Ich meine hier ganz einfach: auch Stadtideale brauchen ein Klima.

Und nun sehen Sie: Wir sind mit Stadt und Land fast überall in Deutschland so umgegangen, daß es schon nicht mehr gelingen will, die verhärteten Ergebnisse dieses unkontrollierten Tuns mit Maßstäben der Vernunft zu messen. Es ist schon so weit, daß das bloß – ich betone: *bloß* – Vernünftige bereits als Utopie gilt, als bauliche, städtebauliche soziale, wirtschaftliche Utopie. Wir sind bereits da, wo die Maßnahmen, die unsere Vernunft vorschlägt und fordert, als unbezahlbar angesehen werden. Denn schon wagt niemand mehr auszurechnen, was uns Unvernunft gekostet hat und noch kostet.

Der Städtebau steht vor gigantischen Aufgaben! Das können Sie in jeder offiziellen Rede hören. Aber immer werden da die Verkleinerungsmaßstäbe sofort mitgeliefert. Tröstet Euch, heißt es in bezug auf die Entwicklung der Baulandpreise: von den Flächen, „die bis zum Jahre 1970 voraussichtlich in Anspruch genommen werden für Bau- und Verkehrsflächen einschließlich Industrie, Verteidigung usw.", wird „nur etwa ein Siebtel speziell für den Wohnungsbau benötigt". – Oder: „Es fehlen Planer...", aber „die Frage der Fachkräfte stellt sich nicht nur für die Bundesrepublik. Ich werde", so sagte Minister Lücke vor zwei Jahren in Düsseldorf, „von den Entwicklungsländern in zunehmendem Maße bedrängt mit Wünschen der Entsendung geeigneter Städtebauer. Diesen Wünschen müssen wir nachkommen, weil der Städtebau in einer für diese Völker notwendigen Form ein bedeutender Beitrag für eine sinnvolle Entwicklungshilfe ist." Diesen Wünschen müssen wir nachkommen! Um – wer lacht da nicht? – Städtebau in einer für diese Völker notwendigen Form zu exportieren. So könnten wir also Stadtplanung für Nigeria liefern – in der für die Neger etwa notwendigen Form? Wie steht es denn, so frage ich weiter, mit der *für unser Volk* notwendigen Form von Stadtplanung? Ist ihr Fiasko nicht offenbar? Soll den Negern, soll einem sogenannten Entwicklungsvolk taugen, was unserem so entwickelten Volk längst nicht mehr taugt? Dürfen wir einem Negervolk unser um fünfzig Jahre verlängertes 19. Jahrhundert

applizieren? Wollen wir diesen Menschen mit dem Indikativ, mit der Wirklichkeitsform kommen, während wir selbst über Stadt und Land vor lauter Konjunktiven – hätte, sollte, könnte, müßte, wäre, würde zu fordern sein, daß... –, also vor lauter Möglichkeitsform kaum einen klaren, sicheren Satz zustande bringen?
Entschuldigen Sie diesen Exkurs über eine dieser bewußten oder unbewußten Verkleinerungsformen, in denen die offizielle Rede sich ergeht, um sich selbst Sand in die Augen zu streuen. Gemessen an einem Negerkral, aus der Sicht eines Negerkrals, ist der Bau einer Stadt wie Gelsenkirchen gewiß eine gigantische Aufgabe. Und die haben wir ja bereits hinter uns. Also können wir's. Am deutschen Stadtbauwesen soll die Welt genesen! Über die für Nigerianer gehörige Wohn- und Stadtform wissen wir also Bescheid. Um für uns die gehörige Wohn- und Stadtform zu ermitteln, veranstalten wir Wunschbefragungen, Wohnwunschbefragungen. Sie kennen die Ergebnisse von 1964 bereits seit 1928, damals formuliert von Kurt Tucholsky:

„*Ja, das möchste:*
Eine Villa im Grünen mit großer Terrasse,
vorn die Ostsee, hinten die Friedrichstraße;
mit schöner Aussicht, ländlich-mondän,
vom Badezimmer ist die Zugspitz zu sehen –
aber abends zum Kino hast du's nicht weit.
Das Ganze schlicht, voller Bescheidenheit ..."
usw.

Aber Sie wissen auch – und nicht erst seit der Umfrage in der Region einer europäischen Stadt mit 500.000 Einwohnern –, daß in der Arithmetik zwar 10 + 10 immer 20 sind, daß aber da, wo sich Menschen zusammentun und miteinander leben, eine solche Summe anderes und meistens mehr ergeben wird.
Umfrage in Palermo, europäisches Entwicklungsland Sizilien, 1956.
Ich zitiere aus einer der Antworten:

„*Ich bete zu Gott und sage: ,O Herr, mache kein schlechtes Wetter.' Das sage ich laut. Es ist der Wind, der die Kälte bringt. Was ist der Wind? Das Gras neigt sich ein wenig hierhin, ein wenig dahin, richtet sich wieder auf. Es windet. Ist es kalt, bittet man die Sonne, sie möge uns wärmen, denn dann ist es den Tieren behaglicher. Meine Mutter lehrte mich zur Sonne beten, auch mein Vater. Wir Hirten beten alle zur Sonne, damit sie uns wärme, und zum Mond, damit er die Nacht erhelle. Vom Meer habe ich sprechen hören. Wir leben hier im Sommer und im Winter. Die Welt ist ein Meer, aber ich weiß nicht, was das Meer ist: Ich habe von den anderen Hirten davon reden hören. (In der Gegend hört man oft sagen: Die Erde ist ein Meer von Unglück.) Die Wolken habe ich gesehen. Aber ich weiß nicht, was sie sind. Sie eilen dahin, wenn der Wind weht. Auf der Welt sind wir, weil wir hier wohnen und arbeiten. Man ißt. Um zu arbeiten, sind wir auf der Welt. Um zu essen, ich weiß es nicht. – Der Mensch wird alt, alles altert, Menschen und Tiere. Nur die Sonne altert nie."*

Meine Damen und Herren, ich zitiere diese unglaublich dichte und für unsere Ohren poetische Aussage nicht, um vom Thema abzulenken. Ich zitiere sie nur, um die Relativität von Idealvorstellungen sehr eindringlich vor Augen zu führen. Diese Vorstellungen gehen ja nie hinaus über den Horizont des Befragten.
Wer in einer hochindustrialisierten Gesellschaft lebt und arbeitet und unsere Städte kennt und die in ihnen angebotenen Wohnformen, der kann sich kaum anderes wünschen als das freistehende eigene Haus am möglichst zentral gelegenen Stadtrand: vorn die Ostsee, hinten die Friedrichstraße.
Wer aber unter freiem Himmel zu leben gezwungen ist, abhängig in seinem Leben von einer Herde Schafe oder Ziegen, der kann sich nichts anderes wünschen als warmes Wetter und helle Mondnächte. Das berühmte Dach überm Kopf, das diesem Hirten ein ahnungsloser Menschenfreund etwa bauen wollte, wäre bereits indiskutabel der Tierherde wegen.

Halten wir also fest: Nicht nur Lügen, auch Wünsche haben kurze Beine, was ihren Bewußtseinshorizont betrifft. Ganz genauso beschaffen ist denn auch just mein eigener Bewußtseinshorizont, den mir die Veranstalter dieser Tagung mit „Meinem Stadtideal" abfordern, auf höchst inquisitorische Weise abfragen: zu ihrem boshaften Vergnügen. Ich soll mich selbst als Subjekt deklarieren. Mit kurzen Beinen.
Sei's drum.

Ich rekapituliere noch einmal, was anzudeuten mir notwendig erschien, bevor ich gleich in zehn Thesen darlege, was mich daran hindert, Ihnen einen wohlgegliederten Schulaufsatz abzuliefern. Also ich zitierte den Propheten Jesaja: „Eitel Wüstung ist in der Stadt, und die Tore stehen öde." Die Prophetie ist eingetroffen, und zwar etliche Male – bis auf den heutigen Tag.

Ich sagte weiter: Jeder Zug nach Krumme Lanke kann der letzte sein. Ich wies dann darauf hin, daß Stadtideale, Vorstellungen von Idealstädten, ein bestimmtes Klima brauchen. Und schließlich suchte ich klarzumachen, daß man mit Wunschvorstellungen immer nur ein Saisongeschäft betreiben kann.

Wunschvorstellungen, Idealvorstellungen sind nur soweit und solange zu verkaufen, wie das Bewußtsein der Mitmenschen reicht. Man kann dieses Bewußtsein hier in jeglicher Form verstehen: als Zeitbewußtsein, Umweltbewußtsein, Sozialbewußtsein, Selbstbewußtsein.

Und damit bin ich nun endlich näher am Thema. Es heißt noch nicht „Mein Stadtideal". Es lautet:

Zehn Thesen über die Unmöglichkeit,
im Deutschland des Jahres 1964 ein Stadtideal ernsthaft und verbindlich ins Auge zu fassen.

These 1:

Ein Kritiker kann sich keine Vorstellung einer Stadt in der Bundesrepublik Deutschland bilden, die ideal genug wäre, um als Idealstadt zu gelten. Der Kritiker kann weiterhin kein Stadtideal haben.

Begründung: Der Kritiker ist, wo er Kritiker ist, ein destruktiver Charakter. Über den destruktiven Charakter ist bei Walter Benjamin folgendes nachzulesen:

„Der destruktive Charakter kennt nur eine Parole: Platz schaffen; nur eine Tätigkeit: räumen. Sein Bedürfnis nach frischer Luft und freiem Raum ist stärker als jeder Haß ... Dem destruktiven Charakter schwebt kein Bild vor. Er hat wenig Bedürfnisse, und das wäre sein geringstes: zu wissen, was an Stelle des Zerstörten tritt ... Der destruktive Charakter tut seine Arbeit, er vermeidet nur schöpferische ... Der destruktive Charakter steht in der Front der Traditionalisten. Einige überliefern die Dinge, indem sie sie unantastbar machen und konservieren, andere die Situationen, indem sie sie handlich machen und liquidieren. Diese nennt man die Destruktiven ... Der destruktive

Charakter sieht nichts Dauerndes. Aber eben darum sieht er überall Wege ... Weil er aber überall einen Weg sieht, hat er auch überall aus dem Weg zu räumen ..."

These 2:

Wenn ein Kritiker ohne Stadtideal nicht auszukommen glaubt, so muß er sich dieses Stadtideal möglichst aus erster Hand besorgen. Ersthand-Stadtideale kann er nur erhalten bei Meistern der Stadtbaukunst.

Begründung: Auch im Zeitalter der Elektronengehirne bleibt die personengebundene Kraft der Zusammenschau entscheidend. Das heute sich anbietende wissenschaftliche Handwerkszeug ist deshalb nicht etwa weniger Handwerkszeug, weil es vielfach noch neu, unbenutzt und deshalb attraktiv ist. Werkzeug bleibt Werkzeug. Es kann in scheinbarer Selbsttätigkeit zwar durchaus einen Stadtplan hervorbringen, niemals aber eine Stadt*gestalt*.

These 3:

Wenn Visionäre nicht aufzutreiben sind, deren ideale Vorstellung und schöpferische Entscheidung also ausbleiben, dann kann die gebaute und belebte Wirklichkeit Figuren und Modelle vorstellig machen, die in ihrer Gleichzeitigkeit zu einer idealen Vorstellung gerinnen können.

Begründung: Wir beobachten oft genug den zellenhaften Ursprung eines Stadtideals oder die Kompilierung solcher Zellen zu einem vorgestellten Ganzen. Zum Beispiel Le Corbusiers Entwicklungsreihen und auf der anderen Seite – und das ist nicht böse gemeint – eine solche Klitterung versprengter Ideallösungen oder doch wenigstens Teillösungen in Josef Lehmbrocks Broschüre „Wohnquartier".

These 4:

Wenn auch die durch schreib- und photofreudige Architekten und Planer kompilierten Wirklichkeiten a bis z nicht als Stadtideal auszuleihen sind, bleibt eine letzte Möglichkeit, bei Dichtern, Bildhauern oder Malern ein Stadtideal auszuleihen, nun in der Umschreibung in das ihnen eigene Medium.

Statt der Begründung setze ich hierher ein begründendes Beispiel, eine Stadtbeschreibung oder sagen wir Stadterfindung, und ich zitiere sie, meine Damen und Herren, nicht ungern. Es heißt da:

„Das goldene Morgenrot und der fröstelnde Abend finden unsere Brigg auf hoher See jener Villa und ihren Nebengebäuden gegenüber, die ein Vorgebirge bilden so groß wie der Epirus und der Peloponnes oder wie Japans Hauptinsel oder wie Arabien! Da gibt's Tempel, von der Wiederkehr der großen Lehren erleuchtet; unermeßliche Blicke über die Verteidigungsanlagen der modernen Küsten; Dünen, übersät von heißen Blüten und Bacchanalien; Karthagos große Kanäle und Sandbänke eines frühklaren Venedig; kraftlose Ätna-Ausbrüche und Spalten voller Blumen und Gewässer, Gletscher, Waschplätze, von den Pappeln Deutschlands umstanden, Abdachungen eigenartiger Parks; und, wie überall, Fassaden der ‚Royal' oder der ‚Grand' in irgendeinem Brooklyn: und ihre Eisenbahnen fahren vorbei an den Anlagen dieser Hotels, fahren darunter hinweg oder darüber fort, erwählt wie sie sind in der Geschichte der elegantesten Bauwerke Italiens, Amerikas und Asiens. Die jetzt hell erleuchteten Fenster und Terrassen voller Getränke und reicher Brisen sind dem Geiste der Reisenden und vornehmen Leute geöffnet, die es während der Tagesstunden allen berühmten Tarantellen der Kunst erlauben, die Fassaden des Vorgebirge-Palastes wunderbar zu verzieren."
(Rimbaud, Illuminationen, 1873.)
46 Jahre später, 1919, begegnet uns diese Vision noch einmal, nun vom einem Maler – aber wiederum in Worte gefaßt und natürlich etwas prosaischer:

„Wir kommen zu Schiff an. Die Stadt liegt am Meer. Zwei gewaltige übertorte Halbbogen nehmen uns auf. – Hafen – Gigantische Silos, Speicher und Lagerhäuser am Kai. Dahinter die Kaistraße mit den Kontoren, Banken und Geschäftshäusern. Im Zentrum das Stadthaus. In den Felsen gehauen: zwei Riesentreppen zur oberen Wohnstadt. Lift und Fahrschächte. Die ganze Felsenmauer ist als plastisches Bildwerk gestaltet. Bis oben hinauf Terrassen. Hängende Gärten. Oben die Siedelung der Farbenstadt. Die grüne Straße, die rote, blaue, gelbe Straße, das schwarze Haus der Künstlerloge. Aufsteigend bis zur Mitte, gekrönt vom Dom des großen unbekannten Gottes. Eine steile Goldglaspyramide, tausendfach kristallisch gezackt. Magnet für die Meerfahrer – Tretet ein! Das Herz schweigt feierlich. Silberfiligran die Wände, gefüllt mit farbigen Glasgebilden. Regenbogenstrahlen von allen Enden. Entmaterialisierung des Menschen. Blaue Frauen, rote Männer, grüne Greise. Durchsichtig leuchtender Glasboden. Tönende Säule des Lebens, Gebärens und

Vergehens. – Des weiteren: Das Theater und Kunsthaus im Park. Mobile Bühne. Versenkbare Nebenbühnen für Schattenbilder. Rings um die Stadt der Blumenwundergarten mit Grotten, Wasserkünstlern und den Lusthäusern."
(César Klein, Berlin 1919.)

These 5:

Zwischen solchen Stadtvisionen des ersten Industriezeitalters und dem, was uns nach der zweiten industriellen Revolution zu träumen erlaubt sein kann, klafft kein unüberbrückbarer Abgrund.

Begründung: Die technischen Utopien des 1. Industriezeitalters sind sämtlich überholt. Die Stadtbilder von Rimbaud und César Klein wären heute leicht zu realisieren. Aber die Stadt-Utopie hat kein Publikum, sie hatte es damals so wenig wie heute. Alle Welt blickt lieber in den Mond und auf die Venus, statt auf die Städte. Joachim Ringelnatz hat das trefflich formuliert:

„In der Stratosphäre,
Links vom Eingang, führt ein Gang
(Wenn er nicht verschüttet wäre)
Sieben Kilometer lang
Bis ins Ungefähre.
Dort erkennt man weit und breit
Nichts. Denn dort herrscht Dunkelheit.
Wenn man da die Augen schließt
Und sich langsam selbst erschießt,
Dann erinnert man sich gern
An den deutschen Abendstern."
(Aus dem „Kinderverwirrbuch" von 1931.)
Die Erinnerung an den deutschen Abendstern führt mich schnell zur

These 6:

Derjenige, der uns 15 Jahre am Gebrauch von Vernunft und Vision gleicherweise hinderte, – der dafür sorgte, daß „eitel Wüstung" in der Stadt geblieben ist, der dafür sorgte, daß der Erdboden weiter abnimmt und verdirbt, nachdem das Land 1945 jämmerlich und verderbt dastand, – derjenige, der den Städtebauern die grausamste und folgenreichste Resignation einpaukte, die ihnen je widerfahren ist, – diese Figur war der „Mittelstandsdeutsche".

Ich begründe mit Martin Kessel:
Er „ist der wahrhaft entsetzliche Deutsche. Er ist nicht die Regel, sondern die Norm, nicht die Ordnung, sondern die Ordentlichkeit. Er ist der Musterlehrer und Musterschüler. Sämtliche Eigenschaften sind bei ihm auf ein Maß gebracht, das ihm nicht mehr erlaubt, wenn es ihm schlecht wird, zu kotzen."
Ich möchte von mir aus hinzufügen: Er ist noch schlimmer. Ihm ist bislang noch nicht einmal schlecht geworden.

These 7:

Nicht aus der Stadt, sondern aus den Wohnorten dieser Mittelstandsdeutschen kommt seit 15 Jahren die tödliche Parole: Weiter wie bisher! Wo mit dieser Parole nicht bereits die Fragen im Keim erstickt werden konnten, erfand man die sogenannten „wertneutralen" Lösungen.

Begründung: Die Wohnorte des Mittelstandsdeutschen sind die Vorstädte. „Die Elendsviertel (der Städte) mögen wohl Brutstätten des Verbrechens sein", sagt Cyril Connolly, „die Vorstädte des Mittelstandes sind Brutapparate für Apathie und Delirium."
Unter Delirium ist hier verstanden: Die Zustände, die das Delirium erzeugt haben, als Mittel zu benutzen, dem Delirium zu entfliehen. Und zwar auf gewaltsame Weise.

These 8:

Die konsequent in Szene gesetzten vorstädtischen Siedlungsformen sind Gewalttätigkeiten ersten Ranges.

Begründung: Ein Zwölftel der Bundesrepublik Deutschland ist mit Häusern, Straßen, Industrieanlagen, Eisenbahnlinien, Flugplätzen, Abraumhalden oder mit anderen Anlagen bedeckt, die man nicht mehr als Landschaft ansprechen kann. Zu diesem Bestand zivilisatorischer Anlagen kommt jährlich etwa eine Fläche von 260 Quadratkilometern neu hinzu. Dazu eine weitere Zahl: die Natur braucht 150 Jahre, um 1 cm Humus zu bilden.

These 9:

Die Mittelstandsdeutschen – heute bereits apostrophiert als das Volk der Eigentümer – werden weder Städte bauen noch umbauen; sie werden weder das Land neu ordnen noch die Städte. Sie werden bestenfalls ihre Interessen gegenseitig ordentlich abgrenzen.

Begründung: der inzwischen altbackene Slogan „Soviel Eigenheime wie möglich, soviel Mietwohnungen wie nötig" lebt zeugungskräftig weiter: „Soviel Autos wie möglich, soviel Straßen wie nötig", „Soviel Spekulation wie möglich, soviel Bauland wie nötig", „Soviel Sicherheit wie möglich, sowenig Schulen wie nötig". – Immer Maximum gegen Minimum. Viele Haben gegen wenig Soll. Eigenheim gegen Mietwohnung – was sage ich: gegen *Sozial*wohnung; denn nur so ist eine Mietwohnung zu benennen, wobei unterschlagen und vertuscht wird, daß der größte Anteil der Eigenheime rechtens Sozialhäuser heißen müßte.

10. und letzte These, warum ein Kritiker in Deutschland sich keine Idealstadt-Vorstellung bilden kann:

Er resigniert.

Begründung: Die freien Architekten, die den Rahmen einer städtebaulichen Idealvorstellung mit ihren Bauten auszufüllen hätten, haben heute nichts Besseres zu tun, als für die ‚gesunde' Mittelstandspolitik einzutreten.

Meine Damen und Herren, diese absonderlichen und absichtlich zugespitzten Thesen kennzeichnen wenn nicht unsere oder Ihre, so doch meine ganz persönliche Situation. Und wenn ich mir ein Dutzend Stadtideale bilden könnte, wenn ich mir ein Dutzend Idealstädte ausleihen könnte, um auf eine davon nach bestem Wissen und Gewissen zu setzen und sie mit meinen bescheidenen Mitteln bauen zu helfen –, ich finde nicht einmal die einfachsten Voraussetzungen dazu.
Erlauben Sie mir, daß ich Ihnen vier dieser einfachen Voraussetzungen für sinnvollen Städtebau oder nur für sinnvolles Nachdenken über Städtebau – auf ein Stadtideal hin – in aphoristischer Kürze nenne:

1. Eine Bodenordnung, die Raumordnung erst möglich und jeglicher Spekulation mit unserem Lebensraum den Garaus macht.

2. Eine Umwidmung des Eigentumsbegriffs in eine Lesart, die besagt: Eigentum ist Teilhabe, ist Leihgabe für die uns hier zugemessene irdische Zeit.

3. Eine entschlossene Neuorientierung der Ausbildung von Architekten, Planern und Sozialgeographen.

4. Ein anderes Bauklima.

Ich will diese vier Punkte Ihnen wenigstens im Ansatz verständlich machen.
Zur Bodenordnung, die ja aller Raumordnung notwendig vorausgeht und ohne die eine Raumordnung wirkungslos oder nur zufällig bleiben muß:
Ich referiere hier den Vorschlag einer Arbeitsgruppe englischer Fachleute der verschiedensten Fakultäten, die der derzeit in England amtierenden Regierung und deren Partei nahestehen. Dieser Plan sieht vor:
Aller Grund und Boden wird von einem Stichtag an nationalisiert – bei uns würde man sagen: verstaatlicht – in der Form, daß die Regionalen Planungsbehörden Eigentümer allen Landes werden.
Die bisherigen Nutzer des Landes und der Gebäude – Besitzer, Mieter, Untermieter – bleiben weiterhin in ihren Rechten. Alle Miet- und Pachtverträge bleiben in Kraft. Dem neuen Eigentümer – der Planungsbehörde – ist vorerst keine Miete zu zahlen.
Zweiter Akt: Alle Gebäude werden geschätzt auf eine „gesetzliche Lebensdauer" hin, die von 0 bis 80 Jahre reichen kann. Der bisherige Besitzer behält sein Grundstück für die Zeit dieser „Lebensdauer", wird aber an Revisionsterminen in Abständen von 7 Jahren progressiv mit einer Pacht besteuert, im Einklang mit dem Wertzuwachs. Am Ende der Pachtzeit (= Lebensdauer des Gebäudes) fallen Land und Gebäude an die Landbehörde, die den Besitzer (= Pächter) nach dem Wert des Grundstücks, der Art der Nutzung und unter Einschluß eines Teils des Wertzuwachses entschädigt. Die Behörde kann die Pachtverhältnisse auch verlängern.
Bei Nutzungswechsel innerhalb der Pachtzeit kann ein neuer Vertrag festgelegt werden, die Pacht kann sich verringern oder erhöhen.
Eigenheimbesitzer unterliegen demselben Verfahren. Auch für ihre Häuser wird eine Lebensdauer festgelegt. Der Besitzer würde sein Haus zu einem Pachtzins = 0 bewohnen. Es ist eine politische Entscheidung, ob auch hier die Revisionsklausel – Erhebung/Anhebung der Pacht – gelten soll.

Öffentliche Gebäude erhalten automatisch eine Lebensdauer von 80 Jahren und sind pachtfrei. Gleiches gilt für gemeinnützige Organisationen.
Aus den Staatspachtverträgen ergeben sich die Marktpreise der Grundstücke und Gebäude, die auch für die Behörden gelten. Unbebautes Land fällt automatisch unter die 80jährige Staatspacht, auf ewig erneuerbar, unter Festlegung auf die bestehende Nutzung. Wird mit Genehmigung der Landbehörde die Nutzung geändert, tritt ein neuer Pachtvertrag zu einem Zins an die Stelle des alten, der wenigstens einen Teil des Wertzuwachses auf Grund der Nutzungsänderung oder der Baugenehmigung abschöpft zugunsten der Allgemeinheit.

Das ist in ganz rohen, wirklich sehr rohen Zügen der Vorschlag der englischen Arbeitsgruppe. Aus diesem Plan ergeben sich für die Planung folgende Vorteile und Perspektiven: Ein Teil des Wertzuwachses geht an die Allgemeinheit und wird benutzt zum Kauf von Land für öffentliche Einrichtungen und zur Zahlung von Abfindungen. Stadterneuerung wird auf zweierlei Weise ermöglicht: Planung großer Gebiete in einheitlichem Besitz, der dann aufs neue verpachtet werden kann. Diese großen Flächen rühren her aus dem Ablauf der Pachtzeit gleichaltriger Gebäude, also heute aller Gebäude von vor 1884. Zum anderen hat die Landbehörde Entscheidungsfreiheit in der Festlegung von Landpachtzinsen für Neubauten. Damit ist ein regelmäßiger Erneuerungszyklus eingeleitet.
Es sind keine übertriebenen Entschädigungen zu zahlen. Der Plan unterstützt die Neuverteilung und Neuwidmung von Land. Er verhindert alle spekulativen Gewinne und schaltet alle Lobbyisten aus.
Die Planungsbehörde hat die Möglichkeit, ihre Entwicklungspläne samt Zeitplanung der Ausführung ausschließlich auf das Wohl der Gemeinschaft zu richten. Ihre Pläne haben Zeit zu reifen. Die Maßnahmen sind in ihrem Ablauf überschaubar.
Die Abfindungen werden auf 80 Jahre verteilt. Inflationäre Tendenzen werden dadurch vermieden.
Der Plan sichert den Eigenheimbesitzer durch besondere Garantien und unterstützt sowohl den kleinen Ladenbesitzer als auch den Industriellen.
Der Plan zwingt aber alle bisherigen Hausbesitzer einzusehen, daß ein Gebäude nicht unsterblich ist, nicht auf ewig Mieten abwerfen kann, sondern durch ein neues ersetzt werden muß. Die Initiative dazu bleibt beim Besitzer des Althauses.
Es gibt nach wie vor einen Boden-Markt und einen Gebäude-Markt, es gibt auch Gewinne und Verluste; doch nicht mehr spekulativer Art.

Damit bin ich denn auch gleich bei meiner zweiten Forderung: daß der Begriff Eigentum gelesen werden muß als Teilhabe oder zu freier Nutzung einer bestimmten Art überlassene Leihgabe. Eigentum in dem Sinn des englischen Vorschlags wäre ein Eigentum, das sich nach Art, Qualität und Nutzung der Allgemeinheit gegenüber verantworten müßte. Die Pacht z.B. für eine staubende, lärmende, störende Fabrik in einem Wohnquartier würde so hoch sein, daß der Pachtvertrags-Eigentümer sich ausrechnen kann, was ihn billiger kommt: Schutzmaßnahmen für die Nachbarschaft oder Umzug.
Man wird sagen: damit aber ist der Ungerechtigkeit Tor und Tür geöffnet. Nun, Gerechtigkeit ist auch im schönsten Stadtideal nicht drin. Ich stelle aber die Gegenfrage: Ist es gerecht, wenn Herr X vor 10 Jahren für 6,50 DM/m² Land kaufte und nun sein Stück für 100 DM/m² weiterverkauft?
Bodenordnung und Eigentum, meine Damen und Herren, sind unablösbar miteinander verknüpfte Problemkomplexe. Jeder Vorschlag, und sicher auch der von mir skizzierte, ist „unmöglich". Aber unmöglich ist nichts, und schon gar kein Verwaltungsverfahren, im Zeitalter der Elektronengehirne. Im Gegenteil, es ist alles möglich. Wir dürfen mit dem Durchdenken von Möglichkeiten nicht vor dem Wort „unmöglich" kapitulieren. Wir müssen durchaus unmöglich Scheinendes fordern, damit es möglich wird.
Die dritte Voraussetzung für ein künftiges Stadtideal ist die Inbetriebnahme einer Architektenausbildung, die neben Bautechnik und Entwurf, zuvor oder parallel, Wissenschaft vom Wohnen und Arbeiten der Menschen vermitteln müßte;
ist zweitens die Inbetriebnahme einer Planerausbildung, die sich nicht auf die Heranbildung von Siedlungstechnikern beschränkt, sondern Leute ausbildet, die – koordinierend – Rahmen setzen und Perspektiven entwickeln können;
ist drittens die Einführung des Nicht-Fachs, das die Holländer so glücklich Sozialgeographie nennen. Ich meine hier die Ausbildung zu einem Planer, der von den übergeordneten Bezügen des Landes oder der Region her denkt und lenkt.
Alle diese Ausbildungsfragen sind im Gespräch. Bisher ist ein Wandel kaum erkennbar. Man muß hierzulande offensichtlich auch Lehrstühle in Staatspacht geben, damit sie nicht als ewig unangefochtener Status quo und als eine Art von persönlichem Eigentum angesehen werden. Denn die Probleme der Ausbildung sind nicht dazu angetan, weiterhin

auf Prestigefragen Rücksicht zu nehmen; nirgendwo in dem Bereich, über den wir hier alle zusammen nachdenken.

Bleibt das Bauklima. Ich meine damit nicht die bösartigen Äußerungen der herrschenden, noch herrschenden Konjunktur. Ich meine das Klima unter den Planern, unter den Architekten selbst. Ich meine das Klima zwischen Baubehörde und frei Arbeitenden. Ich meine die Alleingänge, fast überall, in fast allen diesen Verhältnissen. Ich meine die Unfreundschaftlichkeit, dieses alttestamentarische Zahn um Zahn, dieses Am-anderen-kein-gutes-Haar-Lassen. Ich meine die Hartherzigkeit so gut wie die tantenhafte Empfindlichkeit. Ich meine den mangelnden Mut vor behördlichen und baugesellschaftlichen Thronen; und ich meine die durch nichts gerechtfertigte Einbildung, es gebe noch solche Throne, von denen aus man – sitzend – einen Kotau vom anderen erwarten kann. Und ich meine auch die falsche Toleranz, die da sagt: Laß ihn sich man die Finger verbrennen!
Die Probleme und die Arbeit, die Auseinandersetzungen und auch die Zugeständnisse, die vor uns liegen, sind nicht von der Art, daß wir Proselyten oder Märtyrer ihres eigenen guten Glaubens brauchen könnten. Ist es nicht vielmehr so, daß wir uns alle die Finger verbrennen, tagtäglich, an einer Aufgabe, die in diesem Land keinen Markt hat, noch nicht einmal in unseren Parlamenten? Ist es nicht so, daß wir mittlerweile alle jenes lächerliche Schild vor uns hertragen müssen, das uns in Form eines Buchumschlages bereits in jeder besseren Buchhandlung angrinst, jenes Schild mit der Aufschrift: Prediger mit dem Reißbrett?
Nun predigt mal schön!
Genau dieses Klima meine ich mit Bauklima. Es ist nicht von der Sorte, die uns Selbstbewußtsein zubringt.
In diesem Klima nach meinem Stadtideal befragt – da kann ich nur mit Georg Büchner und romantischer Ironie antworten:

„O wer sich einmal auf den Kopf sehen könnte!"

Ich komme zum Schluß, *meinem* Schluß, der ja hier, dank den Veranstaltern, kein idealer, vielleicht aber ein sehr idealistischer Anfang ist. Meine Schlußworte sollen diesen Anfang wenigstens etwas diskutabler machen.

Mein Stadtideal
ist eine Stadt, aus der ein Mann an einem Vormittag zu Fuß hinausgehen kann, wenigstens in einer Richtung, um einen nicht von Gebäuden umstellten Horizont zu finden. Er kann dann weitergehen und in einen anderen großen Teil der Stadt kommen. Die Rückfahrt darf 25 Minuten in Anspruch nehmen.

Mein Stadtideal
ist eine Stadt, in der eine Gegenwelt aufgerichtet ist gegen die rationalisierte, rationelle Arbeitswelt, die Welt der Computer und Taktverfahren, der zu Ende gedachten Produktionen. Diese Produktionen einschließlich der diese Produktionen ermöglichenden öffentlichen Einrichtungen, Bahnen, Straßen, einschließlich auch der Apparate, die diese Produktionen verwalten und ihnen Dienste leisten – stellen unsere Existenzmittel dar. Das Umbauen dieser Existenzmittel, die Herstellung ihrer baulichen Form, ist und wird sein eine Sache der Programmierung; der Rest ist höchstenfalls Kosmetik.
Aber: „Lebensmittel sind nicht Lebenszweck" (Karl Kraus). In den kubischen Körpern der umbauten Funktionsgefüge, in den Glas- und Aluminiumkästen spiegeln sich – in meinem Stadtideal – neue, Sie dürfen ruhig sagen: romantische Wohnfiguren, herausgewachsen und erfunden aus den Lebenszusammenhängen der alten, abgelebten Stadt; spiegelt sich die Gegenwelt, die Wohn- und Spielwelt, mit der ich mich auf meine Weise als Mensch, Trockenwohner, Flaneur, Sportfex, Skatspieler, Kinogänger, Volkshochschüler, Jazzfan, Einkaufsbummler, Fernsehgucker, Gourmet oder Gourmand jeder Sparte *identifizieren* kann.

Mein Stadtideal
ist jene Stadt, die mir die Herstellung (oder Wiederherstellung) meines Selbstgefühls und Selbstbewußtseins erlaubt, wenn ich demnächst Punkt zwei Uhr nachmittags aus einer der Maschinerien komme, die mir eine Beteiligung meines Innenlebens verbot, mich mir selbst entfremdet, kurz, mich als Person, als ich-hafte Person, entwürdigt hat.

Mein Stadtideal
ist jene Stadt, in der ich, nach Ableistung des Geldberufs, mich meinem zweiten Beruf widmen kann, dem Beruf, ein Mensch zu sein, der irgend etwas für ihn selbst Sinnvolles oder auch nur scheinbar Sinnvolles, etwas Überschaubares und Selbstgewähltes tut. Irgendwie, irgendwo.

Mein Stadtideal
ist jene Stadt, an deren Produktionsmitteln alle teilhaben, damit sie teilhaben können, in Form wirklicher persönlich besitzender Teilhabe, an der Produktion der Gegenwelt, die man – vielleicht – dann eine neue städtische Kultur nennen könnte.

Mein Stadtideal
ist eine Stadt ohne Ghettos, ohne diskriminierende Behausungen, ohne Kaninchenställe für Junggesellen und Familien.

Mein Stadtideal
ist eine Stadt als Kinderspielplatz für Erwachsene und als Erwachsenenspielplatz für Kinder.

Mein Stadtideal
ist eine Stadt, die ich nicht für Enkel und Urenkel gebaut sehen möchte, sondern die ich selbst noch bewohnen will; gleich nach dieser Tagung.

Mein Stadtideal
ist eine alte Stadt, die sich lebendig wandelt in das uns Eigene je nach unserem Vermögen und Mut. In dieser Stadt hat jeder Bürger seine eigene Zeit; der Rest stammt von vorgestern, das Morgen bleibt offen. Man weiß da immer, woher man kommt, wohin man geht.

Mein Stadtideal
ist das Ergebnis einer neuen Stadtbaukunst, die weiß, daß Städte atmen, aus- und einatmen, sich sammeln und entspannen. Es werden da Wirkpunkte sein gedrängter, geballter, hochgereckter Art und dazwischen lange Strecken, in die die Spannung dieser körperlich-plastischen Wirkpunkte hineinfließen kann. Diese Stadt wird in einem neuen Sinn Stadtlandschaft sein: nicht nur die bekannte Mischung von Bebauung mit Grün, sondern ein Spannungsfeld, ausgespannt über alle ihre Teile, aufgehängt am geringsten topographischen oder historischen Akzent wie an unseren eigenen gebauten Entscheidungen und Interpretationen innerhalb des Stadtganzen.

Mein Stadtideal
ist eine Stadt, die an jeder Stelle ihrer Vielfalt ihren Namen sagt.

Mein Stadtideal
ist eine Stadt, in der ich, um mich nicht mit einem vergessenen Straßennamen aufzuhalten, zum Schaffner sage: Einmal gradeaus bitte! Und der antwortet mir: Darf auch 'ne kleine Kurve drin sein?

Das ist mein Stadtideal.

Meine Damen und Herren, gönnen Sie mir bitte einen zwar ausgeliehenen, sehr spätromantischen, sehr poetischen Schluß (Arthur Rimbaud), von dem ich hoffen kann, er möge ein Beschluß auch dieser Tagung sein:

„*Abfahrt.*
Genug gesehen. Die Vision ist sich in allen Formen wiederbegegnet.
Genug besessen. Der Städte Lärm, am Abend und bei Sonnenschein und überhaupt.
Genug erfahren. Die Aufenthalte des Lebens. – O Geräusche und Visionen!
Fort nun mit neuer Leidenschaft und neuem Lärm!"

Dieter Schröder

Regionalprognose und Regionalplanung

1. Einleitung

(1) Die folgenden Ausführungen beschäftigen sich mit dem Beitrag, den die ökonomische Regionalprognose zur Raumordnung und zur Regional- und Stadtplanung leisten kann. Sie sieht ihre Aufgabe darin, *Grundlagen* für Planungsentscheidungen bereitzustellen, nicht aber darin, Planungsvorschläge zu liefern. Die Aufgabe der Wissenschaft kann es niemals sein, dem Planer oder gar dem Politiker Entscheidungen abzunehmen. Damit wäre sie überfordert. Sie kann ihm lediglich die für seine Entscheidungen benötigten Informationen beschaffen und auswerten.
(2) Das Wort „ökonomisch" bedeutet eine weitere Einschränkung. Die Aussagen des Ökonomen sind in erster Linie *quantitativ*. Er kann im Bereich der Stadtplanung z.B. angeben, wieviel an Wohnungen, Büroräumen und Verkehrskapazität in Zukunft benötigt wird, nicht aber, wie diese Räumlichkeiten und Straßen qualitativ beschaffen sein sollen, um den an sie gestellten Anforderungen gerecht zu werden. Dies zeigt deutlich, daß die Ökonomie nur eine von mehreren Disziplinen ist, die in enger Zusammenarbeit erst jene Grundlagen zu schaffen vermögen, deren der Planer notwendig bedarf, um die ihm gestellten Aufgaben zufriedenstellend lösen zu können...

2. Aufgabenstellung der ökonomischen Regionalforschung

(1) Welche Bedeutung die ökonomische Regionalforschung für die Regionalplanung haben kann, wird aus folgendem negativem Beispiel in besonders krasser Weise deutlich. Im Norden Großbritanniens wurde zur Entlastung einer großen Stadt von einem hochqualifizierten Planungsstab eine neue Stadt geschaffen und auf eine Kapazität von 100.000

Einwohnern angelegt. Dem umfangreichen Planungsstab gehörten Architekten, Ingenieure, Gartengestalter, Soziologen usw. an. Der Besucher wie der Einwohner haben den Eindruck, daß die funktionelle und ästhetische Gestaltung in jeder Hinsicht gelungen ist und alle Voraussetzungen für ein modernes und großstädtisches Leben bietet. Dennoch wächst die Bevölkerungszahl nicht etwa in ihre Kapazität hinein, sie ist vielmehr rückläufig. Diese zunächst mysteriös anmutende Entwicklung ist einzig und allein dadurch begründet, daß der Stadt die wirtschaftliche Basis fehlt. Die wichtigsten Wirtschaftszweige in dieser Region sind Kohlenbergbau und Schiffbau; beide haben jedoch sinkende Arbeitsplatzzahlen, so daß die zugehörige Bevölkerung trotz der geradezu ideal erscheinenden Wohnmöglichkeiten zur Abwanderung in den wirtschaftlich expandierenden Süden des Landes unter Inkaufnahme wesentlich schlechterer Wohn- und Verkehrsverhältnisse gezwungen ist.

(2) Dieses Beispiel gibt uns Anlaß zu folgender These: Die ökonomische Regionalforschung ist notwendige Voraussetzung jeder Art von Regionalplanung, wenn diese erfolgreich sein soll. Sie muß die Basis aller Überlegungen der anderen Disziplinen bilden. Dieses Primat der Ökonomie gilt jedoch lediglich für den *zeitlichen* Ablauf der Planungsüberlegungen, nicht jedoch für irgendwelche Prestigerangfolgen. Hierarchische Elemente sind der sich in allen Lebensbereichen immer stärker durchsetzenden Zusammenarbeit der verschiedenen Disziplinen nicht eben förderlich. Im Falle des öffentlichen Planes gebührt das Primat allein demjenigen, der zur Entscheidung befugt ist, d.h. dem gewählten Politiker.

(3) Die Fragestellungen der ökonomischen Regionalforschung leiten sich aus den Aufgabenstellungen der Regionalplanung ab. Diese Aufgaben lassen sich unter zwei der Privatwirtschaft entnommenen Begriffen zusammenfassen:

Bedarfsdeckung,
Bedarfslenkung.

Bedarfsdeckung
Die Regionalplanung – das gilt für alle Kompetenzbereiche von der Stadtplanung bis zur Bundesraumordnung – muß die Voraussetzungen dafür schaffen, daß die planerischen Maßnahmen und die Investitionen in öffentliche Planungsobjekte den künftigen Anforderungen von Wirtschaft und Bevölkerung optimal entsprechen. Derartige Planungsobjekte der öffentlichen Hand sind u.a.:

- Verkehrsanlagen,
- Energieversorgung,
- Wasserversorgung,
- Abwässer- und Müllbeseitigung,
- Ausbildungsstätten,
- soziale Institutionen,
- Flächennutzung.

Sie gehören also jenem Bereich an, der – wenn auch nicht exakt definiert – als „Infrastruktur" bezeichnet wird.

Wie in der Privatwirtschaft, erfordern viele dieser Planungsobjekte langfristige Investitionsentscheidungen, und ebenso wie dort, müßten diesen Entscheidungen langfristige Prognosen der Anforderungen an diese Planungsobjekte (z.B. des Energie- und Wasserbedarfs) zugrunde gelegt werden. Das Erfordernis langfristiger Prognosen ist hier sogar noch größer als in der Privatwirtschaft, da sowohl die Gefahr von Fehlinvestitionen als auch deren schädliche Folgewirkungen wesentlich höher zu veranschlagen sind. Die öffentliche Hand hat auf den ihr anvertrauten Gebieten des Dienstleistungs- und Güterangebots (zu diesen Gütern gehören auch Straßen) eine Monopolstellung inne. Es fehlt die Regulierung von Angebot und Nachfrage über den Preis, die in der Privatwirtschaft bewirkt, daß dort auftretende Kapazitätslücken (oder Überkapazitäten) schnell als solche erkannt und ausgefüllt (oder abgebaut) werden. Unwirtschaftliche Infrastrukturinvestitionen hingegen werden selten erkannt, da der vergleichbare „Konkurrenzpreis" fehlt, und mangelhafte Infrastrukturinvestitionen können die wirtschaftliche Entwicklung einzelner Regionen oder gar ganzer Volkswirtschaften mehr oder weniger stark behindern. Die rechtzeitige Heranbildung breiter Volksschichten zu hohen fachlichen Qualifikationen und der Ausbau eines engmaschigen und reibungslos funktionierenden Verkehrsnetzes sind zwei der Gründe für die wirtschaftliche Blüte in hochindustrialisierten Ländern Europas und Amerikas.

Bedarfslenkung

Die zweite Aufgabenstellung der regionalen Wirtschaftspolitik geht über das reine Bedarfsdeckungsprinzip hinaus. Es ist keineswegs sichergestellt, daß die sich selbst überlassene Entwicklung von Wirtschaft und Bevölkerung zur optimalen räumlichen Verteilung führt.

Als optimal (d.h. erstrebenswert) kann z.B. jene der Unzahl denkbarer möglicher Verteilungen von Wirtschaft und Bevölkerung über das Bundesgebiet angesehen werden, bei der die gesamtwirtschaftliche Produktivität – das Volkseinkommen – einen maximalen Wert erreicht. Dieses Verteilungsoptimum ist abhängig von der vorherrschenden Wirtschaftsstruktur und von den jeweiligen Standortbedingungen der einzelnen Räume. Beides ändert sich jedoch ständig, mit der Folge, daß auch das Verteilungsoptimum einem ständigen Wandel unterworfen ist, und zwar in einem Ausmaß, dem die tatsächliche Verteilung in angemessener Zeit nicht zu folgen vermag.

Die heutige Verteilung von Wirtschaft und Bevölkerung ist vielmehr Resultat früherer, zum Teil überholter raumwirksamer Faktoren, außerökonomischer Eingriffe (z.B. Kriege, Grenzveränderungen, regionale Förderungsmaßnahmen) und verfehlter regionaler Infrastrukturpolitik. So hinkt die tatsächliche Verteilung stets dem Verteilungsoptimum in mehr oder weniger großem Abstand nach, ohne je dieses einzuholen.

Diese stets vorhandene und sich laufend verändernde Diskrepanz zwischen Optimum und tatsächlicher Verteilung hat Spannungen und Friktionen zur Folge. Aufgabe der Raumordnungspolitik ist es einmal, diese Folgen aufzufangen und auszugleichen, zum anderen aber die Diskrepanz nach Möglichkeit zu verringern. Eine Raumordnungspolitik, die darauf bedacht ist, die derzeitige räumliche Verteilung einzufrieren – d.h. Wanderungsgewinne und Wanderungsverluste in verschiedenen Regionen nach Möglichkeit zu verhindern –, bewirkt damit in der Regel eine Verschärfung dieser Diskrepanz mit unabsehbaren Schäden für einzelne Regionen und die gesamte Volkswirtschaft.

Wiederum ein Beispiel: Durch die vorrangige Bedeutung des Steinkohlenbergbaus in der ersten Industrialisierungsphase erfuhr das Ruhrgebiet neben anderen Zentren der Grundstoffindustrie einen starken Aufschwung seiner Standortgunst. Die Folge war ein rapides Bevölkerungswachstum im Ruhrgebiet, gespeist durch hohe Wanderungsgewinne, die zwangsläufig mit hohen Wanderungsverlusten anderer Regionen verbunden waren. Eine auf ausgeglichene Wanderungssalden bedachte Raumordnungspolitik hätte nicht nur den Aufschwung des Ruhrgebietes verhindert, sondern damit zugleich auch das beachtliche Wirtschaftswachstum der gesamten deutschen Volkswirtschaft.

Inzwischen hat die Energie insgesamt ihre Bedeutung als standortbildender Faktor für die Industrie eingebüßt, darüber hinaus sind der Kohle im Erdöl und im Erdgas Konkurrenzen erwachsen, denen sich in naher Zukunft die Atomenergie hinzugesellen wird, und die eine weitgehende Nivellierung des Energiepreisniveaus im gesamten Bundesgebiet bewirken. Diese Entwicklung wurde erstmals 1958 sichtbar, hat sich aber bereits

seit langem angebahnt und wäre voraussehbar gewesen, würde sich nicht das menschliche Denken so träge in ausgefahrenen Geleisen bewegen. Die Folge ist, daß nunmehr das Ruhrgebiet Wanderungsverluste aufweist, und zwar so lange, bis sein Anteil an Wirtschaft und Bevölkerung des Bundesgebietes den nunmehr wirksamen Faktoren der räumlichen Verteilung entspricht. Und ebenso, wie damals eine Politik der Verhinderung der Wanderungsgewinne des Ruhrgebietes der gesamten Volkswirtschaft geschadet hätte, würde heute eine Politik schädlich sein, die die Wanderungsverluste des Ruhrgebietes zu verhindern sucht. Diese geben den bisher vernachlässigten Gebieten ja zum Teil nur das wieder zurück, was ihnen damals im Interesse der gesamtwirtschaftlichen Produktivität genommen wurde.
Natürlich kann sich die Raumordnungspolitik zum Ziel setzen, Wanderungsverluste und Wanderungsgewinne nach Möglichkeit zu vermeiden. Nur muß man sich dann darüber im klaren sein, daß dieses Ziel mit jenem der Maximierung des Sozialproduktes nicht identisch ist und ihm entgegenwirken kann. Ein rechtzeitiges Erkennen der heutigen Entwicklungstendenzen in den fünfziger Jahren – es war möglich, und es gab einzelne Prognostiker, die lange vor dem Ausbruch der Kohlenkrise diese vorausgesehen haben, bevor die Mineralölwirtschaft überhaupt daran dachte, ins Heizölgeschäft einzusteigen – hätte zumindest zur Zurückhaltung in Investitionen im Steinkohlenbergbau selbst wie im Bergarbeiterwohnungsbau, vielleicht auch im öffentlichen Sektor geführt. Das Übermaß an Wanderungsgewinnen Mitte der fünfziger Jahre hätte etwas gedrosselt und damit das Ausmaß an Wanderungsverlusten heute und in Zukunft gemildert werden können.

(4) Aufgabe der ökonomischen *Regionalforschung* ist es, der Regionalplanung die benötigten Entscheidungsgrundlagen zu liefern, soweit sie in den Bereich der Nationalökonomie fallen:

1. Prognose der Entwicklung von Wirtschaft und Bevölkerung als den Trägern des öffentlich zu deckenden Bedarfs an Gütern und Dienstleistungen.
2. Darauf aufbauend: Prognose des Bedarfs an Energie, Wasser, Schulen, Krankenhäusern usw. zur Grundlegung langfristiger Investitionsentscheidungen.
3. Prognose der wahrscheinlichen, von Steuerungselementen unbeeinflußten Wirtschafts- und Bevölkerungsentwicklung, um mögliche Ent-

wicklungsumbrüche oder Fehlentwicklungen im Sinne des gewählten Optimierungskriteriums rechtzeitig zu erkennen und ihr Ausmaß aufzuzeigen.
4. Erstellung eines Maßnahmenkataloges, d.h. Klärung, mit Hilfe welcher Steuerungselemente die wahrscheinliche Entwicklung beeinflußt und in gewünschte Bahnen gelenkt werden kann. (Das heißt, Prognose als Voraussetzung dafür, daß die prognostizierte Entwicklung nicht eintrifft.) Die Entscheidung darüber, ob die erarbeiteten Steuerungselemente benutzt werden, bleibt selbstverständlich den politisch verantwortlichen Gremien überlassen.
5. Die Prognose und der Maßnahmenkatalog erfordern eine sorgfältige Analyse der bisherigen Entwicklung und der sie verursachenden Faktoren. Für die Prognose ist zu untersuchen, ob die Wirkung dieser Bestimmungsfaktoren in Zukunft gleichbleiben oder ob, in welcher Richtung und in welchem Ausmaß sie sich ändern wird. Zur Erstellung des Maßnahmenkataloges ist zu fragen, welche dieser Bestimmungsfaktoren durch die regionale Politik beeinflußbar sind, da direkte Steuerungsmaßnahmen zwangswirtschaftlicher Art nicht in Frage kommen.

3. Grenzen der Möglichkeiten von Regionalprognosen

(1) Der an die exakten Aussagemöglichkeiten der naturwissenschaftlichen und technischen Disziplinen gewöhnte Laie erwartet von sozialwissenschaftlichen Prognosen die gleiche Zuverlässigkeit. Leider zählen jedoch die Fälle, in denen Prognosen durch die tatsächliche Entwicklung ihre volle Bestätigung finden, zu den Ausnahmen und wenigen Glücksfällen im Leben eines Prognostikers. Es mag dem mit sozialwissenschaftlichen Prognosen und ihren Aussagemöglichkeiten nicht vertrauten Zuhörer befremdlich erscheinen, daß – zugespitzt gesagt – Prognosen in der Regel nie „ganz stimmen". Es kann jedoch dem Anliegen, der wissenschaftlich erarbeiteten Prognose in Wirtschaft und Politik den ihr gebührenden Platz zukommen zu lassen, nur schaden, wenn sie auf eine falsche Wissenschaftsgläubigkeit stößt. Die Prognose kann nur dann ihren Zweck erfüllen, wenn ihre Möglichkeiten, aber auch ihre Grenzen klar erkannt und berücksichtigt werden.
(2) Prognosen sind notwendig konditional, d. h. sie geben an, welche Entwicklung die zu untersuchende Größe unter bestimmten Voraussetzungen nehmen wird. Vereinfachend läßt sich der Vorgang des Prognostizierens wie folgt wiedergeben:

- Ermittlung der Bestimmungsfaktoren der zu prognostizierenden Größe;
- Bestimmung des quantitativen Zusammenhanges zwischen den Bestimmungsfaktoren und der zu untersuchenden Größe;
- Vorausschätzung der Bestimmungsfaktoren;
- daraus Ableitung der Prognose.

Eine gute Prognose muß infolgedessen drei Bedingungen genügen:
1. Die wichtigsten Bestimmungsfaktoren müssen alle erfaßt sein.
2. Der Zusammenhang zwischen diesen Bestimmungsfaktoren und der zu prognostizierenden Größe muß exakt bestimmt werden.
3. Die Vorausschätzung der Bestimmungsfaktoren muß *realistisch* sein. Das Problem der Realistik der Prämissen, d.h. der Vorausschätzung der Bestimmungsfaktoren, ist jedoch nicht eindeutig und objektiv lösbar. Jede Prognose enthält daher – selbst unter der Voraussetzung wissenschaftlicher Vollkommenheit – zwangsläufig eine Reihe von subjektiven Momenten. Eine an sich „exakte" Prognose kann also durchaus unrealistisch und damit falsch sein.

(3) Es ist weiterhin nicht möglich, das künftige Verhalten einer einzelnen Person oder eines einzelnen Betriebes vorherzusagen, wohl aber das Verhalten einer genügend großen Zahl von Personen oder Betrieben. Das heißt, prognostischen Aussagen liegen keine eindeutigen Kausalbeziehungen zugrunde, sondern Wahrscheinlichkeitsgesetzmäßigkeiten. Der Fehlerspielraum von Prognosen, mögen sie auch noch so exakt und noch so realistisch sein, ist darum desto größer, je kleiner z.B. die Zahl der Betriebe ist, deren Beschäftigtenzahl vorausgeschätzt werden soll.

(4) Sozialwissenschaftliche Prognosen sind indessen möglich, und sie können zu brauchbaren und gesicherten Ergebnissen führen, weil auch dem menschlichen Verhalten eine gewisse Trägheit eigen ist. Es ändert sich nur allmählich und als Entwicklungstrend erkennbar und zeigt in der Regel keinen willkürlich schwankenden Verlauf. So ist unter normalen Umständen nicht damit zu rechnen, daß sich z.B. die Geburtenrate der 25jährigen Frauen von einem Jahr zum anderen verdoppelt oder halbiert. Wenn sie nicht konstant bleibt, wird sie sich allenfalls um wenige Prozente erhöhen oder vermindern, und wenn sie in den letzten drei Jahren kontinuierlich angestiegen ist, so wird sie wahrscheinlich auch im kommenden Jahr weiter zunehmen – wobei stets zu prüfen ist, welche Faktoren diesen Anstieg verursacht haben und ob diese Faktoren auch in Zukunft in gleicher Richtung wirken werden.

Aus diesen Überlegungen folgt:

- daß Prognosen nur für einen bestimmten, nicht allzu langen Zeitraum erstellt werden können und in kürzeren Abständen der Korrektur bedürfen;
- daß eindeutige Prognosen für kleine Teilräume nicht mehr erstellt werden können und man sich auf die Angabe von Tendenzen und Entwicklungsmöglichkeiten beschränken muß;
- daß der zur planerischen Entscheidung Befugte und für sie Verantwortliche nicht umhin kann, die den Prognosen zugrunde liegenden Prämissen selbst zu überdenken und unter Umständen zu einer anderen Einschätzung ihres Wahrscheinlichkeitsgehaltes und damit zu anderen Prognoseergebnissen zu gelangen.

Dieser nachvollziehende Denkprozeß ist planerisch von gleicher Relevanz wie das Prognoseergebnis. Der Sinn einer Prognose besteht in erster Linie darin, die zumeist sehr komplexen und dem bloßen Beobachter unzugänglichen Zusammenhänge zwischen den Bestimmungsfaktoren und der zu untersuchenden Größe aufzudecken und unqualifizierte Annahmen und Mutmaßungen zu verhindern. Die Prognose ist kein Datum, das ohne weiteres der Planung zugrunde gelegt werden kann, sondern ein empfindliches Instrument, dessen Handhabung notwendig die Kenntnis dieser Zusammenhänge voraussetzt. Keinesfalls ist eine Beurteilung allein der Ergebnisse möglich. Die Kritik muß bei den Prämissen ansetzen; denn die Ergebnisse sind nichts anderes als das Resultat einer logischen Gedankenfolge, die auf diesen Prämissen aufbaut. Der Wunsch, allein die Ergebnisse zu beurteilen, führt leicht zu dem Fehlschluß, daß „nicht sein kann, was nicht sein darf".

4. Die Bestimmungsfaktoren der regionalen Bevölkerungs- und Wirtschaftsentwicklung

(1) Die Bevölkerungsveränderung eines jeden Teilraumes läßt sich statistisch zerlegen in die beiden Komponenten
- natürliche Bevölkerungsbewegung,
- Wanderungsbewegung.

Die Bestimmungsfaktoren der *natürlichen Bevölkerungsbewegung* sind:
- die Altersstruktur,
- die altersspezifische Fruchtbarkeit,
- die altersspezifische Sterblichkeit.

Für diese drei Größen sind ökonomische Faktoren von untergeordneter Bedeutung. Die Prognose der natürlichen Bevölkerungsentwicklung kann ohne Berücksichtigung wirtschaftlicher Entwicklungstendenzen erfolgen, wenn man davon ausgehen kann, daß einschneidende Wirtschaftskrisen mit der Folge von rückläufigen Geburtenziffern und evtl. steigenden Sterbeziffern nicht zu erwarten sind.

Die *Altersstruktur* für das Jahr, von der die Prognose auszugehen hat, ist gegeben, ihre Veränderung erfolgt durch jährliche Verschiebung der Altersklassen, durch die natürlichen und durch die wanderungsbedingten Zu- und Abgänge.

Maßgebend für die altersspezifische *Fruchtbarkeit* sind u.a. das Heiratsverhalten, der Kenntnisstand in bezug auf Möglichkeiten der Geburtenregelung, der Wille zu deren Anwendung, aber auch die Einkommensentwicklung. Nahm früher die Zahl der Geburten mit steigenden Einkommen ab, wofür die Bevölkerungslehre eine Fülle von Erklärungen bietet, so hat sich die Tendenz inzwischen umgekehrt: Je höher das Einkommen ist, desto mehr Kinder glaubt man sich leisten zu können.

Im Gegensatz zur Fruchtbarkeit – die Geburt ist durch Willensakt vermeidbar – unterliegt die *Sterblichkeit* weitaus strengeren biologischen Gesetzen. Aber auch sie ist durch medizinischen Fortschritt, durch Verbesserung der Lebensverhältnisse (Hygiene und Wohlstand), d.h. durch soziale und wirtschaftliche Faktoren, beeinflußbar und zeigt – das gilt besonders für die Mütter- und Säuglingssterblichkeit, die in Deutschland immer noch relativ hoch ist – sinkende Tendenz.

Zunehmende Fruchtbarkeit kann sich jedoch nur dann in steigenden Geburtenzahlen auswirken, wenn die Altersstruktur dem nicht entgegenwirkt, d.h. wenn die Zahl der Frauen im gebärfähigen Alter konstant bleibt oder ansteigt. Ebenso kann bei sinkender Sterblichkeit (d h. steigender Lebenserwartung) die Zahl der Sterbefälle dennoch zunehmen, wenn sich die Zahl der Personen in den höheren Altersklassen stark erhöht. Man muß darum klar unterscheiden zwischen Fruchtbarkeits- und Sterblichkeitseffekt einerseits und Altersstruktureffekt andererseits. Letzterer kann die beiden ersteren verstärken (in den letzten Jahren rückten die geburtenstarken Jahrgänge der zwanziger Jahre ins heiratsfähige Alter) oder verringern bzw. überkompensieren (ab 1965 etwa werden die geburtenschwachen Jahrgänge der Nachkriegszeit ins Heiratsalter vorrücken).

(2) Im Gegensatz zur natürlichen Bevölkerungsbewegung spielen ökonomische Faktoren bei der *Wanderungsbewegung* in der Regel eine primäre

Rolle. Sieht man einmal von politisch bedingten Wanderungen (Heimatvertriebene und SBZ-Flüchtlinge) ab, so sind die Ursachen von Wanderungssalden im regionalen Ungleichgewicht von Arbeitskräftebedarf und Arbeitskräftepotential zu suchen. Ist das Potential kleiner als der Bedarf, so ruft das einen Zuwanderungssog hervor. Ist das Potential hingegen größer als der Bedarf, so übt das einen Abwanderungsdruck aus. Wie weit sich Wanderungsdruck und Wanderungssog schließlich effektiv in entsprechenden Wanderungsverlusten und Wanderungsgewinnen niederschlagen, hängt von der allgemeinen Situation am Arbeitsmarkt ab. Im Falle allgemeiner Unterbeschäftigung müssen die Arbeitskräfte bedingungslos den sich bietenden Arbeitsmöglichkeiten folgen. Die Betriebe könnten am angestammten Arbeitsplatz expandieren oder ihre Standortbedingungen optimieren. Der Wanderungssog kommt voll zur Geltung, nicht jedoch der Wanderungsdruck.
Im Falle allgemeiner Überbeschäftigung hingegen können die Arbeitskräfte zumeist am Ort verbleiben oder ihre persönlichen Wanderungswünsche realisieren. Der Wanderungsdruck kommt – soweit er überhaupt vorhanden ist – voll zur Geltung, die Betriebe haben jedoch keine Gewähr, am optimalen Standort ihren Arbeitskräftebedarf voll zu befriedigen. Sie werden zunächst versuchen, durch Lohnerhöhungen den Wanderungssog zu erhöhen, jedoch nur so lange, wie die zusätzliche Lohnsumme nicht die sonstigen Standortvorteile übersteigt. Reicht dieser zusätzliche Lohnanreiz nicht aus – und das ist desto eher der Fall, je höher der Anteil der Löhne an den Produktionskosten ist –, dann müssen die Betriebe ihren Standort dort wählen, wo noch Arbeitskraftreserven latent vorhanden sind, oder dort, wo die Arbeitskräfte gern ihren Wohnort wählen (z.B. Oberbayern). Das bedeutet mit anderen Worten, daß Richtung und Ausmaß der Wanderungsbewegung im Falle der Überbeschäftigung anders sind als im Falle der Unterbeschäftigung.
(4) Das *Arbeitskräftepotential* geht aus der Bevölkerung hervor und hängt ab von
– der Altersstruktur,
– dem altersspezifischen Erwerbsverhalten.
Das Erwerbsverhalten wiederum unterliegt dem Einfluß einer Reihe von sozialen und wirtschaftlichen Faktoren. Die künftige Struktur des Arbeitskräftebedarfs erfordert mehr und mehr qualifizierte Arbeitskräfte und eine Verlängerung der Ausbildungszeit – und vermindert damit die Erwerbsquote der 15- bis 25jährigen. Andererseits machen sich mit steigender Produktionsleistung verstärkte Tendenzen zur Frühinvalidität be-

merkbar. Der zunehmende Bedarf an Bürokräften, aber auch die fortschreitende Emanzipation der Frau in leitenden Funktionen der Wirtschaft schließlich erhöht die Erwerbsquote der 25- bis 45jährigen Frauen.
(5) Bestimmend für den regionalen *Arbeitskräftebedarf*, d.h. das Angebot an Arbeitsplätzen in einzelnen Teilräumen sind:
- die Entwicklung des Arbeitskräftebedarfs der einzelnen Branchen im Bundesgebiet;
- die Wirtschaftsstruktur des Teilraumes;
- die speziellen relativen Standortbedingungen dieses Teilraumes.

Der *Arbeitskräftebedarf eines Wirtschaftszweiges* im Bundesgebiet hängt ab von seiner Produktions- und Produktivitätsentwicklung. Maßgebend für den Produktionsanstieg sind die inländische Nachfrage, der Außenhandel und Substitutionsbeziehungen zu anderen Wirtschaftszweigen (z.B. Kohle und Heizöl) – Zusammenhänge, auf die hier nicht näher eingegangen werden kann. Wie weit sich jedoch die Wachstumsrate der Produktionsentwicklung im Arbeitskräftebedarf niederschlägt, hängt vom jeweiligen Produktivitätsanstieg ab. Neben Branchen mit hohem Produktions- und hohem Produktivitätswachstum und entsprechender geringer Zunahme des Arbeitskräftebedarfes (z.B. Chemie) stehen solche, in denen die Produktivitätsentwicklung das Produktionswachstum übertrifft (Bergbau, Textilindustrie) und der Arbeitskräftebedarf rückläufig ist. In vielen Dienstleistungsbereichen hingegen sind die Möglichkeiten zur Produktivitätssteigerung so gering, daß der Arbeitskräftebedarf trotz durchschnittlicher Entwicklung der Produktionsleistung sehr erheblich zunimmt.

Die *Wirtschaftsstruktur* eines Teilraumes ist – im Zusammenhang mit den überregionalen Entwicklungstendenzen der einzelnen Wirtschaftszweige – für die Entwicklungsmöglichkeiten dieses Teilraumes von ausschlaggebender Bedeutung. Teilräume, in denen wachstumsintensive Wirtschaftszweige (z.B. Elektrotechnik) dominieren, haben in der Regel eine überdurchschnittliche Entwicklung zu erwarten, während Gebiete mit einem Übergewicht von Branchen mit stagnierenden oder gar sinkenden Beschäftigtenzahlen (z.B. Bergbau) mit einer unterdurchschnittlichen Entwicklung rechnen müssen. Der Struktureinfluß kann sogar so groß sein, daß die Gesamtzahl der Arbeitsplätze rückläufig ist und ein Teil der potentiellen Arbeitskräfte abwandern muß. Solange der Kohlenbergbau und die Stahlindustrie einen stark expandierenden Arbeitskräftebedarf hatten, wuchs dementsprechend die Zahl der Arbeitsplätze und der Bevölkerung im Ruhrgebiet. Heute bewirkt jedoch der Rückgang der Beschäftigung im Steinkohlenbergbau trotz günstiger Standortbedingungen des Ruhrgebietes, daß dort die Bevölkerung stagniert und an vielen Orten sogar rückläufig ist. Langfristig allerdings werden sich die Standortbedingungen auch im Ruhrgebiet schon deshalb durchsetzen, weil mit rückläufigen Beschäftigtenzahlen im Kohlenbergbau und in der Textilindustrie zwangsläufig deren Anteil an allen Erwerbstätigen und damit ihr Einfluß auf das Gesamtwachstum sinkt.

Dieser „Struktureinfluß" wird durch den Einfluß der *örtlichen Standortbedingungen* und individueller Faktoren modifiziert, und zwar um so stärker, je länger der betrachtete Zeitraum ist. Dieser Einfluß bewirkt, daß die Zahl der Arbeitsplätze der einzelnen Branchen eines Teilraumes schneller oder langsamer wächst (oder abnimmt) als im Bundesdurchschnitt.

Die Analyse und damit auch die Prognose dieser Abweichungen der Branchenentwicklung eines Teilraumes vom Bundesdurchschnitt gehören einerseits zu den schwierigsten und methodisch bislang am wenigsten befriedigenden Kapiteln der ökonomischen Regionalforschung, zum anderen aber auch zu den interessantesten; denn nur wenn es gelingt, diese Entwicklungsunterschiede zu beeinflussen, wird eine auf Lenkung bedachte Regionalplanung oder Raumordnung von Erfolg gekrönt sein können. Auch hier müssen wir uns damit begnügen, einige wesentliche Punkte anzusprechen:

1. Die Standortgunst ist branchenspezifisch: Das Ruhrgebiet hat nicht günstige Standortbedingungen an sich, sondern lediglich günstige Standortbedingungen für den Steinkohlenbergbau, die Stahlindustrie, die Chemie usw.
2. Die Standortgunst ist relativ: Das Ruhrgebiet hat nicht günstige Standortbedingungen für die Stahlindustrie an sich, sondern sie hat mehr oder weniger bessere oder schlechtere Standortbedingungen als z.B. Küstenstandorte.
3. Die Standortgunst verändert sich: Durch die Errichtung von Mineralölraffinerien hat Süddeutschland das gleiche Energiepreisniveau und damit gleich gute Standortbedingungen für die Chemie und andere energieintensive Industriezweige wie das Ruhrgebiet.
4. Die Standortgunst für bestimmte Industriezweige kann sich nur dann günstig auf die Gesamtentwicklung eines Teilraumes auswirken, wenn diese Branchen überdurchschnittliche Wachstumstendenzen haben.
5. Die Wachstumsraten einzelner Branchen sind nicht etwa dort am höchsten, wo die Standortgunst besonders hoch ist, sondern dort, wo sie sich (unabhängig vom Niveau) verbessert. Da sich die Standortgunst

des Ruhrgebietes im Vergleich zu den anderen Räumen der Bundesrepublik für eine ganze Reihe von Industriezweigen eher verschlechtert als verbessert hat, sind die derzeitigen Stagnationstendenzen nur allzu verständlich.
6. Die Standortgunst kann nur so lange wirksam sein, wie räumliche Ausdehnungsmöglichkeiten gegeben sind. Auch diese sind im Kernteil des Ruhrgebietes beschränkt.
7. Je kleiner eine Region ist, in desto stärkerem Maße können individuelle Faktoren zum Durchbruch kommen, die mit der Standortsituation dieses Raumes überhaupt nichts zu tun haben (Beispiel: Borgward in Bremen).
Der Fehlerspielraum der Schätzung dieses Standorteffektes – also der Entwicklungsunterschiede der einzelnen Branchen zwischen Teilraum und Bundesdurchschnitt – ist sehr viel höher als jener der Branchenentwicklung im Bundesgebiet und damit des Struktureinflusses. Das braucht nicht als gravierend angesehen zu werden, da – zumindest in der kurzfristigen Entwicklung – der Struktureinfluß in der Regel bei weitem dominiert. Der Fehlerspielraum der Schätzung des Standorteinflusses kann jedoch wesentlich eingeschränkt werden durch gleichzeitige Prognosen für alle übrigen Teilräume des Bundesgebietes.
Wenn z.B. die elektrotechnische Industrie im Raum München schneller wächst als im Bundesdurchschnitt, muß sie in anderen Teilräumen entsprechend langsamer wachsen. Jede Annahme eines positiven Standorteffektes in einem Teilraum impliziert – bewußt oder unbewußt – negative Standorteffekte in anderen Teilräumen. Aufgabe dieser Simultanprognosen für alle Teilräume ist es also, diese implizierten Annahmen deutlich zu machen und sie auf ihren Wahrscheinlichkeitsgehalt hin zu überprüfen. Nun handelt es sich dabei um ein sehr aufwendiges Verfahren, das sich aber erheblich vereinfachen läßt, indem man zunächst die Bundesprognose für die einzelnen Branchen auf die Bundesländer aufteilt, so daß zur Untersuchung einer einzelnen Region nur jeweils die übrigen Teile des betroffenen Bundeslandes (oder der betroffenen Bundesländer) der Analyse unterzogen werden müssen.

(6) Die vorstehenden Darlegungen lassen sich in folgenden drei Thesen zusammenfassen, ohne deren Beachtung jede Regionalprognose scheitern muß:
1. Die Bevölkerungsentwicklung eines Teilraumes wird primär von seiner Wirtschaftskraft bestimmt.
2. Die überregionale Entwicklung ist von entscheidendem Einfluß auf die Entwicklung eines Teilraumes.

3. Die Entwicklung der übrigen Teilräume ist ebenfalls von wesentlicher Bedeutung für die Entwicklung des zu untersuchenden Teilraumes.

5. Allgemeine Entwicklungstendenzen im Bundesgebiet

Es ist hier nicht der Platz, detaillierte Untersuchungsergebnisse vorzutragen. Um jedoch einen Eindruck zu vermitteln, seien hier einige wichtige Entwicklungstendenzen von Wirtschaft und Bevölkerung im Bundesgebiet genannt, soweit sie unseren Themenkreis berühren.
(1) Die *Bevölkerung* des Bundesgebietes (ohne Berlin) wird sich in Zukunft weiter um jährlich rund 1 % bzw. 0,5 Mill. Einwohner erhöhen, und zwar von 55,7 Mill. Ende 1963 auf 61,2 Mill. Ende 1975. Der Geburtenüberschuß wird bis 1965 weiter ansteigen auf jährlich 420.000, dann aber wieder infolge einer „Verschlechterung" der Altersstruktur trotz steigender Fruchtbarkeit und sinkender Sterblichkeit bis auf 300.000 im Jahre 1975 zurückgehen. Während bis 1963 der Wanderungsgewinn jährlich etwa 300.000 betrug, wird er bis 1975 auf rund 100.000 absinken.
(2) Von entscheidender Bedeutung ist die Veränderung der *Altersstruktur*. Die Zahl der schulpflichtigen Kinder wird bis 1975 um gut ein Viertel zunehmen, die Zahl der Rentner und Pensionäre sogar um 40 %, die Zahl der 15- bis 65jährigen, d.h. der erwerbsfähigen Jahrgänge, wird dagegen praktisch stagnieren. Während sich die Erwerbsquote, d.h. der Anteil der Erwerbspersonen an der Gesamtbevölkerung, von 1950 bis 1960 von 46 auf 48 % erhöhte, wird sie bis 1975 wieder auf 44 % zurückgehen. Das Arbeitskräftepotential kann nur noch durch Zuwanderungen ausländischer Arbeitskräfte erhöht werden, es wäre sonst sogar trotz steigender Bevölkerung leicht rückläufig.
(3) Die *Wirtschaft* zeigt zwar weiterhin unverminderte Wachstumskräfte, und der Arbeitskräftebedarf ist dementsprechend latent ansteigend; während sich jedoch die Zahl der Erwerbstätigen von 1950 bis 1965 um über 5 Mill. auf knapp 26 Mill. erhöhte, wird sie infolge des sich verschärfenden Arbeitskräftemangels bis 1975 nur noch um eine weitere Million ansteigen.
(4) Innerhalb der drei Hauptwirtschaftsbereiche wird sich die Zahl der Erwerbstätigen wie folgt verändern (1963 bis 1975):

	in Mill.	in %
Landwirtschaft	− 0,7	− 22
Produzierendes Gewerbe	+ 0,3	+ 3
Dienstleistungen	+ 1,4	+ 14
Insgesamt	+ 1,0	+ 4

Die Zahl der Erwerbstätigen wird also nur noch im Dienstleistungsgewerbe in nennenswertem Ausmaß steigen. 1975 werden fast 45 % aller Erwerbstätigen im Dienstleistungssektor tätig sein, d.h. praktisch ebensoviel wie im produzierenden Gewerbe (Industrie und Handwerk), während der Anteil der Landwirtschaft weiter auf 9 % zurückgeht.

(5) Entscheidend für die Wachstumsunterschiede zwischen den einzelnen Wirtschaftsräumen ist nach wie vor die Industrie. Das Wachstum des Dienstleistungsgewerbes hängt zur Hauptsache von der Wirtschaftsentwicklung im engeren regionalen Bereich ab. Insgesamt wird die Zahl der Industriebeschäftigten, die von 1950 bis 1963 von 4,8 auf 7,8 Mill. anstieg, weiter auf 9,1 Mill. zunehmen. Innerhalb der Industrie werden sich die Entwicklungsunterschiede zwischen den einzelnen Branchen noch verstärken. Hauptträger des Wachstums sind (1962 bis 1975):

	in 1000	in %
Elektrotechnik	+ 650	+ 82
Maschinenbau	+ 390	+ 39
Fahrzeugbau	+ 110	+ 22
EB-Industrie	+ 80	+ 18
Chemie	+ 75	+ 16
Druckereien	+ 65	+ 35
Kunststoffverarbeitung	+ 55	+ 54

Stark rückläufig dagegen ist die Zahl der Arbeitsplätze in folgenden Zweigen:

	in 1000	in %
Textilindustrie	− 165	− 28
Bergbau	− 160	− 32
Steine und Erden	− 45	− 18
Leder	− 35	− 22
Holzverarbeitung	− 25	− 12

(6) Die wichtigsten Veränderungen der Standortbedingungen lassen sich vereinfachend wie folgt skizzieren:
- Angleichung des Energiepreisniveaus im gesamten Bundesgebiet;
- stärkere Arbeitskraftorientierung der Industrie;
- stärkere Absatzballung in kleineren Verdichtungszentren;
- Beschränkung der räumlichen Ausdehnungsmöglichkeiten in größeren Ballungszentren;
- EWG-Einfluß auf die westlichen Grenzgebiete.

(7) *Die künftigen Entwicklungstendenzen der regionalen Verteilung* wäre das Thema eines Referates für sich. Wiederum nur in Stichworten läßt sich folgendes andeuten:
- Verminderung der regionalen Wachstumsunterschiede;
- Vermehrung der Zahl der wachstumsintensiven Verdichtungszentren;
- Verlagerung der Wachstumsakzente von Westdeutschland auf Süddeutschland.

Martin Neuffer

Die Region als Ordnungsraum

Als ich vor einigen Jahren in Hannover zum Stadtrat gewählt wurde und damit in ein Kollegium eintrat, das eine moderne Großstadtverwaltung leitet, war ich schon nicht mehr Bürger dieser Stadt, sondern hatte ihr seit einigen Jahren den Rücken gekehrt. Ich wohnte zwar nur 25 Autominuten vom hannoverschen Rathaus entfernt, aber im Landkreis Burgdorf, im Regierungsbezirk Lüneburg. Mit den Problemen der Großstadtentwicklung war ich so von der praktischen Seite her in einer sehr typischen Form in Berührung gekommen. Ich teilte die Schizophrenie vieler moderner Großstädter, die zugleich Dorfbewohner sind, ohne mich dadurch allerdings besonders belastet zu fühlen und viel darüber nachzudenken.
Ich mußte mich nun aber mit der Frage unserer heutigen Tagung, der nach der Großstadt, in der wir leben wollen, neu und von Berufs wegen ziemlich dringlich auseinandersetzen.
Da stand ich auf der einen Seite vor der Forderung, daß auch der Großstädter im Grünen leben müsse, der Meinung, daß das Einfamilienhaus die ideale Wohnform darstelle, der Forderung nach Auflockerung, Entballung und Gesundung durch Rückkehr in den Frieden der Natur.
Auf der anderen Seite stand die „neuere Schule" der Planer und Soziologen, die mit dem Ja zur Großstadt die Forderung nach Verdichtung verbanden, das Ja auch zu einer nicht unbedingten und strikten Trennung der Funktionen Wohnen, Arbeiten, Einkaufen, Erholen, sondern zu jener durchwachsenen Mischung, die dem Leben und Treiben der großen Stadt und ihrer einzelnen Quartiere Dichte und Kraft verleiht. Als Kronzeugin für viele andere sei hier nur Frau Jacobs mit ihrem mutigen und klugen Buch über Leben und Tod großer amerikanischer Städte angeführt.
Ich glaube, in diesem Kreis genügen die wenigen Andeutungen, um die Polarität des in Wirklichkeit sehr viel differenzierteren Bildes in der modernen Städtebautheorie und -ideologie deutlich zu machen.

Ich habe mich nun zunächst selbst gefragt, welcher von beiden Richtungen ich denn eigentlich anhinge; denn wenn man vom Menschen als Maß aller Dinge spricht, meint jeder ja zunächst einmal sich selbst. Mit einem gewissen Erstaunen und auch einiger Konsternation mußte ich feststellen, daß ich ein unbedingter Anhänger beider Richtungen war. Ich wollte im Grünen wohnen, das Barthsche Glück im Winkel genießen, im Frieden ländlicher Stille meine Rosen anbauen, und ich wollte gleichzeitig nicht nur Teilhaber, sondern aktiver Mitspieler im großstädtischen Leben sein, wollte die Intensität der Stadtatmosphäre und ihre ungezählten und vielfältigen Hervorbringungen miterleben und mitgestalten.

Diese doppelte Parteigängerschaft war – und ist –, wie ich sehr bald feststellte, keine besondere individuelle Leistung von mir, sondern ich bin damit eingebettet in das mehr oder weniger bewußte Wünschen und Wollen des allergrößten Teiles meiner Mitbürger.

Aus den Untersuchungen des Instituts für angewandte Sozialwissenschaft kennen wir die Wohnungswünsche der westdeutschen Großstädter ziemlich genau, und danach fällt die Antwort auf die Frage, wie die Großstadt, in der wir leben wollen, aussehen soll, nicht mehr schwer. Ihre Wohnungen sollen sämtlich in luftigen, durchgrünten Stadtvierteln liegen; sollen zumeist Einfamilienhäuser am Waldrand sein, an dem ein sauberer Quellbach entlangsprudelt, und sie sollen in unmittelbarer Nähe zu einem hochentwickelten Stadtzentrum liegen, in dem der großstädtische Verkehr pulst und sich ein vielfältiges, elegantes und weltstädtisches Leben und Treiben entfaltet.

Mit der Schwierigkeit, genau solche Großstädte zu bauen, schlagen wir uns nun herum. Diese Schwierigkeiten sind auch dann noch groß, wenn man auf die kristallklaren Quellbäche verzichtet und möglicherweise sogar auf die Waldrandlage. Sie sind so groß, daß immer wieder Stimmen laut werden, die die Unvereinbarkeit der beiden Grundforderungen in der Realität behaupten und daraus die Folgerung ziehen, wir sollten unseren Mitbürgern nun endlich deutlich sagen, daß sie sich ihre romantischen Vorstellungen vom Eigenheim aus dem Kopf schlagen und sich statt dessen bereitfinden sollten, zwar verdichtete, aber zugleich durchgrünte und durchsonnte Großstädter zu bleiben oder zu werden.

Abgesehen davon, daß wir bis heute keine voll überzeugenden neuen Wohnformen entwickelt haben, die diese durchsonnte Verdichtung erträglich machen könnten, glaube ich auch, daß eine so einseitige Lösung des Problems falsch wäre. Man sollte vielmehr zunächst einmal alles daransetzen, um die beiden antithetischen Grundforderungen nach Ruhe

und Privatheit im Grünen und Teilhaberschaft am dichten großstädtischen Leben zu einer neuen Synthese zusammenzuführen. Ich glaube, daß es – wenn auch nur in Annäherungsgraden – befriedigende Möglichkeiten dazu gibt.
Von den Städten, die ich kenne, kommt Stockholm dieser Lösung am nächsten. Dort gibt es die Möglichkeit eines sehr privaten und naturnahen Wohnens in gut geplanten Siedlungen, die zum Teil in beträchtlicher Entfernung vom Stadtkern liegen, in denen aber trotz allem städtische Atmosphäre herrscht und in denen man sich als Bürger einer großen Stadt fühlen kann und offenbar auch fühlt. Eine der wichtigsten Voraussetzungen dazu ist sicher das Bewußtsein, daß man jederzeit ohne besonderen Aufwand in die komfortable und rasch verkehrende Tunnelbahn steigen kann, um in kurzer Zeit und relativ bequem an jede Stelle der Innenstadt zu kommen. Wie oft man davon Gebrauch macht, ist noch eine andere Frage – aber daß man es kann, ist wichtig.
In solchen Formen stark strukturierter Großflächenstädte liegt die einzige mir bekannte Antwort auf die Frage nach einer befriedigenden Großstadt. In guter verkehrlicher Zuordnung zu dem in seiner Individualität zu erhaltenden Stadtkern gilt es, eine große Anzahl von Wohnsiedlungseinheiten im Grünen zu bauen, die durch ihren Charakter als städtische Subzentren eine gewisse Eigenständigkeit erhalten, durch die enge Verkehrsverbindung mit dem Stadtkern aber gleichwohl als Teile des gesamten Stadtorganismus empfunden werden und damit nicht irgendwelche Schlafsiedlungen vor der Stadt, sondern echte Stadtteile sind.
Wie sieht nun die Wirklichkeit bei uns aus? Die Forderung nach einer großen flächenmäßigen Ausdehnung der großstädtischen Siedlungsbereiche wird erfüllt. Das geschieht freilich in Formen, die uns meist alles andere als froh stimmen. Abhängig von mehr oder weniger zufälligen Entscheidungen der Dorfparlamente im näheren und weiteren Umkreis der Großstädte, entstehen sowohl an „richtigen" wie an „falschen" Standorten kleine oder mittlere Eigenheim- oder auch Mietwohnungssiedlungen. Die Planungen stammen oft von Privatarchitekten oder Spekulanten. Sie sind in vielen Fällen überaus primitiv. Sie reichen über den meist engen Zuschnitt des Gemeindegebietes nicht hinaus. Die Großstädter, die sich dort ansiedeln, um ihren Wunsch nach dem Eigenheim im Grünen zu befriedigen, für dessen Erfüllung es kaum eine echte Alternative gibt, finden sich eines Tages auf dem Dorfe wieder.
Die in aller Regel ganz unzulänglichen öffentlichen Verkehrsverbindungen tragen nicht nur tatsächlich, sondern auch psychologisch dazu bei, daß

man sich nicht mehr als Städter fühlt. Selbst wo, was ja noch die Ausnahme ist, der zweite Wagen zur Verfügung steht, ist eine selbstverständliche Teilnahme der Familienmitglieder am großstädtischen Leben nur selten möglich. Es entwickelt sich entweder offene oder verdeckte Unzufriedenheit, oder an ihrer Stelle findet nun der vollständige Rückzug auf das private Leben im Rahmen der Familie im eigenen Haus und im eigenen Garten statt. Die Hauptbeziehung zur Umwelt wird durch das Fernsehen hergestellt, das den Zuschauer ja in besonderer Weise in die Haltung völliger Passivität hineindrängt.
Was ich eben ausgeführt habe, ist natürlich eine Überzeichnung. Als inzwischen schon etwas routinierter Umlandbewohner könnte ich Ihnen auch ein sehr viel positiveres und verlockenderes Bild zeichnen. Beides ist jedoch nicht die ganze, sondern nur ein Stück der Wahrheit. Aber selbst, wenn man sich an die positiveren Seiten des Bildes hält, die es auch gibt, und sich bereit erklärt, die negativen in Kauf zu nehmen, so müssen wir uns doch klar darüber sein, daß sich der Status quo so oder so nicht halten läßt. Trotz aller steigenden Bauland- und Baupreise wachsen Jahr für Jahr Zehntausende von Großstädtern in Einkommensverhältnisse hinein, in denen sie ihren Wunsch nach dem Eigenheim realisieren können und – solange wir in einem leidlich freien Staat leben – auch realisieren werden. Die Lösung der dadurch aufgeworfenen Probleme kann nur in der Entwicklung von gegliederten Großflächenstädten gefunden werden. Das heißt in Gebilden, deren einzelne Einheiten Stadtteilcharakter erhalten und deren Funktionieren von einem hochentwickelten System nicht nur individueller, sondern vor allem auch öffentlicher Massenverkehrsmittel abhängt.
Dabei ist der Verkehr nur einer der großen Investitionsbereiche, die für die Entwicklung solcher Stadtgebiete wesentlich sind. Ich habe ihn vor allem wegen seiner psychologischen Bedeutung so stark in den Vordergrund gerückt. Daneben, weiß jeder von Ihnen, gibt es zahlreiche andere Aufgaben der Erschließung, der Versorgung und Entsorgung, besteht die Notwendigkeit, eine lange Reihe kultureller und sozialer Einrichtungen zu schaffen, die vom Kindergarten bis zum Altersheim gehen. Darüber, was zur kompletten Ausstattung eines ganzen neuen Stadtteiles gehört, liegen inzwischen ja auch die verschiedensten Erfahrungen vor, die bei der Durchführung und zum Teil noch der Planung solcher Projekte bei uns hier und da schon gemacht worden sind. Die Hauptschwierigkeiten, die die Verwirklichung solcher Vorstellungen so sehr erschweren oder meistens sogar verhindern, liegen darin, daß es keine einheitliche Pla-

nungs- und Gestaltungskompetenz für den Bereich einer solchen Großflächenstadt gibt. Der Raumbedarf dieser Siedlungsgebilde, deren Einwohnerzahlen durch den allgemeinen Kontraktionsprozeß außerdem ständig erheblich steigen, ist so groß, daß er im Gemarkungsbereich der Großstädte nicht mehr befriedigt werden kann. Wo die Eingemeindungen der vergangenen Jahrzehnte das Kleid weiter geschnitten haben, wird dies später deutlich als etwa in einer Stadt wie Hannover, die jährlich um 7000 Arbeitsplätze zunimmt und im gleichen Zeitraum jeweils 2000 Einwohner verliert. Aber auch großzügigere Eingemeindungen, die im unmittelbaren Nachbarschaftsraum durchaus sinnvoll sein können, würden das Problem in der Regel nicht lösen. Einmal stehen die bekannten politischen Schwierigkeiten dem entgegen, auch wenn sich ihre Verminderung abzeichnet. Aber auch Gesichtspunkte der Verwaltungsorganisation und die Schwierigkeiten einer wirksamen Integration sprechen dagegen, den Raumbedarf der modernen Flächengroßstädte durch neue Eingemeindungsakte größten Stils zu sichern. Ich halte zur Zeit einen anderen Weg für erfolgversprechender.

Wir stehen kurz vor der Verabschiedung des Bundesraumordnungsgesetzes, in dem die Regionalplanung als Planungsstufe grundsätzlich eingeführt und vorgesehen wird, daß sie entweder von Zusammenschlüssen von Gemeinden und Kreisen oder unter kommunaler Beteiligung betrieben werden soll. Was solche Regionen sind, wie sie abgegrenzt und mit welchen Kompetenzen die Regionalorgane ausgestattet werden sollen, bleibt der Landesgesetzgebung überlassen. Hier möchte ich den Ansatzpunkt für nachdrückliche und sinnvolle Bemühungen sehen, das Problem der modernen Großstadtentwicklung verwaltungsmäßig und organisatorisch anzupacken.

Das wird allerdings nur Erfolg haben können, wenn die regionalen Organe, jedenfalls in den sogenannten Verdichtungsgebieten, also in unseren großstädtisch geprägten Entwicklungsräumen, weitergehende Funktionen als die der Planung erhalten. Für ländlich strukturierte Regionen steht die Aufgabe der sinnvollen Zueinanderordnung selbständig bleibender und nur locker miteinander verflochtener Gemeinden im Vordergrund. In den Verdichtungsräumen ist schon heute eine Verflechtungsintensität erreicht, bei der reine Planungskompetenzen nicht mehr ausreichen. Das gilt erst recht, wenn man an die aktive Entwicklung einheitlich konzipierter und strukturierter Großflächenstädte denkt.

Hier muß zur einheitlichen Planungskompetenz eine Verwaltungskompetenz hinzukommen, die ihre Wurzel im kommunalen Bereich hat. Es

geht nicht nur um die einheitliche Konzeption, sondern auch um die einheitliche Durchführung der Großinvestitionen im Bereich des Verkehrs, der Versorgung und der kulturellen und sozialen Einrichtungen sowie der Erholung.
Der kleingemusterte bunte Flickenteppich kommunaler Zuständigkeiten auf der Grundlage des dörflichen Selbstverwaltungsrechts, der am Rand unserer Großstädte beginnt, stammt in seiner Struktur aus dem Hochmittelalter. Die Vorstellung, daß auf dieser Organisationsstruktur unsere weiträumigen Siedlungsformen der Zukunft entwickelt werden könnten, ist absurd, und diese Erkenntnis setzt sich auch mehr und mehr durch.
Aus ihr ist auch jenes grundsätzliche Ja zur Regionalplanung im Bundesraumordnungsgesetz entsprungen, das durch ein von den Landesgesetzgebern zu sprechendes Ja zu ergänzenden Exekutivkompetenzen begleitet sein muß.
Die reine Regionalplanungskompetenz, die ja noch nicht einmal die Befugnis zur Aufstellung von Bauleitplänen umfaßt, bedeutet auch im Falle größter Wirksamkeit nichts anderes, als daß im Gesamtinteresse unerwünschte Ortsplanungen verhindert werden können. Auch wenn ein solcher Regionalplan für das Verdichtungsgebiet einer Großflächenstadt für die Zukunft entworfen wird, so haben die Regionalorgane es damit noch nicht einmal in der Hand, die Ausweisung der Gebiete entsprechend der Regionalplanung zu erzwingen, geschweige denn ihre Erschließung durchzusetzen.
Aus dieser Erkenntnis heraus ist zum Beispiel auch der niedersächsische Gesetzgeber bei der Bildung des sogenannten Verbandes Großraum Hannover einen Schritt weiter gegangen. Er hat dem Verband neben der Aufgabe der Regionalplanung die Durchführung entwicklungsbestimmender Maßnahmen zugewiesen und damit eine Generalkompetenz für Durchführungsmaßnahmen geschaffen. Wieweit diese Ermächtigung ausreicht, bleibt abzuwarten. Bisher hat der neugegründete Verband noch keinen Gebrauch davon machen können. Außerdem sind die gemeindlichen Zuständigkeiten, soweit es sich wirklich um Angelegenheiten der örtlichen Gemeinschaft handelt, unberührt geblieben, und es wird im der Praxis noch manche Auseinandersetzung darüber geben, was als Angelegenheit der örtlichen Gemeinschaft und was als regionale Aufgabe anzusehen ist.
Immerhin ist hier ein Ansatz geschaffen, mit dem deutlich gemacht wird, daß auf der regionalen Ebene Gestaltungsaufgaben vorliegen, die ihrer Art nach durchaus dem kommunalen Bereich entstammen und die mit

kommunalen Mitteln wahrgenommen werden können und sollten. Je stärker die Entwicklung zur Großflächenstadt der Zukunft fortschreitet, um so stärker werden Aufgaben aus den bisherigen kommunalen Instanzen auf die regionalen Instanzen übergehen. Jetzt ist es sicher noch ein Vorgriff auf die Zukunft, wenn ich mich als Leiter der hannoverschen Stadtverwaltung beim Direktor des Großraumverbandes als Chef der „Bezirksverwaltung Mitte" melde. Die Entwicklungsrichtung liegt darin jedoch angedeutet. Und wenn es nicht noch eine Fülle rechtlicher, politischer, psychologischer und auch organisatorischer Schwierigkeiten gäbe, so würde ich dem Verband lieber heute als morgen die zentrale Verantwortung für eine ganze Reihe kommunaler Zuständigkeiten übertragen – etwa für den Nahschnellverkehr, für die Wasser- und Gasversorgung, für die Kanalisation und die Müllbeseitigung und anderes mehr.

Den endgültigen Zustand der Verwaltungsorganisation in einer Verdichtungsregion, die dann mit dem künftigen Großstadtbegriff identisch würde, kann man sich natürlich nicht als vollständige Zentralisation aller kommunalen Funktionen bei den Regionalorganen vorstellen. Vielmehr wird es für die Teile dieser großen Flächenstadt, für die „Stadtteile", auch Teilverwaltungen geben, die dezentral jene Aufgaben erfüllen, die keiner einheitlichen Lenkung bedürfen. Das System der Bezirksverwaltungen in Berlin und Hamburg kann uns Anhaltspunkte für solche Gliederungen bieten.

Gleichwohl wird es nicht möglich sein, schon jetzt ein einheitliches und klares Schema solcher Verwaltungsorganismen zu entwickeln. Die Unterschiede in der Ausgangslage und auch in dem erreichten Entwicklungsstand sind dafür zu groß. Von dem Grundmodell meine ich allerdings, daß es sogar auf eine so große Stadtlandschaft wie den Ballungsraum Rhein-Ruhr angewendet werden könnte.

Das mag zunächst angesichts der Vielfalt kommunaler Organisationen und Hoheiten in diesem Bereich etwas utopisch erscheinen, aber weder der Fläche noch der Einwohnerzahl nach stellt dieses Ballungsgebiet etwas Einmaliges dar. Mit seinen 11 Millionen Menschen rangiert es unter den großen Ballungsgebieten der Welt zwar nicht gerade unter „ferner liefen", aber doch auch keineswegs an der Spitze. Die Größe seiner Fläche ist für die erfolgreiche Bewältigung der Aufgabe eher ein Vorteil als ein Nachteil: Sie böte unter einheitlicher administrativer und gestalterischer Kompetenz einmalige Möglichkeiten einer großzügigen Gesamtstadtentwicklung, deren Besonderheit nur darin bestünde, daß sie nicht einkernig ist, sondern verschiedene gleichgewichtige Zentren einschlösse. Gerade

das Beispiel Ruhrgebiet macht aber ebenso wie die anderen mehrpoligen Stadtregionen deutlich, daß das Organisationsproblem nicht über den Weg der Eingemeindung erreicht werden kann, sondern daß neue Regionalinstanzen geschaffen werden müssen.
Wenn man diesen Überlegungen folgt und die Grundvorstellung der zwar großflächigen, aber doch einheitlich geordneten und empfundenen Flächenstadt im regionalen Maßstab für richtig hält, dann ist der Zeitpunkt für sehr intensive Bemühungen im Bereich der Meinungsbildung und der politischen Willensbildung nunmehr gekommen. Mit der Verabschiedung des Bundesraumordnungsgesetzes werden alle Bundesländer vor der Aufgabe stehen, sich mit dem Problem der Regionalplanung auseinanderzusetzen. Es kommt darauf an, in diesem Zusammenhang einige Gesichtspunkte ganz deutlich zu machen:
1. daß Regionalplanung in Verdichtungsgebieten eine sehr viel stärkere Intensität haben muß als in ländlichen Bereichen;
2. daß die Region in Verdichtungsgebieten identisch sein muß mit dem einheitlichen Gestaltungs- und Planungsraum unserer künftigen gegliederten Flächengroßstädte;
3. daß deshalb die Planungskompetenzen der Regionalorgane durch ausführende Entwicklungskompetenzen ergänzt werden müssen, und
4. daß dies in einer Form geschehen muß, die die kontinuierliche weitere Verlagerung von bisherigen örtlichen Kompetenzen auf die Regionalorgane und das Hineinwachsen der Regionalorgane in zentrale Regionalfunktionen ermöglicht.
Man sollte auch kein Hehl daraus machen, daß mit der Bildung solcher Regionen das System unserer überkommenen Verwaltungsgrenzen nicht nur grundsätzlich in Frage gestellt wird – es ist längst mehr als nur fragwürdig –, sondern daß damit praktisch der Anfang zu einer völligen Reform der Verwaltungsgrenzen gemacht wird. Man kann die Regionen sinnvoll nur abgrenzen nach Funktionsgesichtspunkten, das heißt, nach der Intensität der bestehenden Verflechtungsbeziehungen und den Möglichkeiten und Absichten künftiger Entwicklung, nicht aber nach bestehenden Verwaltungsgrenzen. Das führt notgedrungen auch zu einer völligen Änderung der staatlichen Verwaltungsgrenzen und hat selbstverständlich auch erhebliche Auswirkungen auf die Landkreise, deren Weiterentwicklung zu echten Regionalinstanzen mit größerem gebietlichem Umfang damit mindestens zur Diskussion gestellt ist. Innerhalb der Stadtregionen sollte die Stadtteilbildung zu dezentralen Zusammenfassungen zahlreicher bisher selbständiger Gemeindekompetenzen führen. Sie könnte

auch zur Ausgliederung bisheriger örtlicher Zuständigkeiten aus der Verwaltung der Kernstadt und ihre Überführung in die Zuständigkeit von Stadtteilverwaltungen führen.
Weniger vielleicht in diesem Kreis, aber sicherlich anderenorts ist mit den lebhaftesten Widerständen gegen solche Vorstellungen zu rechnen, in denen man vor allem einen Angriff auf das heilige Gut der Selbstverwaltung sehen wird. Ich möchte deshalb noch einmal ausdrücklich betonen, daß ich nicht die Selbstverwaltung an sich in Frage stellen möchte, sondern nur die Formen, in denen sie heute stattfindet. Auch für die künftige Großstadt im regionalen Maßstab wird es im Grundsatz keine bessere Verwaltungsform als die der überkommenen kommunalen Selbstverwaltung geben. Das gilt sowohl für den städtischen Gesamtorganismus mit seinen zentralen Aufgaben als auch für die Teilbereiche mit ihren dezentralen Stadtteilfunktionen. Dieses bewährte System deutscher Kommunalverwaltung muß nur in ein Ordnungsgefüge gebracht werden, in dem die Aufgabenräume und die Zuständigkeitsräume sich wieder decken. Erst dann wird sich auch wirklich zeigen können, zu welchen Leistungen es imstande ist, während ihm die jetzige Aufsplitterung in ungezählte kleine und kleinste örtliche Hoheiten immer wieder den Vorwurf der Uneinsichtigkeit, der Kirchturmspolitik und der Unfähigkeit der Einfügung in größere Zusammenhänge einträgt.
Ich bin sicher, daß wir auf dem Wege sind, eine brauchbare städtebauliche und funktionale Vorstellung von der Großstadt zu entwickeln, in der wir leben wollen. Meine einleitenden Bemerkungen zur materiellen Seite des Problems dienten mehr der Einführung in die organisatorische Problematik, als daß ich damit glaubte, wesentlich neue Gesichtspunkte beisteuern zu können. Von überallher bewegen sich die Vorstellungen doch wohl aufeinander zu. Aber wir müssen uns darüber klar sein, daß die beste Konzeption der lebenswerten Großstadt ungenügend ist, wenn wir nicht die politischen und administrativen Voraussetzungen schaffen, um sie planen und bauen zu können. Dies vor allem wollte ich deutlich machen.
Der Abstand zwischen den Anforderungen an unser Verwaltungssystem und seiner Eignung, diesen Anforderungen gerecht zu werden, ist wahrscheinlich das größte, das am schwersten zu überwindende Hindernis, das vor einer befriedigenden Entwicklung unserer künftigen Großstädte steht. Es wird noch ungeheurer Bemühungen um Aufklärung und Verständnis bedürfen, um die Voraussetzungen für eine Änderung zu schaffen. Diese Aufgabe obliegt nicht allein dem Verwaltungsmann, sie obliegt in

gleicher Weise dem Städteplaner, dem Soziologen, dem Kulturkritiker schlechthin. Meine Bitte geht dahin, den Prozeß der Bewußtwerdung dieses Problems mit allen Kräften weiterzutreiben, damit er so bald und so wirkungsvoll wie möglich zu politischen Aktionen führen wird, von denen allein eine Wendung der Dinge kommen kann.

Friedrich Vogel

Raumordnung und Städtebau

Einen wesentlichen Teil der Diskussion um Raumordnung und Raumordnungspolitik nehmen *die Diskussionen um Not oder Unnot der Verdichtungsräume* ein.
Noch immer gehen die Meinungen darüber, ob die *Verdichtung* von Bevölkerung und Arbeitsstätten ein *positiv, zu fördernder,* oder ob sie ein *negativ, zu vermeidender* Vorgang ist, weit auseinander. Wie wichtig eine Klärung und Beantwortung dieser Frage ist, zeigt sich daran, daß je nach ihrer Beantwortung die Konsequenzen für eine Raumordnungspolitik und deren konkrete Maßnahmen zwangsläufig andere sein müssen.
Wer sich mit dem Problem beschäftigt, muß sich vergegenwärtigen, daß die zunehmende Kritik an den Verdichtungsräumen einhergegangen ist mit dem seit Beginn des industriellen Zeitalters rapide einsetzenden Verstädterungsprozeß.
Je offenbarer das Verstädterungsproblem, für das es keine Parallele in der Geschichte gibt, zutage trat, desto stärker nahm die Kritik den Charakter von kulturpessimistischen Prophezeiungen an. Die zunehmende städtische Agglomeration des gesellschaftlichen Daseins wurde als ein Symptom beginnenden kulturellen Niedergangs gewertet. Ein prominentes Beispiel für die negative Bewertung des ja auch heute unverändert anhaltenden Verstädterungsprozesses ist das Gutachten des von der Bundesregierung eingesetzten Sachverständigenausschusses, das sogenannte SARO-Gutachten aus dem Jahre 1961 ..., das insgesamt eine subtile, sehr verdienstvolle Arbeit darstellt.
Ich möchte einige Sätze aus diesem Gutachten zitieren, aus denen die negative Einstellung der Verfasser zu den Verdichtungsräumen hervorgeht. Die tendenziös als „Ballungen" bezeichneten Verdichtungsräume werden wie folgt charakterisiert:
„An Stelle der familiären Bindungen im persönlichen Bereich und der umfassenden Kontakte zur Gesamtheit im öffentlichen Bereich treten zwangsläufig

anonyme Apparaturen, die zwar dank einer weitgehenden fachlichen Aufspaltung im einzelnen zu hochwertigen Leistungen befähigt sind, dafür aber die Einbuße an Gliederbarkeit und Übersichtlichkeit für das Ganze und trotz aller Vielseitigkeit eine hochgradige Empfindlichkeit gegenüber Erschütterungen politischer, wirtschaftlicher und technischer Art in Kauf nehmen müssen" (Seite 19).

Von dieser Beurteilung leiten sich die nachfolgenden Aussagen ab:
„Vom Standpunkt der Vitalsituation jedenfalls ist eine zahlreiche landwirtschaftliche Bevölkerung in naturhaften Mittelgebirgslagen durchaus erwünscht" (Seite 45).

Oder:
„Ebenso wie die bäuerliche Lebensform wird es zur Stabilisierung der gesellschaftlichen Verhältnisse beitragen, wenn ein tunlichst großer Teil der Bevölkerung die Möglichkeit zu einer bodenständigen Lebensweise findet. Es ist dabei nicht nur an Haus- und Grundbesitz zu denken, sondern allgemein an die Einbettung in eine Umwelt, mit der man eng vertraut ist, wo die Verhältnisse überschaubar sind, wo der einzelne verantwortungsvoll bei den Gemeinschaftsangelegenheiten mitwirken kann und unter Kontrollen mannigfaltiger Art steht. In Kriegs- und Notzeiten haben solche bodenständigen Lebensformen ihre Bewährungsprobe bestanden" (Seite 45).

Oder:
„Mit der Bodenständigkeit im engen Zusammenhang steht das Zusammenleben in Gemeinden und Gemeindeverbänden. Solange diese überschaubare Lebenseinheiten darstellen, kann auf die verantwortliche Mitarbeit des einzelnen viel mehr abgestimmt werden als in den Großgebieten der Ballungen" (Seiten 45-46).

Oder:
„Wenn z.B. die Staatsautorität ausgeschaltet ist, wird sich eine Bevölkerung, die sich untereinander kennt und bestimmte soziale Wertungen hat, leichter zu einem Zusammenhalt und zu einem Zusammenwirken bewegen lassen als die gestaltlose Gesellschaft der Großstadt" (Seite 48).

Bevölkerungsagglomerationen – eine Realität

Bei diesen Aussagen nimmt es nicht wunder, wenn das SARO-Gutachten als Inhalt einer Raumordnungspolitik die *„Begrenzung des Ballungsprozesses auf sein Optimum"* fordert, und wenn es die *„Förderung der raumgerechten Dezentralisation als Ordnungsziel"* zur dringenden Notwendigkeit erhebt.

Sie soll, *„recht verstanden, eine radikale Umkehr überflüssig machen"* (Seite 56).
Es ist nicht damit getan, wenn wir, überlegen lächelnd, über die mit allem Ernst gemachten Aussagen des SARO-Gutachtens hinweggehen und darin lediglich einen Ausdruck rückschrittlichen Denkens sehen wollen. So leicht ist uns die Auseinandersetzung nicht gemacht! Wir müssen uns fragen, ob nicht die tatsächlichen Verhältnisse in unseren Verdichtungsräumen, etwa im Ruhrgebiet, den Kritikern recht zu geben scheinen.
Bieten unsere Großstädte nicht in der Tat heute weitgehend ungesunde Lebens- und Arbeitsbedingungen? Ich verweise auf unbefriedigende Wohnverhältnisse, die Auseinandergerissenheit von Wohn- und Arbeitsstätte, die Probleme des Verkehrs, des Lärms, der Luftverunreinigung usw.
Die häufig negativen Lebensbedingungen haben zu der Vorstellung geführt, daß das Leben in der Großstadt notwendigerweise zur Vermassung, zur Anonymität und zum Verlust der Individualität führe.
Bezeichnenderweise spricht das SARO-Gutachten von der *„gestaltlosen Gesellschaft der Großstadt"*.
Indes: Man kommt nicht zu einer zutreffenden Beurteilung des Wertes oder Unwertes der Verdichtungsräume für die Entwicklung unserer Gesellschaft, wenn man an dieses Problem mit Denkvorstellungen von gestern herangeht. Es ist ganz einfach eine Forderung der Vernunft, daß von der fatalistischen Haltung, die zunehmende städtische Agglomeration des gesellschaftlichen Daseins sei ein Symptom des beginnenden kulturellen Niedergangs, abgegangen wird.
Die durch zunehmende Verdichtung der Besiedlung entstandenen Bevölkerungsagglomerationen sind eine Realität. Diese Realität kann nicht nach rückwärts, sondern nur vorwärts weitergedacht werden. Insofern ist sie zunächst einmal grundsätzlich zu bejahen.
Wenn es im Zuge der Industrialisierung an bestimmten Punkten und in bestimmten Gegenden zu einer Konzentration von Bevölkerung und Arbeitsstätten gekommen ist, dann waren dafür gewiß in erster Linie ökonomische Gründe maßgebend.
Trotz der inzwischen eingetretenen sogenannten „Entmaterialisierung" der Produktion – geringere Kosten von Rohstoff- und Materialtransport bei der anteilig zunehmenden Leichtindustrie –, die die Bedeutung der materiellen Standortvorteile in den Hintergrund treten läßt, hat sich die Konzentrationstendenz im großen und ganzen uneingeschränkt fortgesetzt.

An Stelle der materiellen Standortvorteile sind die menschlich-gesellschaftlichen Faktoren, die sogenannten Fühlungsvorteile, mehr und mehr in den Vordergrund getreten. Räumliche Nachbarschaft bildet nun einmal, wie das SARO-Gutachten sagt, *„den besten Boden für die Zusammenfügung arbeitsteilig aufgespaltener Prozesse".*
Zu einer realistischen Beurteilung der Funktion der Verdichtungsräume in unserer Gesellschaft und zu positiven Entscheidungen in der Raumordnungspolitik kommt der Politiker nur dann, wenn er – hier möchte ich aus einer Rede des Landesbauministers Franken zitieren – in der Verdichtung der Besiedlung eine *„systemimmanente und daher notwendige Bedingung unserer modernen Gesellschaft und die Voraussetzung für die Erhaltung und Verbesserung ihres Lebensstandards"* sieht.

Verdichtung positiv zu fördern

Damit ist die einleitend gestellte Frage, ob die Verdichtung ein positiv, zu fördernder oder ein negativ, zu vermeidender Vorgang ist, eindeutig positiv beantwortet.
Auf Vorschlag eines von mir geleiteten Arbeitskreises hat der Landesparteitag der westfälischen CDU einstimmig eine Entschließung verabschiedet, in der es heißt, daß *„Verdichtung der Besiedlung grundsätzlich ein zu bejahender Vorgang ist, der gesellschaftlichen Erfordernissen entspricht",* und daß die uns gestellte politische Aufgabe *„nicht die Zerschlagung der Verdichtungsräume, sondern ihre sinnvolle Ordnung"* ist. Der Deutschlandtag der Jungen Union hat in einer Anfang September 1964 angenommenen Entschließung erklärt, daß auch eine „gesund verdichtete Siedlungsweise" dem zu verwirklichenden gesellschaftspolitischen Leitbild der CDU entspricht.
Die in den beiden Entschließungen zum Ausdruck kommende uneingeschränkte Bejahung der Verdichtung findet sich auch in der vom zuständigen Bundestagsausschuß inzwischen erarbeiteten Fassung eines Bundesraumordnungsgesetzes und im Landesentwicklungsprogramm des Landes Nordrhein-Westfalen wieder.
Einigkeit besteht aber auch auf allen Seiten darüber, daß – um des Menschen willen – in den Verdichtungsräumen die Voraussetzungen für gesunde Lebens- und Arbeitsbedingungen vielfach erst noch geschaffen werden müssen. Deshalb fordert die jetzige Fassung des Entwurfs eines Bundesraumordnungsgesetzes in „Gebieten mit einer übermäßigen Verdich-

tung von Bevölkerung und Arbeitsstätten", den sogenannten „überlasteten Verdichtungsräumen", *„Maßnahmen zur Strukturverbesserung".*
Und im LEP können wir lesen: *„Eine übermäßige Verdichtung der Besiedlung soll vermieden oder behoben werden."*
Der Begriff „übermäßige Verdichtung", bei dessen Definition das Merkmal „Bevölkerungsdichte" eine Rolle spielt, hat vielfache Kritik in der Fachwelt hervorgerufen.
Nun: Wenn die Verdichtung der Besiedlung grundsätzlich bejaht wird, dann ist damit noch nichts darüber ausgesagt, welche Bedingungen erfüllt sein müssen, damit diese grundsätzliche Bejahung uneingeschränkt gültig bleiben kann. Die Verdichtung verliert dort ihren Wert und ihren Sinn, wo der Mensch ihre Vorteile mit erheblichen Nachteilen erkaufen muß...
Kinder- und familienfeindliche Wohnverhältnisse, unerträglicher Lärm, schlechte Luft, mangelnde tägliche Erholungsmöglichkeit zur Regeneration der Leistungskraft, chaotische Verkehrsverhältnisse – das sind nur einige besonders markante Nachteile.
Wer für die Verdichtung ist, muß dafür sorgen, daß sie nicht mit einer Verschlechterung der Vitalsituation des Menschen erkauft wird.
Wir sind uns einig darin, daß nicht die Dichte an sich ein Maßstab dafür sein kann, ob gesunde oder ungesunde Lebens- und Arbeitsbedingungen vorliegen. In Räumen mit relativ hoher Verdichtung von Bevölkerung und Arbeitsstätten können die Verhältnisse durchaus gesund sein, während sie schon in Räumen mit relativ geringer Verdichtung bereits unerträglich sein können. Die negativen Auswirkungen auf die Vitalsituation der Menschen haben ihre Ursache vorwiegend in der mangelnden Ordnung und Gliederung eines Siedlungsgebietes, weniger in einer zu hohen Dichte.
Wenn von einer *„übermäßigen Verdichtung"* die Rede ist, dann ist dabei weniger auf die Quantität des verfügbaren Bewegungsraumes, sondern vielmehr auf seine biologische, sozialhygienische und technische Qualität, also auf seine Funktionalität abgestellt.
Die Schwierigkeit liegt darin, einen allgemeingültigen, nach Möglichkeit in exakten Maßziffern ausdrückbaren Maßstab für die Beurteilung der Verdichtungsräume zu finden. Die Wissenschaft hat sicher keinen brauchbaren Weg weisen können und wird wohl nur schwerlich in der Lage sein, einen solchen Maßstab zu finden. Nur deshalb hat sich die praktische Raumordnungspolitik bisher damit beholfen, unter den obengenannten qualitativen Gesichtspunkten die verschiedenen Stufen der Bevölkerungsdichte daraufhin zu untersuchen, von welchem Grad der Verdichtung

an die Verhältnisse kritisch werden, um so auf empirischem Wege einen praktikablen Maßstab zu finden.
Kein Streit sollte zwischen Politikern und Fachleuten darüber bestehen, daß es bei strukturverbessernden Maßnahmen in den Verdichtungsräumen nur um deren Ordnung in qualitativer Hinsicht gehen kann.
Aus dem Vorhergesagten dürfte klargeworden sein, daß der Städtebau in hohem Maße eine politische Aufgabe ist, und zwar in erster Linie eine gesellschaftspolitische Aufgabe. Bisher haben unsere Politiker, vor allem unsere Kommunalpolitiker, diese Aufgabe allzusehr den Fachleuten überlassen und es versäumt, diesen einen politischen Auftrag zu erteilen. Die Diskussion um städtebauliche Leitbilder, die sich seit dem Ende des 19. Jahrhunderts vornehmlich mit den durch die erste industrielle Revolution ausgelösten Entwicklungsprozessen auseinandersetzen mußte, hat fast ausnahmslos unter Fachleuten stattgefunden, deren Kreis sich allerdings im Laufe der Zeit mehr und mehr erweitert hat.
Zu den Planern und Architekten gesellten sich im Laufe der Zeit Spezialisten aller Fachsparten, zuletzt in zunehmendem Maße Soziologen. Darin spiegelt sich die Erkenntnis wider, daß die Gestaltung unseres Lebensraumes und besonders unserer Städte eine sehr komplexe Aufgabe ist, bei deren Lösung alle Aspekte der modernen Gesellschafts- und Wirtschaftsformen berücksichtigt werden müssen.
Es ist eigentlich selbstverständlich, daß unter diesen Umständen die Politiker der Diskussion um das städtebauliche Leitbild und die Aspekte der Gestaltung des städtischen Lebensraumes nicht länger fernbleiben dürfen.
Wie der Architekt einen „Bauherrn" braucht, der ihm einen bestimmten Auftrag erteilt, so braucht auch der Städtebauer einen Auftraggeber, nach dessen Vorstellungen, Wünschen und Bedürfnissen er seine Planungen richten kann.
Wir alle untereinander müssen uns im klaren darüber sein, daß mit einer solchen Forderung recht hohe Anforderungen an den Politiker, insbesondere an den Kommunalpolitiker, gestellt werden...

Beim Wiederaufbau nach dem Kriege und bei der Entwicklung unserer Städte in den letzten Jahren wurde vornehmlich die „Charta von Athen", jenes von Planern der ganzen Welt auf dem CIAM-Kongreß 1933 aufgestellte Leitbild von der aufgelockerten und nach „Funktionen" gegliederten Stadt, praktiziert. Auflockerung, Durchgrünung; Trennung der Funktionen Wohnen – Arbeiten – Erholen – Verkehr; Gliederung in

„Nachbarschaften" – das waren Schlagworte, denen lange Zeit kaum jemand entgegentrat.

So wurde noch im SARO-Gutachten (Seite 61) eine *„aufgelockerte und gegliederte, naturverbundene Siedlungsweise"* zu einer Forderung des gesellschaftspolitischen Leitbildes erhoben, dem ein *„gegliederter Aufbau der Gesellschaft von den natürlichen und nachbarschaftlichen Gemeinschaften in geschlossener Stufenfolge von der Familie über Nachbarschaftseinheit, Gemeinde, Landschaft, Land und Bund"* entspreche. Die Siedlungseinheiten sollen in *„überschaubare und voneinander abgesetzte nachbarschaftliche Einheiten gegliedert"* sein, die *„durch ein Mindestmaß an Gemeinschafts- und Versorgungseinrichtungen zu einem gewissen Eigenleben fähig sind"* und innerhalb deren eine *„berufliche Mischung der Bevölkerung"* als *„ideale Lösung"* angesehen wird.

Wörtlich sind sodann im SARO-Gutachten angeführt:
„Diesen stadtplanerischen Teil des Leitbildes müssen zu seiner Verwirklichung die bereits früher erwähnten Grundgedanken der Raumordnung entsprechen: Förderung einer wirtschaftlichen und sozialen Dezentralisation durch eine die Gebote der Wirtschaftlichkeit dabei beachtende Streuung kleiner und mittlerer Gewerbe- und Industriebetriebe und damit auch der Bevölkerung zwischen Stadt und Land, der Bevölkerungsverteilung zwischen Industrie und Landwirtschaft, der Auflockerung der Großbetriebe, Verlegung von Teilfabrikationen und Zweigwerken in weniger entwickelte Räume.
Eine solche Dezentralisation ist raumgerecht. Die Stadtplanung ist also ein Teil der Raumordnung und unterliegt ihrem Leitbild."

Die Charta von Athen stellte den Versuch einer Antwort auf die Stadt der ersten industriellen Revolution dar. Seit einigen Jahren mehren sich die Stimmen, die Zweifel an diesem städtebaulichen Leitbild äußern und eine Neuorientierung verlangen. Anlaß sind die erkennbaren Entwicklungstendenzen im Zuge der sogenannten zweiten industriellen Revolution, als deren Merkmale insbesondere die starke Zunahme der Beschäftigung in den Dienstleistungsbereichen, den sogenannten *„Tertiären"*, und die dadurch bedingte Ausweitung der Arbeitsplätze in den Stadtzentren in Erscheinung treten.

Diese Entwicklung führt dazu, daß Wohn- und Arbeitsbereiche noch stärker auseinanderklaffen, und löst damit den starken innerstädtischen und Vorortverkehr aus.

Wir dürfen feststellen, daß die Praktizierung des städtischen Leitbildes der „Charta von Athen" sich in der Praxis – jedenfalls im Hinblick auf die heutigen gesellschaftlichen und wirtschaftlichen Gegebenheiten – nicht

bewährt hat, jedenfalls nicht so, wie ihre Väter es sich gedacht haben, und daß deshalb eine Abkehr von überholten städtebaulichen „Glaubenssätzen" unausweichlich erscheint.
Hat die „Auflockerung" und „Gliederung" nicht dazu geführt, daß unsere Städte gefährlich und unsicher, uninteressant, eintönig und unwirtschaftlich geworden sind? ...

Die Frage, die wir zu beantworten haben, ist die, die Prof. Albers gestellt hat: *„Hat die Demokratie, haben die demokratischen Parteien faßbare gesellschaftspolitische Ziele, aus denen planerische Zielvorstellungen abgeleitet werden können?"*

Das Bild vom gegliederten Aufbau der Gesellschaft, wie es im SARO-Gutachten entworfen worden ist, bietet keine brauchbare Grundlage zur Lösung der Probleme der Stadtgestaltung. Der vorausgesetzte *„gegliederte Aufbau der Gesellschaft von den natürlichen und nachbarschaftlichen Gemeinschaften in geschlossener Stufenfolge von der Familie über Nachbarschaftseinheit, Gemeinde, Landschaft, Land und Bund"* wird durch die Befunde der soziologischen Forschung nicht bestätigt. Dieser gegliederte, gleichsam hierarchische Aufbau der Gesellschaft stimmt mit der Wirklichkeit nicht überein. Die personalen Vergemeinschaftungen – wie Familie, Nachbarschaftseinheit, Landschaft – decken sich keineswegs mit den organisatorischen Gebilden des Staates, wie Gemeinde, Land und Bund, mit denen sie im Grunde nichts zu tun haben.
Insbesondere: Nachbarschaftseinheiten lassen sich nicht organisieren! Es würde auch jeder Maßstab zur Bestimmung der Größe fehlen, die eine solche Nachbarschaftseinheit haben müßte. Versuche in dieser Richtung sind, soweit mir bekannt, fehlgeschlagen.
Die Vorstellung, daß es möglich sei, durch Gliederung der Siedlungseinheiten in überschaubare, voneinander abgesetzte nachbarschaftliche Einheiten, die durch ein Mindestmaß an Gemeinschafts- und Versorgungseinrichtungen zu einem gewissen Eigenleben fähig sind und im idealen Falle eine berufliche Mischung der Bevölkerung aufweisen, die Probleme der Stadt zu lösen, ist eine *idyllische* Vorstellung. Auf diesem Wege läßt sich städtisches Gemeinschaftsgefüge und Gemeinschaftsgefühl nicht herstellen. Eine solche Siedlungsweise steht der Bildung von *„Urbanität"*, dieser Mischung von *„besonderer Dynamik, Großzügigkeit und Freiheit"*, die für die wirtschaftliche wie für die soziale und geistig-kulturelle Entwicklung unseres Volkes notwendig ist, geradezu entgegen.

Vielfalt menschlicher Kontakte

Die gesellschaftlichen Kreuz- und Querverbindungen und Verflechtungen innerhalb eines Stadtorganismus gehen nach anderen Gesetzen vor sich als nach jener so plausibel klingenden hierarchischen Gliederung.
Die Wirklichkeit zeigt ein eigentlich richtungsloses, vielfältiges Netz von gesellschaftlichen Beziehungen, so daß die räumlichen Konsequenzen andere als die Gliederung in Nachbarschaftseinheiten sein müssen.
Aufgabe der Stadtplanung muß es sein, die räumlichen Voraussetzungen dafür zu schaffen, daß eine Vielfalt menschlicher Kontakte kreuz und quer, hin und her innerhalb des städtischen Siedlungsbereiches möglich ist, daß die auseinandergefallenen Lebensfunktionen des Wohnens, Arbeitens und Erholens möglichst wieder zusammengefügt werden. Die neuerdings erhobenen Forderungen nach *„Mannigfaltigkeit"* der Stadt und nach größerer *„Dichte"* finden daher aus den verschiedensten Gründen, auf die ich jetzt nicht im einzelnen eingehen kann, unsere Unterstützung ...
Natürlich gibt es noch mancherlei damit zusammenhängende Fragen, über die noch eingehend diskutiert werden muß ...
Entscheidend bleibt, wie die Planung unserer Städte aussieht und welche Beschlüsse unsere Kommunalpolitiker fassen. An Planern und Politikern gemeinsam liegt es, was aus unseren Städten wird.

Oswald von Nell-Breuning S.J.

Bodenbeschaffung und Bodenpreisbildung

Wohnungsbau braucht Boden für Wohnungen, der Städtebau braucht kaum weniger Boden für Gemeinbedarf. Beide stehen seit Jahren vor ständig steigenden Schwierigkeiten, diesen Boden zu beschaffen. Noch in meiner Jugend rühmte man die gemeindliche Bodenvorratswirtschaft. Man sprach von dem Oberbürgermeister Wagner von Ulm, der in so weitschauender Weise Bodenvorratswirtschaft getrieben habe und daher in der Lage sei, für alle Gemeinbedürfnisse und für den Wohnungsbau jederzeit preiswerten Boden zur Verfügung zu stellen. Das war einmal. Nach den heutigen Verhältnissen ist die gemeindliche Bodenvorratswirtschaft nicht mehr in der Lage, den Bedarf zu decken, und zwar aus zwei Gründen: Einmal, weil der Bedarf über alles, was man voraussehen konnte, hinausgewachsen ist und den Vorrat, den einige weitblickende Gemeinden sich angelegt hatten, praktisch bereits aufgezehrt hat. Unter den heutigen Umständen dagegen wieder einen Bodenvorrat anzulegen, würde einen derartigen Wettbewerb um die noch vorhandenen Böden herbeiführen, daß die Gemeinden diejenigen, die wirklich Boden für eigene Zwecke benötigen, völlig aus dem Bodenmarkt herausdrängen würde. Sie würden die Übersteigerung der Bodenpreise, die wir bereits als außerordentlich drückend empfinden und als so widersinnig beklagen müssen, noch ins Ungeheuerliche übersteigern. Unter diesen Umständen kommt also die Abgabe aus Bodenvorrat vielleicht nur noch in ganz wenigen Gemeinden, die so glücklich sind, noch über frei verfügbare Vorräte zu verfügen, in Frage. Im übrigen muß der Boden ganz überwiegend aus der Hand privater Eigentümer beschafft werden, und zwar solcher privater Eigentümer, die nicht gemeinwirtschaftlich, sondern erwerbswirtschaftlich eingestellt sind, die also nicht eine Bedarfsdeckungswirtschaft betreiben, das heißt bemüht sind, den Bedarf so gut wie möglich – und so preiswert wie möglich! – zu decken, sondern umgekehrt, aus der Verwertung ihres Bodens für sich erwerbswirtschaftlich den größtmöglichen Vorteil zu ziehen.

Wir sind also heute in der Lage, den *Boden beschaffen zu müssen*, entweder über den, ich sage, mehr oder weniger freien Markt oder mittels bodenordnender Maßnahmen, wie Umlegung und dergleichen, die in manchen Fällen sicher außerordentlich wertvolle Dienste leisten, oder äußerstenfalls durch die Zwangsmaßnahme der Enteignung. Aber diese Zwangsmaßnahme der Enteignung ist aus einer Vielzahl von Gründen unter den gegenwärtigen Umständen eine äußerst stumpfe Waffe und reicht nicht dazu aus, um des Gemeinwohls willen den Erfolg zu sichern.

Nun könnte man auf den Gedanken kommen, ja, wenn also das Angebot an Boden so außerordentlich knapp ist, dann müßte man von der anderen Seite her an das Problem herangehen, man müßte also versuchen, die Nachfrage zu beschränken. Aber ich glaube, darüber sind wir uns alle ohne weiteres einig, die *Nachfrage nach Bauboden* können und wollen wir *nicht drosseln*. Es mag den einen oder anderen Fall geben, wo eine unbegründete, ungerechtfertigte Nachfrage den Baubodenmarkt belastet, aber im großen und ganzen handelt es sich doch unzweideutig um legitimen Bedarf, wie ich eingangs sagte, sowohl für den Wohnungsbau als auch für den so umfassend gewordenen Gemeinbedarf in städtischen und anderen öffentlichen Gemeinwesen.

Wenn wir also die Nachfrage nach Bauboden weder drosseln wollen noch auch drosseln können – es geht ja überhaupt gar nicht –, dann müßte alles beseitigt werden, was das Angebot zurückhält, und es müßte alles gefördert werden, was das Angebot hervorlockt, ja, darüber hinaus müßte ein wirksamer Angebotsdruck herbeigeführt werden. Leider geschieht das nicht; unsere Gesetzgebung leistet sogar dem Gegenteil außerordentlich wirksam Vorschub.

Das landwirtschaftliche Grundstücksverkehrsgesetz ist darauf angelegt, die Überführung landwirtschaftlich genutzten Bodens zu anderer als landwirtschaftlicher Verwendung zu erschweren. Wir finden uns aber in der unausweichlichen Notwendigkeit, Boden für andere als landwirtschaftliche Zwecke zu beschaffen, und da wir den Boden nicht vermehren können, müssen wir ihn eben auf Kosten des landwirtschaftlich genutzten Bodens frei machen, da hilft nun alles nichts, und ein Gesetz, das das zu erschweren bezweckt, müssen wir als *unter den heutigen Umständen sinnwidrig und gemeinwohlwidrig* kennzeichnen. Dieses merkwürdige landwirtschaftliche Grundstücksverkehrsgesetz enthält eine Vorschrift, die – wie mir scheint – wenig in der Öffentlichkeit bekannt ist. Ich könnte mir nicht vorstellen, daß sie, wenn sie bekannt wäre, nicht einen Sturm der Entrüstung entfesseln würde.

Das Gesetz regelt, wann die Veräußerung – auch die Teilung usw., aber hier interessiert die Veräußerung – eines Grundstücks genehmigungsbedürftig ist. Es zählt die Fälle auf, in denen die Genehmigung unter allen Umständen *erteilt werden muß*, dann folgt ein Katalog von Fällen, in denen die Genehmigung *versagt werden darf*, und dann werden in § 9 speziell noch Fälle aufgezählt, in denen die Genehmigung zu versagen ist. Und unter diesen Fällen steht an dritter Stelle, daß *zu versagen ist*, wenn der Preis, zu dem das Grundstück veräußert werden soll, in einem groben Mißverhältnis zum Wert des Grundstückes steht. Nun, im Grunde genommen wäre das ja nur § 138 BGB bzw. Artikel 152 Weimarer Reichsverfassung, der als einfaches Bundesgesetz ja heute noch weiter gilt: generell das Wucherverbot. Aber in diesem § 9 folgt auf den Absatz 1 ein Absatz 4. In diesem Absatz 4 steht nun die Vorschrift, die Genehmigung zur Veräußerung sei zu versagen, wenn der Preis in einem groben Mißverhältnis zum Wert des Grundstücks steht, finde keine Anwendung, wenn das Grundstück zu anderen als landwirtschaftlichen Zwecken veräußert wird. Mit anderen Worten: Hier haben wir die offizielle *Legalisierung des Bodenwuchers.*

Ob man das als eine lex specialis betrachten soll, die die lex generalis des § 138 BGB durchbricht? Oder wie immer es zu erklären sein mag – darüber mögen Formaljuristen diskutieren. Für uns ist bemerkenswert, daß eben hier den Landwirten von vornherein ein Freibrief gegeben wird, die Bodenpreise in dem Maße zu steigern, wie es ihnen eben nur möglich ist. Ursprünglich dürfte ja die Bestimmung in den Gesetzen und Verordnungen, die dem 1961 erlassenen Grundstücksverkehrsgesetz vorausgingen, einen etwas anderen Sinn gehabt haben. *Ursprünglich* sollte zweifellos nur verhindert werden, daß Landwirte zu landwirtschaftlichen Zwecken einen Boden erwarben, aus dem sie die Verzinsung des Kaufpreises nicht erwirtschaften konnten. Eine durchaus vernünftige Sache. *Sehr bald aber* haben die Landwirtschaftsbehörden entdeckt, daß man die Sache auch anders wenden könne. Es war für mich ein ganz besonderer Hochgenuß, daß ein Ordinarius der Sozialökonomie – Spezialkollege von mir, ein extrem liberaler Nationalökonom –, als er daranging, sich selber ein Haus zu bauen, die Erfahrung machte, daß die Landwirtschaftsbehörde ihm eröffnete: Wir benutzen diese Bestimmung, um zu verhüten, daß Sie das Grundstück zu billig erwerben. Wenn die Landwirtschaft für Wohnungsbau Grund und Boden abgeben soll, dann bedeutet das für die Landwirtschaft ein Opfer, und dieses Opfer, das die Landwirtschaft bringen muß, muß ihr honoriert werden.

Ich finde das als eine etwas originelle Begründung. Wenn die Landwirtschaft dadurch eine Erschwerung erfährt, daß weniger Fläche für die landwirtschaftliche Nutzung zu Gebote steht, weil ein Teil für andere Zwecke, hier also für Wohnungsbau, abgegeben worden ist, dann wäre es allenfalls einzusehen, daß wir der Landwirtschaft über den Grünen Plan oder durch andere Maßnahmen dafür ein Pflästerchen gewähren oder einen Trostpreis. Aber daß der betreffende einzelne Landwirt, der vielleicht aus der Landwirtschaft nunmehr ausscheidet, diesen erhöhten Bodenpreis vereinnahmt und sich in keiner Weise bemüßigt fühlt, ihn an die Landwirtschaft abzuführen, sondern ihn schön für sich behält; daß in der mittelbaren Wirkung auf die Bodenpreisbildung nun die Bodenpreise auch für die landwirtschaftliche Nutzung in die Höhe gedrückt werden; daß infolgedessen die ganze Basis der Paritätsrechnung, die dem Grünen Plan zugrunde liegt, hinaufgeschraubt wird, und zwar in einem Kumulationsprozeß, der keine Begrenzung in sich trägt – all diese Dinge laufen bei uns, ohne daß ernsthaft dem entgegengetreten würde.
In der neuesten Nummer des Bundesgesetzblattes steht das Steueränderungsgesetz mit dem neuen § 6b des Einkommensteuergesetzes. Sehr viele von Ihnen werden an diesem § 6b außerordentlich interessiert sein. Daß auf Grund dieses § 6b zweifellos zahlreiche industrielle Unternehmen, die eingekeilt sitzen in Städten oder anderen Gebieten mit ausgesprochener Raumenge, wo sie sich nicht ausweiten können, ihren Grund und Boden bzw. das Werk mit dem Grund und Boden, auf dem es steht, zu den heutigen hohen Preisen veräußern werden und sich dann draußen irgendwo, wo sie Entfaltungsmöglichkeiten haben, neue, selbstverständlich sehr viel billigere und demzufolge sehr viel weiträumigere Flächen beschaffen, das ist vom Standpunkt der Städtebauer die begrüßenswerte Seite dieses § 6b. Aber was bedeutet er in Wirklichkeit? In Wirklichkeit stellt er den ganzen Gewinn aus der unverdienten Wertsteigerung des Bodens, der bei dieser Veräußerung realisiert und in der Ersatzbeschaffung angelegt wurde, ein für allemal von der Gewinnbesteuerung frei. In den Anfängen des Hauses Siemens tat Werner von Siemens einmal die Äußerung: Wäre ich doch meinem Kompagnon Halske gefolgt, der mir empfahl, unser Grundstück an der Friedrichstraße in Berlin zu verkaufen und statt dessen uns draußen weiträumig Boden zu beschaffen; leider haben wir das nicht getan, sondern haben Maschinen gebaut; wäre ich seinem Rat gefolgt, hätten wir in unseren ersten Jahren viel mehr Geld verdient als mit unserem ganzen Maschinenbau.

Nun, heute werden sicher sehr viele Unternehmen von dieser Möglichkeit Gebrauch machen. Aber was kostet uns diese Möglichkeit? Diese Möglichkeit kostet uns, daß die Unternehmen, die *hier* ein Grundstück für 100.000 DM erworben hatten und jetzt für 5 Millionen veräußern, den Veräußerungsgewinn von 4,9 Millionen steuerfrei behalten, indem sie sich für 5 Millionen *draußen* Grundstücke anschaffen, die zehnmal, zwanzigmal, fünfzigmal so groß sein werden. Die stille Reserve von 4,9 Millionen, die bei der Veräußerung des alten Grundstücks offenbar wurde, können sie als Abschreibung auf das neue Grundstück übertragen. Die 4,9 Millionen verbleiben damit dem Unternehmen als steuerfreier Gewinn. Selbstverständlich ist es ein ungeheurer Anreiz, das Grundstück hier, das für die bisherige Ausnutzung viel zu wertvoll geworden ist, und wo man sich nicht ausdehnen kann, jetzt abzustoßen; alle diejenigen, die daran interessiert sind, daß hier Luft entsteht, werden das begrüßen. Aber, für diese Unternehmen handelt es sich hier bei dieser Abschreibungsvergünstigung um einen ewigen Steuerkredit, einen ewigen zinslosen Steuerkredit. Das wird unausbleiblich eine Nachfrage der Unternehmen nach Boden entfesseln, die obendrein viel weniger scharf kalkuliert sein wird, als wenn man sich den Preis, die Mittel für die Ersatzbeschaffung erst unter großen Steueropfern beschaffen müßte. Die Folge wird sein, daß in den ganzen Außen- und Randgebieten, auch in Räumen, die auf Jahrzehnte noch der landwirtschaftlichen Nutzung dienen werden, die Grundstückspreise von neuem in die Höhe getrieben werden. Die Landwirtschaft wird sicher nicht verfehlen, uns bei den nächsten Beratungen über den Grünen Plan die Rechnung dafür zu präsentieren, daß wir ihren Grundbesitz wertvoller gemacht haben, daß sie infolgedessen von diesem ihren Grundbesitz eben eine höhere Rendite erzielen müsse, die ihr dann über Mittel des öffentlichen Haushalts zu gewähren sein wird.
Ich sage, wir sind heute ungeheuer weit davon entfernt, daß das Angebot an unserem Boden gefördert würde, noch viel weiter davon, daß ein wirksamer Angebotsdruck herbeigeführt würde.
Ich kann wieder auf ein Ereignis der allerletzten Tage Bezug nehmen, ein Urteil des 4. Senats des Bundesfinanzhofs, der nun erklärt hat, das Weiterwirtschaften mit den Einheitswerten der Landwirtschaft von 1935 mache der Bundesfinanzhof nicht mehr mit. Soweit durch die Verordnung über die Besteuerung der landwirtschaftlichen Betriebe angeknüpft wird an ein Vielfaches des Einheitswertes, wird der Bundesfinanzhof künftig in allen an ihn gelangenden Fällen die Verordnung, als mit der Forderung gleichmäßig steuerlicher Belastung im Widerspruch stehend, nicht mehr

anwenden und in der normalen Weise veranlagen. Hinsichtlich der unmittelbaren Verwendung der Einheitswerte – für die Vermögensteuer und für die Grundsteuer – hat er durchblicken lassen, daß das eine Angelegenheit ist, die vielleicht in nächster Zeit einmal das Bundesverfassungsgericht befassen könnte. Solange jeder Versuch, die Einheitswerte von 1935 endlich einmal durch zeitgemäße Einheitswerte zu ersetzen – der Versuch ist ja mehrmals in schüchterner Weise unternommen worden – ach nein, das ist zuviel gesagt, dieser Versuch ist einige Male mehr oder weniger ernsthaft erwogen worden –, solange dieser Versuch jedesmal sofort abgebrochen wird, wenn der Präsident des Bauernverbandes die Stirn runzelt oder im Palais Schaumburg mit der Faust auf den Tisch schlägt, solange wissen doch die landwirtschaftlichen Urbesitzer, daß sie gar nichts anderes tun können, als zu warten, als ihre Böden – selbst wenn sie als Sozialbrache gar nicht genutzt werden – liegen zu lassen und nicht herzugeben, weil die steuerliche Belastung eine solche Lappalie ist, daß das Durchhalten sie praktisch nichts kostet. Wie lange halten sie durch? Nun, ich formuliere es so: Sie halten diese Böden, die für Wohnungsbau, Städtebau längst benötigt werden, so lange zurück, bis der Preis eine Höhe erreicht hat, dessen Lockung sie nicht mehr widerstehen können. Da wird der einzelne schwach, und dann gibt er her, obwohl – wenn er *noch* fünf Jahre gewartet hätte – auch das noch sehr lukrativ für ihn gewesen sein würde.

Die Forderung, Angebotsdruck herzustellen, ist keine neue Forderung; sie wird wahrhaftig nicht von mir heute zum ersten Mal erhoben. Bei den vorbereitenden Beratungen für das Bundesbaugesetz war in der Hauptkommission für die Baugesetzgebung, die von Bundesregierung und Länderregierungen gemeinsam berufen worden war, eine eigene Kommission gebildet, die sich mit diesen Problemen befaßte. Die hatte einen Entwurf ausgearbeitet, der auch in den von der Hauptkommission an die Bundesregierung gelangten Bericht eingegangen ist, der sich auch in der berühmten Bundestagsdrucksache III. 1812 findet, diesem Initiativantrag der beiden großen Fraktionen des Bundestags, aber nachher völlig unter den Tisch gefallen ist. Das war der sogenannte Planungsausgleich. Er sagte, die städtebauliche Planung, aber auch die Planung, die über den städtebaulichen Bereich hinausgeht, verteilt schwarze und weiße Lose. Die einen Böden bleiben, was sie sind, die anderen erlangen durch diese Planung außerordentlich große Chancen. Diese schlagen sich in Wertsteigerungen ihrer Grundstücke nieder. Es ist schon für die Planer eine Belastung, wenn sie das Bewußtsein haben, dadurch, daß ich meine Planlinien so und nicht anders ziehe, begünstige ich den X und benachteilige ich den Y. Für den Planer, der sachlich und gerecht handeln will, schon ein peinliches Gefühl. Wenn aber der X oder Y es darauf anlegt, den Planer unter Druck zu setzen oder den Planer zu kaufen – dafür gibt es finanzielle Mittel, dafür gibt es politische Mittel der allerverschiedensten Art –, dann ist die Sache noch sehr viel böser. Schon aus diesem Grunde waren wir der Meinung, es müsse eine Maßnahme getroffen werden, die die *Planung interessenneutral* gestaltet, daß also diejenigen, die durch die Planung begünstigt werden, diese ihre Begünstigung an die Gemeinschaft abführen müssen, und daß diejenigen, die durch die Planung nicht begünstigt, sondern positiv benachteiligt werden, daß die einen entsprechenden Ausgleich von der Allgemeinheit erhalten. Wenn dem so ist, dann hat der Planer freie Hand, er wird von den Interessenten vielleicht auch noch, aber jedenfalls doch in sehr viel geringerem Grade „bearbeitet" und unter Druck gesetzt werden, aber auf jeden Fall läßt sich das, was geschieht, mit der Gerechtigkeit vereinbaren.

Sie wissen, daß das gescheitert ist. Es ist an verschiedenen Umständen gescheitert. Einer der Umstände liegt in unserem Grundgesetz, das dem Bund nach einem Gutachten des Bundesverfassungsgerichts die Kompetenz für eine solche Maßnahme verweigert; es handelt sich um Bestimmungen, die nicht nach dem Willen des Parlamentarischen Rates, der uns das Grundgesetz geschaffen hat, in das Grundgesetz hineingekommen sind, sondern unter dem Druck der Besatzungsmächte dem Parlamentarischen Rat aufgezwungen worden sind; die Bestimmungen liegen im Rahmen des Steuerrechtes. Die Besatzungsmächte, die damals noch gar nicht die Vorstellung hatten, daß die Bundesrepublik einmal einen ungeheuren Aufwand für Verteidigungslasten aufzubringen haben würde, waren damals darauf bedacht, gerade von der finanzwirtschaftlichen Seite den Bund möglichst schwach und die Länder möglichst stark zu machen. Dadurch sind diese Bestimmungen hereingekommen, die uns auch an vielen anderen Stellen sehr ernste Schwierigkeiten machen, die aber hier sich dahin ausgewirkt haben, daß ohne Grundgesetzänderung nur die Möglichkeit bestanden hätte, durch übereinstimmende Gesetzgebung in sämtlichen Bundesländern zum Ziel zu kommen. Das ist natürlich ein ziemlich utopisches Ziel.

Das ist um so beklagenswerter, als im April 1946, in der allerersten Zeit des Wiederaufbaus, der Ministerrat der süddeutschen Länder – also der Länder, die damals die US-Zone bildeten, mit Ausnahme von Bremen – ein Gesetz etwas anderer Art, das aber in der Wirkung zweifellos einen

ähnlichen Dienst geleistet haben würde, beschlossen hat. Die amerikanische Besatzungsbehörde jedoch, die damals ja noch zuständig war, jedem Gesetz die Sanktion zu erteilen, erklärte – und zwar objektiv ganz vernünftig –, eine solche Maßnahme könne man nicht in einzelnen Bundesländern machen, sondern das könne nur (in der damaligen Diktion) „auf Viermächtebasis" geschehen, in unserer Diktion also auf gesamtdeutscher Basis oder – angesichts der vorläufig unüberwindlichen Teilung Deutschlands – jedenfalls nur einheitlich für die Bundesrepublik Deutschland. Daß das etwa in Hessen gilt und gleich daneben in Baden-Württemberg nicht, wäre ja ein Unding. An diesem Umstand ist der Planungswertausgleich gescheitert.
Sie wissen, daß man versucht hat, einen Ersatz dafür in der sogenannten Baulandsteuer oder Grundsteuer C zu schaffen. Ich habe die traurige Genugtuung, daß ich damals, als der Entwurf herauskam, im Bundesbaublatt einen Aufsatz über die Baulandsteuer veröffentlicht habe, der bereits die sämtlichen Schwächen, an denen sie zugrunde gegangen ist, aufgewiesen hat. Ich habe damals keinen Glauben dafür gefunden; inzwischen aber ist diese Baulandsteuer, dieses kleine Mittelchen, das man wenigstens noch versucht hat, sang- und klanglos verschwunden.
Und was ist das Ergebnis? Das Ergebnis ist, daß jede städtebauliche Maßnahme, durch die die Nutzungsmöglichkeit eines Grundstücks beeinträchtigt oder beschränkt wird, entschädigungspflichtig ist, und daß sämtliche Maßnahmen, durch die die Nutzungsmöglichkeit eines Grundstücks erhöht wird – soweit es sich nicht um aufwendige Maßnahmen handelt, wo die begünstigten Grundstückseigentümer zu Beiträgen herangezogen werden können, um die Kosten dieser Maßnahmen zu decken, also sämtliche Planungsmaßnahmen, die als solche ja keinen Sachaufwand erfordern –, einfach den Bodeneigentümern in den Schoß fallen. Wenn diese Bodeneigentümer nicht gerade Kaufleute sind, bei denen der Grund und Boden zum Betriebsvermögen gehört, fallen ihnen obendrein auch noch die realisierten Wertsteigerungen einkommensteuerfrei in den Schoß. Unter diesen Umständen müßten diese Leute ja geradezu beschränkt sein, wenn sie nicht ihre Grundstücke so lange festhielten, wie das ihnen eben finanziell möglich ist.
Wir haben zur Zeit eine Rechtslage in der Bundesrepublik, die nicht nur Angebot von Grund und Boden für die Zwecke, die uns hier interessieren, nicht fördert, sondern die geradezu einen Anreiz bietet, geradezu eine Belohnung, einen Preis darauf aussetzt, daß man Grund und Boden, der für eine höherwertige Verwendung ansteht und benötigt wird, dieser

Verwendung vorenthält, solange als einem der finanzielle Atem dafür reicht. Und sehr viel finanziellen Atem braucht man ja, wie ich Ihnen eben gezeigt habe, dafür gar nicht.

Das wird bei uns in der Bundesrepublik zum Teil dann auch mit neoliberaler Ideologie gedeckt. Es wird gesagt: Wir haben eine Marktwirtschaft und wollen keine Zentralverwaltungswirtschaft; darum müssen wir auch mit dem Markt Ernst machen und müssen eben auch für den Boden einen freien Markt zulassen. In der Landwirtschaft ist das ein bißchen anders. Nun ja, die Landwirtschaft ist ja überhaupt aus der Marktwirtschaft ausgeklammert, denn Marktordnung ist ja bloß eine sprachliche Umschreibung für Ausklammerung aus der Marktwirtschaft.

Das Kuriosum, das wir in der Bundesrepublik haben, ist, daß die landwirtschaftlichen Produkte einer Marktordnung unterstellt und damit aus der freien Marktpreisbildung herausgenommen sind. Der Boden dagegen, mit dem die Landwirtschaft produziert, ist keiner Marktordnung unterstellt. Die Landwirtschaft würde Himmel und Hölle dagegen in Bewegung setzen, daß das geschieht, und faktisch funktioniert der Bodenmarkt nicht. Ich kann wieder auf ein Ereignis der allerjüngsten Zeit abheben. Wir haben bis vor kurzem ja auch behauptet, der Verkehrsmarkt und der Energiemarkt funktionieren von selber. Seit einigen Wochen, glaube ich, gibt es niemand mehr, der hinsichtlich des Energiemarktes diesem Optimismus noch huldigt, und die Zeiten, wo der jetzige Bundeskanzler den Eingriff in den Energiemarkt, der sich einmal als unvermeidlich erwiesen hat, als Sündenfall bezeichnete, sich vor der Öffentlichkeit anklagte: „Ich habe gesündigt", und hinzufügte: „Einmal ist keinmal", ich glaube, diese Zeiten sind vorbei. Der Bundeskanzler wird nicht daran vorbeikommen, sich auch noch zu einem zweiten und zu weiteren Sündenfällen zu entschließen. Vielleicht kommen wir auch einmal dahin, daß man sich erinnert, daß es eine ganze Anzahl von Märkten gibt, die nicht so funktionieren, wie das liberale oder das neoliberale Modell es unterstellt. Es gibt natürlich auch eine Reihe von Märkten, die tadellos nach diesem Modell funktionieren, und selbstverständlich soll man sie dann auch nach diesem Modell funktionieren lassen.

Beim Grund und Boden ist das aus einer Vielzahl von Gründen nicht der Fall. Ich möchte nur auf einen hinweisen. Die Preisbildung für alle Gegenstände, die wir gewerblich erzeugen und die wir mehr oder weniger unbeschränkt in der Menge erzeugen können, in der sie nachgefragt werden, spielt zwischen zwei Polen, zwischen dem Pol des am Markte sich bildenden Knappheitspreises – dem Ergebnis der Begegnung von

Angebot und Nachfrage – und dem Pol des Kostenpreises. Der Kostenpreis bildet eine gewisse untere Auffanggrenze; auf die Dauer kann der Marktpreis nicht unter den Kostenpreis sinken, es sei denn, der Kostenpreis würde subventioniert, denn im anderen Fall hört dann eben die Erzeugung dieser Güter auf.
Wie verhält es sich beim Grund und Boden? Der Rohboden hat keinen Kostenpreis. Erschlossenes Bauland hat selbstverständlich einen Kostenpreis, unter Umständen einen außerordentlich hohen Kostenpreis. In diesen Boden sind ungeheure Mittel investiert worden. Auch unsere landwirtschaftlichen Böden sind keine Rohböden mehr, sondern sind Kulturböden, und in diese Kulturböden ist im Laufe der Menschheitsgeschichte, im Laufe der Jahrhunderte, zweifellos auch viel investiert worden. Er ist nicht mehr das, was er war, als unsere Altvordern einmal das Gebiet zwischen Elbe und Rhein besiedelt haben. Aber im wesentlichen ist der landwirtschaftliche Boden und das für den Städtebau in Anspruch genommene Rohland doch eine Angelegenheit, in der nennenswerte Gestehungskosten nicht enthalten sind. Infolgedessen haben wir für diesen Boden nur den Knappheitspreis. Wenn dem so ist, dann kommt nun alles darauf an, daß wir für diesen Boden, in dem die Erschließungskosten und all diese enormen Aufwendungen, die heute unsere Städte belasten, noch gar nicht investiert sind, einen vernünftigen Knappheitspreis erzielen, das heißt einen Knappheitspreis, der angesichts der verfügbaren Reserve an Boden einerseits und des in nächster Zeit absehbaren Bedarfs andererseits einleuchtend und vernünftig ist.
Wenn Schweizer hier zu uns kommen, besteht immer eine gewisse Gefahr, daß sie uns in unserem Denken durcheinanderbringen, denn in der Schweiz sind die Bodenpreise – beispielsweise in Zürich – noch unvergleichlich höher als bei uns. Daher meinen diese Schweizer, wenn sie hierherkommen: Bei euch sind doch die Böden so billig; was wollt ihr denn eigentlich, warum schreit ihr über übersteigerte Bodenpreise? Nun, es ist eben ein Unterschied, ob ein Land zum größten Teil aus nichtbesiedelbarem Hochgebirge besteht und dazwischen die menschlichen Wohnsiedlungen eingekeilt werden müssen, oder ob ein Land sich offen und weit als Fläche erstreckt wie bei uns. Wir sind wirklich ein Flächenstaat. Gewiß, auch die Schweiz ist nach der theoretischen Begriffsbildung ein Flächenstaat, aber eben doch eine Fläche von sehr besonderer Eigenart. Ich meine, wenn wir im geistigen Austausch mit den Schweizern uns über diese Dinge unterhalten, dürfen wir nicht vergessen, welch fundamentaler Unterschied zwischen ihrem und unserem Land besteht.

In der Schweiz kann man wirklich davon sprechen, daß eine objektive Knappheit besteht, daß, wer für irgendeinen Zweck Grund und Boden sucht, ihn mühselig ausfindig machen muß, während bei uns die Dinge bisher noch, und ich glaube, wir können ruhig sagen, auf viele Jahrzehnte und Generationen hinaus, völlig anders liegen. Darüber können wir uns doch keiner Täuschung hingeben.

Grundsätzlich möchte ich sagen: Gerade, wenn die offizielle Linie unserer Wirtschaftspolitik marktwirtschaftlich ist und nicht zentralverwaltungswirtschaftlich, dann kann und darf sie gar nicht anders handeln, als eben diejenigen Bedingungen zu schaffen, unter denen sich Angebot und Nachfrage nach Boden so aufeinander einspielen, wie es den objektiven Gegebenheiten von verfügbarem Vorrat von Boden auf der einen Seite und von absehbarem Bedarf an Boden auf der anderen Seite entspricht. Eine Zentralverwaltungswirtschaft operiert immer mit Kostenpreisen, entweder mit echten Kostenpreisen oder – wie wir es notgedrungen beim Wohnungsbau getan haben – mit manipulierten Kostenpreisen; die Zentralverwaltungswirtschaft kann nun einmal praktisch gar nicht anders arbeiten als auf der Basis von Kostenpreisen. Hier beim Grund und Boden, ich betone es nochmals, ehe die Investitionen, um den Grund und Boden zu erschließen und baureif zu machen, vorgenommen sind, haben wir keine Kosten, jedenfalls keine irgendwie ins Gewicht fallenden Kosten. Infolgedessen ist eine Bodenpreispolitik, die sich nach dem Vorbild zentralverwaltungswirtschaftlicher Methoden am Kostenpreis orientieren würde, völlig gegenstandslos, und wir können lediglich eine Politik treiben, die zu einem „normalen", das heißt zu einem nicht verzerrten Knappheitspreis der Böden führt. Ich habe Ihnen längst nicht alle Umstände, aber eine Reihe von Umständen dargetan, die bei uns hier eine ganz eindeutige Verzerrung herbeiführen. Ich habe gesprochen von dem landwirtschaftlichen Grundstücksverkehrsgesetz, ich habe gesprochen von dem neuen § 6b des Einkommensteuergesetzes, ich habe zuletzt davon gesprochen, daß bei allen, bei denen der Grund und Boden – das ist eigentümlicherweise auch bei den landwirtschaftlichen Betrieben der Fall – nicht zu dem Betriebsvermögen im steuerrechtlichen Sinne gehört, die Gewinne an Bodenwert einkommensteuerfrei bleiben. Meiner Überzeugung nach genügt es nicht, diese Privilegierung zu beseitigen, die ja ursprünglich auf ganz anderem Wege zustande gekommen ist. Der ursprüngliche Gedanke war ja doch der, Gewinne sollen immer erst dann zur Besteuerung herangezogen werden, wenn sie realisiert sind. Der noch nicht realisierte Gewinn soll noch nicht mit der Steuer belegt werden.

Im Grunde genommen *Kaufmannsrecht unter dem Gesichtspunkt des Gläubigerschutzes.* Der Kaufmann soll die noch nicht realisierten Gewinne in seinen Büchern nicht ausweisen, um nicht etwa Hoffnungen, die noch keine Realitäten sind, dem Gläubiger vorzuspiegeln. Deswegen hält sich auch die Steuer zurück und sagt: Dieselbe Beschränkung, die das Handelsgesetzbuch unter der Rücksicht des Gläubigerschutzes dir auflegt, lasse ich auch gelten, und schütze auch dich, indem ich von den Gewinnen, die möglicherweise gar nicht zu einer Realisierung kommen werden, dir nicht schon ein Stück wegnehme. Bei den Gewinnen am Bodenwert wirkt sich das völlig anders aus. Diese *kaufmännischen* Gewinne, die erst versteuert werden, wenn sie realisiert sind, werden vielleicht ein Vierteljahr, vielleicht ein Jahr, vielleicht auch zwei oder drei Jahre später zur Besteuerung kommen. Diese Wertsteigerungen an *landwirtschaftlichen* Grundstücken, selbst wenn sie zur Besteuerung kommen, also dort, wo diese Grundstücke Teil des Betriebsvermögens sind, werden erst nach Jahrzehnten besteuert, und inzwischen steht ja für denjenigen, der diese Grundstücke innehat, geradezu der steuerliche Anreiz, sie festzuhalten, um nicht die Steuerpflicht auszulösen, die durch die Realisierung des Grundstücks eintritt. Ich glaube, unter den heutigen Umständen müssen wir dieses Prinzip der Nichtbesteuerung nichtrealisierter Gewinne preisgeben, mindestens in Anwendung auf den Grund und Boden.

Der Grund und Boden und die Landwirtschaft stehen in so vieler Rücksicht unter Sonderrecht, unter einem sie begünstigenden Sonderrecht, daß ich glaube, es wirklich vertreten zu können, wenn ich sage, in diesem Punkt muß auch ein Sonderrecht geschaffen werden: Wenn wir es im übrigen für vernünftig halten, dabei zu bleiben, Gewinne werden erst versteuert, wenn sie realisiert sind, dann müssen diese Gewinne versteuert werden, wenn sie entstanden sind. Denn die Realisierung oder Nichtrealisierung ist ja eine Fiktion. Der Mann, der auf diesem Grundstück, das inzwischen in die Stadtmitte gerückt ist, nicht weil das Grundstück, sondern weil die Stadt gewandert ist, jetzt ein Bürohaus oder ein Warenhaus oder ich weiß nicht was errichtet, realisiert der den Gewinn nicht? Natürlich realisiert er ihn, aber diese Realisierung tritt nur in der Ertragsrechnung in Erscheinung, tritt nicht in Erscheinung im Buchwert des Grundstücks. Es steht immer noch mit dem geringen Wert zu Buche. Dieser Tage hörte ich von einem Fall – es handelt sich um einen städtischen Betrieb –, daß in der Betriebsrechnung dieses städtischen Unternehmens der Bodenwert mit 16 Pfennig je qm fortgeführt und danach die Verzinsung berechnet wird, während die Grundstücke in der Umgebung zu

1000 DM je qm gehandelt werden. Die Stadt liegt in Deutschland, nicht auf dem Mond.
Ich glaube, hier müssen wir heraus aus einem Prinzip, das am rechten Platz seinen sehr guten Sinn hat und das selbstverständlich erhalten bleiben soll. Hier aber hat sich dieser Sinn verkehrt. Wir haben das ja geradezu experimentell bewiesen in der Zeit, als wir die Wertzuwachssteuer hatten. Dadurch, daß wir die Zuwachssteuer als Verkehrssteuer ausgebildet hatten, wurden natürlich die Grundstückseigentümer veranlaßt, den Verkehrsakt, das ist die Veräußerung des Grundstücks, zu vermeiden. Der potente Grundstückseigentümer, der baute in Berlin-Schöneberg, oder wo es war, auf diesem seinem Grundstück gemäß Bauordnung vier- oder fünf- oder sechsstöckig. Nur der schwache Grundstückseigentümer konnte die Wertsteigerung nur dadurch vereinnahmen, daß er das Grundstück substanzmäßig realisierte, das heißt, daß er es verkaufte. Das war eine Prämiierung des finanziell Potenten, eine Belastung des finanziell Schwachen. Nun, Sie wissen alle, wie diese Wertzuwachssteuer funktioniert oder vielmehr nicht funktioniert hat, und Sie oder wenigstens die Älteren unter Ihnen, die das noch erlebt haben, wissen auch, wie sang- und klanglos sie wieder verschwunden ist. Aber auch die Jüngeren unter Ihnen wissen, daß mit der Berufung auf das Versagen der Wertzuwachssteuer in der Zeit vor 1914 auch heute noch argumentiert wird. So geht es nun wirklich nicht. Statt dessen sollte man ehrlich sagen: Damals hat man es falsch angelegt, heute wissen alle Finanzwissenschaftler, worin der Fehler gelegen hat. In jedem Lehrbuch der Finanzwissenschaft können Sie nachlesen, wie man den Fehler vermeiden kann. Die Interessentenideologie versperrt nach wie vor den Weg zur befreienden Tat. Das Bonner Grundgesetz zu ändern, hätten wir heute außenpolitisch gesehen die Freiheit; so sind es offenbar innere Schwierigkeiten, die dem im Wege stehen.
Noch eine Schwierigkeit. Ich sagte ja, wir haben den grotesken Zustand, daß alle Maßnahmen, durch die die Nutzbarkeit des Grundstücks beeinträchtigt wird, zu Schadenersatz führen, während umgekehrt in den Fällen, wo durch öffentliche Maßnahmen das Grundstück an Wert gewinnt, der volle Nutzen dem Eigentümer verbleibt. Es ist der Artikel 14 des Bonner Grundgesetzes, der zu diesem Ergebnis führt. Auch hier müssen wir uns Rechenschaft davon geben, wie dieser Artikel 14 entstanden ist. Der Schock der Jahre des Unrechtsstaates, unter dem der Parlamentarische Rat stand, führte dahin, daß man nun alles in der Rechtsordnung möglichst standfest machen wollte. Man wollte die persönliche Freiheit des Menschen und seine Menschenwürde gegen diese Mißhand-

lung durch Willkür schützen. Man hat geglaubt, dasselbe auch hinsichtlich des Eigentums machen zu müssen, und hat dem Artikel 14 eine Form gegeben, die scheinbar den Fortschritt der Weimarer Reichsverfassung, daß Eigentum verpflichtet, beibehielt, faktisch aber diesen Fortschritt in höchst bedenklichem Maße aushöhlte.

Wenn ich im Eingang meines Referates Ihnen gesagt habe, die Enteignung sei heute eine äußerst stumpfe Waffe, mit der wir fast nichts auszurichten vermögen, außer in ganz speziellen Fällen, so liegt der Grund eben in diesem Artikel 14 und in der Auslegung, die unsere höchsten Gerichte – Bundesverfassungsgericht, Bundesgerichtshof und Bundesverwaltungsgericht – diesem Artikel gegeben haben. Da nun obendrein die Auslegung dieser drei höchsten Gerichte nicht in allen Stücken übereinstimmt, ist natürlich für alle diejenigen, die vor der Frage stehen: Sollen wir, um hier ein Problem zu lösen, das anders nicht mehr zu lösen ist, sollen wir nun den Knoten durchhauen, indem wir eine Enteignungsmaßnahme durchführen?, daß sie nun erst recht sich gehemmt fühlen und sich sagen: Ja, in welchen Auslegungen werden wir uns nun verheddern, in denen des Bundesgerichtshofes oder in denen des Bundesverwaltungsgerichtes? Und daß der Verwaltungsbeamte, der nachher vor seinen Stadtvätern das, was er gemacht hat, und die Konsequenzen, die sich daraus ergeben haben, zu vertreten hat, daß der unter diesen Umständen auch noch über die Grenzen dessen, was eindeutig im Gesetz oder in der Verfassung steht, hinaus sich gehemmt fühlt und zu Vorsicht neigt, das müssen wir verstehen. Ich glaube, das ist sogar objektiv berechtigt, wir müßten das beinahe von den Beamten verlangen, daß sie sich so verhalten.

Wir sind also hier in einer Lage angekommen, in der ein Umdenken unerläßlich ist. Dieses Umdenken muß uns von dem individualistisch übersteigerten Eigentumsbegriff wieder herunterbringen. Zweifellos ist in gewissem Sinn das Eigentum an Grund und Boden sozusagen das klassische Eigentum. Aber wenn das wahr ist, wenn das Eigentum an Grund und Boden wirklich der Prototyp, der klassische Typ des Eigentums ist, dann muß auch an diesem Eigentum an allererster Stelle exerziert werden, nicht theoretisiert, nicht ideoligisiert, sondern exerziert werden, daß Eigentum sozialgebunden ist und verpflichtet.

Rainer Mackensen

Der Großstädter: Wie sehen wir ihn?

1. Seit etlichen Jahren hat das Thema „Großstadt" im öffentlichen Interesse das Thema „Wiederaufbau" abgelöst. Eine Zeitlang schien es, als wenn für das neue Thema geworben werden müßte. Heute stellt es einen wachsenden Anteil der Buchtitel, Pressespalten, Veranstaltungen. Es ist zum *Sammelbegriff der Ordnungsprobleme* geworden, denen wir uns seit der Wiederherstellung der dringendsten Existenzbedingungen mit zunehmender Sorge gegenübersehen.
Sammelbegriff der Ordnungsprobleme – in der besonderen Formulierung aus der Sicht des Architekten. Darin äußert sich eine doppelte Problematik. Der Architekt – mit seinen Spezialisierungen in Stadtplanung und Raumordnung – ist in die Rolle des Sachwalters für wesentliche Ordnungsprobleme unseres Gemeinwesens hereingewachsen. Und diese Ordnungsprobleme werden in erster Linie aus der Sicht des Architekten gedeutet. Beide Seiten dieser Problematik empfindet der Architekt nur zu deutlich – als Last und als Aufgabe.
Der Architekt ist ohne eigene Absicht in diese Problematik geraten. Er hat zwar – mit gewissen Unterbrechungen: seit jeher – seinen Berufsauftrag in seiner gesellschaftlichen Verantwortung verstanden. Aber das allein hätte ihm eine derart zentrale Rolle nicht eingetragen. Während der Staat dazu neigte, von seinen Mitteln zur Gestaltung der inneren Ordnung des Gemeinwesens möglichst geringen Gebrauch zu machen, wuchs dem Architekten die De-facto-Verfügung über erhebliche finanzielle, technische und organisatorische Machtmittel zu. Er beklagt beides: sowohl ihre Begrenzung bei der Verwirklichung seiner Absichten wie die Last der Verfügung über sie bei mangelhafter Weisung und fehlender Befugnis. Er muß, will er seinen speziellen Auftrag erfüllen, die grundsätzlichen Ordnungsprobleme weithin selbst lösen oder als gelöst voraussetzen. Daß dabei die Arbeitsergebnisse zahlreicher Fachrichtungen herangezogen werden, ist inzwischen selbstverständlich.

Die besonders schwierige *Rolle des Architekten als Planer* sollte einmal gründlich dargestellt werden. Das ist hier nicht beabsichtigt. Es muß lediglich der Hintergrund angedeutet werden, vor dem das Thema „Großstadt" zu behandeln ist. „Großstadt" ist nicht nur ein soziales Phänomen neben anderen. Als solches würde sie vermutlich nicht so allgemeine Aufmerksamkeit finden. „Großstadt" ist ein zentraler Ordnungsbegriff unseres gesellschaftlichen Daseins in weitgehender Verfügung des Architekten als Planer. Seine Bedeutung ist um so zentraler, als nur wenige unserer gesellschaftlichen Ordnungsformen „gestaltet" werden, d.h. zur bewußten Formung einem bestimmten Stand anvertraut sind. Damit wirkt sich die durch den Architekten als Planer geübte Gestaltung unserer Daseinsformen weiter aus, als sie der Sache nach gemeint ist.
Diese erste Seite der Problematik „Großstadt" als Thema müssen wir hinnehmen. Sie zu erkennen bedeutet, daß zum Thema „Großstadt" nur mit besonderer Vorsicht und Verantwortung Stellung genommen werden kann. Das veranlaßt uns, der zweiten Seite der Problematik mit Sorgfalt zu begegnen. Sie liegt, wie gesagt, darin, daß „Großstadt" die Formulierung gesellschaftlicher Ordnungsprobleme aus der Sicht des Architekten bezeichnet. Um sie daraus zu lösen, schränke ich meinen Beitrag auf den „Großstädter" ein.[1]

2. Der *Großstädter* ist nicht das Objekt der Stadtplanung, sondern ihr Zweck. Er ist ihre Veranlassung, ihr *Nutznießer* und ihr *Leidtragender.* Ihre Veranlassung ist er in dem Maße, wie er großstädtisches Dasein sucht. Ihr Nutznießer ist er, soweit die Stadtplanung seinen Daseinsbedingungen gerecht wird, ihn also in seinen Bedürfnissen und Intentionen erkennt und danach verfährt. Ihr Leidtragender ist er, soweit die Stadtplanung diese Absicht verfehlt – sei es, daß sie ihn verkennt; sei es, daß sie ihm (aus welchen Gründen immer) nicht zu genügen vermag. Ehe ich versuche, eine Skizze des Großstädters in seinen wichtigsten Daseinsbedingungen zu zeichnen, werde ich sein Gewicht als Veranlasser der Großstadtplanung abzuschätzen suchen.
Dazu gehe ich vom allgemeinen Befund aus:

a) *Der Anteil der Großstädter an den Bevölkerungen der Länder nimmt dauernd zu*
Wie man den Begriff der Großstadt auch definiert, dieser Befund ist unbestreitbar. Er gilt für die hochindustrialisierten Gesellschaften in West und Ost wie für die Gesellschaften, die sich in schneller Wandlung auf

diese Gesellschaftsform hin befinden. Er hat unter den Bedingungen verschiedener gesellschaftlicher Verfassungen allerdings eine verschiedene Bedeutung. Entsprechend ist auch nicht jeder Einwohner einer Großsiedlung in dem gleichen Sinne „Großstädter". Unser Interesse konzentriert sich auf den Einwohner der Großstädte in entwickelten, hochindustrialisierten Gesellschaften.[2]

b) Nicht nur die Anzahl, auch der Umfang der Großstädte nimmt dauernd zu[3]
Gäbe es so etwas wie „die optimale Größe" von Städten, so könnten Großstädte sie nicht ungestraft überschreiten. Irgendwann würden sie eine „Maximalgröße" erreichen, bei der sie stagnieren müßten. Beide Werte – die optimale wie die maximale Größe – sind zum Ziel von vielen Untersuchungen gemacht worden. Manchmal glaubte man, einen solchen Wert gefunden zu haben. Er mußte bald revidiert werden. Ergebnis dieser Bemühungen ist schließlich, daß es optimale oder maximale Werte für den Umfang der Großstadt nur gibt
α) bezüglich bestimmter Fragestellungen,
β) für bestimmte Entwicklungsstufen,
γ) in bestimmten Kulturkreisen,
δ) bei bestimmten technischen Voraussetzungen.
Es wäre also möglich, die optimale Größe einer Stadt hinsichtlich ihrer Verwaltungsprobleme oder ihrer kulturellen Ausstattung anzugeben, je nachdem, ob es sich um eine alte oder junge Stadt handelt, ob sie in Mitteleuropa oder Südasien gelegen ist und welche Funktion sie im jeweiligen Gesellschaftsgefüge ausübt, wenn man eine bestimmte Form der technischen Mittel zur Lösung insbesondere der Verkehrsprobleme voraussetzt. Anders gesagt: Die Größe einer Stadt unterliegt so vielen und schwer definierbaren Bedingungen, daß man diese zwar beschreiben, aber nicht allgemein verbal oder numerisch feststellen kann. Für eine einzelne Großstadt kann daher ein Optimum oder Maximum unter der Voraussetzung „ceteris paribus" für mannigfache Sachbereiche ermittelt werden – nur wissen wir eben, daß diese Voraussetzung nie zutrifft.
Wäre dem nicht so, dann gäbe es vielleicht immer mehr, aber nicht auch immer größere Städte. Bis heute jedenfalls haben sich immer, wenn die bisherigen Mittel ein weiteres Wachstum nicht zuließen, neue Lösungen ergeben, deren Aufwand der Absicht angemessen erachtet wurde: die U-Bahn, das Hochhaus, die Stadtschnellstraße – um nicht historische Beispiele zu bemühen.

Wenn schon keine allgemeingültigen Richtzahlen, so haben, die erwähnten Untersuchungen (insbesondere von Zipf, Stewart und Muth) doch Einsichten in offenbar allgemeine Entwicklungsformen ergeben. Die eine, die sich – wie die folgend beschriebene – unter allen denkbaren historisch-geographischen Bedingungen bewährt hat, ist die sogenannte „Rank-Size-Rule"[4]. Sie besagt, daß in einer vollständigen und ausgereiften Gesellschaft die Größe einer Stadt durch ihren Platz in der Rangfolge der Städte und die Einwohnerzahl der größten Stadt annähernd bestimmt ist. Daraus ergibt sich eine dynamische Bedingung für die Größe der Stadt in einem gesellschaftlichen System.

Die andere allgemeine Einsicht betrifft den „Density Gradient". Die Wohndichten variieren im Gebiete der Großstadt grundsätzlich so, daß am Rande der Stadtmitte die höchsten Dichten zu finden sind, die Werte zum Rande der Agglomeration abfallen, und zwar exponentiell. Für die Steigung (den „Gradienten") der Bergseiten dieses vulkanförmigen Dichtekegels hat Colin Clark eine allgemeine Formulierung gefunden, die bisher nur bestätigt wurde.[5] Dabei erwies sich, daß der Steigungswert bezeichnenden Veränderungen unterliegt. Im Bilde gesprochen: Indem die Großstadt sich entwickelt, steigt der Dichtewert des Kraterrandes mit dem Neigungswinkel der Bergseiten, und das Verhältnis beider Veränderungen ist typisch für bestimmte kulturelle, organisatorische und technologische Bedingungen. Auf diesem Wege ist also die Bestimmung der Wachstumsformen unter gegebenen spezifischen Bedingungen möglich. Auch dieses ist eine dynamische Vorstellung. Sie bestätigt, daß es keine allgemeinen Richtwerte für Einwohnerzahlen, Dichtegipfel oder Reichweite von Großstädten geben kann.

*c) In jüngerer Zeit zeigt sich eine deutliche Tendenz
zum Sinken der mittleren Einwohnerdichte in Großstädten*
Größe der Stadt: das heißt sowohl Einwohnerzahl wie Flächenbeanspruchung (ich denke also nicht in Verwaltungseinheiten, sondern in „sozialen Einheiten"). Wächst die Flächenbeanspruchung schneller als die Einwohnerzahl, dann sinkt die mittlere Einwohnerdichte. Der Neigungswinkel der Kraterhänge wird flacher – bei steigender Dichte am Kraterrand und wachsendem Kraterdurchmesser (weitere Entleerung der City). Wir sprechen unter diesen Umständen von „extensiver Verstädterung"[6].

d) Die natürliche Zunahme der Bevölkerung setzt sich beschleunigt fort
Wenn der Anteil der Großstädter an der Bevölkerung wächst und diese

Bevölkerung insgesamt zunimmt, so wachsen die Großstädte um so mehr. Wir rechnen für die Weltbevölkerung mit mindestens einer Verdoppelung im nächsten Menschenalter. Ein großer Teil dieser Zunahme betrifft Asien und Iberoamerika. Aber auch für die hochindustrialisierten Länder sind die Zeiten der Stagnation und mäßiger Zunahme offenbar vorbei. Die USA müssen bei gleichbleibender Zuwachsrate für 2000 mit etwa 350 Millionen Menschen rechnen. Bliebe der Anteil der Städter wie 1960, so würden statt 96 dann 188 Millionen in „Stadtregionen" leben; steigt der Anteil jedoch, so wird sich die Einwohnerzahl der Stadtregionen mehr als verdoppeln. Das ist durchaus wahrscheinlich. Die jetzige Bevölkerung der Bundesrepublik wächst nur etwa halb so schnell. Für 2000 müssen wir mit etwa 69 Millionen Menschen rechnen. Die Schätzung des Statistischen Bundesamtes erscheint mir aus bestimmten Gründen zu niedrig.[7] Sicher werden wir um etwa ein Drittel mehr Großstädter haben als heute – die Zahl nicht gerechnet, die heute in Städten wohnt, die dann Großstädte sein werden.

e) In den Räumen zwischen den Großstädten sinkt die Siedlungsdichte
Verwirklichen sich die Visionen der „Megalopolis" um New York und Los Angeles, dann werden die Räume zwischen diesen Giganten nahezu menschenleer sein – trotz des Zuwachses der Bevölkerung. Bei uns werden vergleichbare Entwicklungen unvermeidlich, wenn die Rationalisierung der Landwirtschaft durchgeführt ist. Daß damit Flecken und Kleinstädte ihre Funktionen einbüßen, ist bekannt. Aber es ist auch bekannt, wie schwierig es ist, einen solchen Funktionsverlust durch Einpflanzen anderer Funktionen auszugleichen. Und niemand weiß, ob solche Bemühungen auf die Dauer Erfolg haben. Immerhin sind unter unseren Verhältnissen die Räume nicht so weit, und wir könnten viel davon als Erholungs- und Naturräume gebrauchen.

3. Was sagt der allgemeine Befund über den Großstädter aus? Zunächst: sagt er überhaupt etwas über ihn aus? Immerhin werden wir die Entscheidung von Menschen, unter gegebenen Umständen für die Daseinsform der Großstadt zu optieren, ernst nehmen müssen. „Unter gegebenen Umständen": das sagt nichts darüber, ob diese Umstände sympathisch oder gar optimal sind. Darauf komme ich noch zurück.

So wie die Großstädte heute sind – und wie die Lebensbedingungen in den übrigen Orten und Räumen heute sind –, fällt die Entscheidung

von immer mehr Menschen zugunsten der Großstadt. Man will also, wie die Dinge liegen, Großstädter sein. Und alles spricht dafür, daß sich dieses „man" noch verallgemeinern wird.
Man will aber auch – das belegt der Befund der extensiven Verstädterung – als Großstädter möglichst breite, angenehme Wohnverhältnisse. Das Verhältnis zwischen diesen beiden, einander scheinbar widerstrebenden Intentionen ist durch die Verkehrsbedingungen im weiteren Großstadtraum bestimmt. Wir können sicher damit rechnen, daß sie immer – wie bisher und heute – bis zur Grenze ihrer Leistungsfähigkeit beansprucht werden, um Teilnahme an dem Leben der Großstadt mit noch bequemeren, geräumigeren und möglichst unverdorbenen Wohnbedingungen zu verbinden. Diesen Druck auf die Leistungsfähigkeit der Verkehrsanlagen können wir geradezu als allgemeines Gesetz formulieren. Das heißt aber, daß es eine grundsätzliche oder langfristige Lösung des Verkehrsproblems im Raum der Großstadt nicht geben kann, sondern immer nur Verbesserungen. Die Grenze des Möglichen ist nicht technisch bestimmbar. Sie liegt in der Leistungsfähigkeit des Großstädters, in der Eigentumsordnung und im Einsatz öffentlicher Mittel. In dieser Hinsicht kann man auf den Gedanken kommen, daß wir heute dazu neigen, „über unsere Verhältnisse zu leben": der Großstädter, indem er seinen Etat mit einem Wagen, sein „Zeitbudget" mit übermäßigem Wegeaufwand überlastet; die öffentliche Hand, indem sie alles technisch Mögliche auf Kosten anderer Verpflichtungen meint, realisieren zu müssen. Auf beiden Seiten wird mit der Zeit eine abgewogenere Einordnung dieser Ansprüche eintreten, wenn sich nicht an anderer Stelle ernsthafte Schäden zeigen sollen. (Ich denke z.B. an das Verhältnis von Schiene, Draht und Straße.)
Man will jedenfalls nicht in „sozialer Erosion" leben. Schulverhältnisse, Arbeitsbedingungen, Aufstiegschancen, Freizügigkeit wiegen grundsätzlich schwerer als Verkehrsmisere und „dicke Luft". Wer die „soziale Erosion" vermeiden will, wird das bedenken müssen. Er wird sich darüber Rechenschaft geben müssen, mit welchen Kosten diese Absicht Wirtschaft und Steuerzahler belastet und wie lange der Vorgang verzögert werden kann. Bisher ist er nirgends vermieden worden.
Der Großstädter ist die Veranlassung der Stadtplanung. „Der Großstädter" – das ist in zunehmendem Maße der Mensch in einer entwickelten, hochindustrialisierten Gesellschaft überhaupt. Auf lange Sicht wird „der Großstädter" der normale Fall, der „Nicht-Großstädter" die Ausnahme sein. Sein Gewicht hinsichtlich Anteil und Zahl, seine Bedeutung als prägender Typus können gar nicht überschätzt werden.

4. Der Großstädter ist nicht nur Veranlasser, er ist auch Nutznießer und Leidtragender der Großstadt, wie sie sich ihm aus historischer Entwicklung und stadtplanerischer Absicht gemengt darbietet. *„Unter diesen Umständen"* will er jedenfalls lieber Großstädter als irgend etwas anderes sein. Vieles spricht dafür, daß die Entscheidung auch unter noch wesentlich ungünstigeren Umständen ebenso ausfallen müßte. Der allgemeine Befund belegt nur die effektive Entscheidung. Er sagt nichts über die Einbußen aus, die dabei in Kauf genommen werden. Es scheint, als sei der Großstädter notfalls gewillt, einen sehr hohen, einen unwahrscheinlich hohen Preis zu zahlen. Wofür? „Lockt" ihn die Großstadt? Vielleicht spielte das früher eine große, heute noch eine gewisse Rolle. So allgemein das Gesetz der Verstädterung sich darstellt, muß eine elementarere Ursache angenommen werden: Der Großstädter hat gar keine andere Wahl, als prinzipiell jeden Preis dafür zu zahlen, Großstädter sein zu können. Anders gesagt: Die Lebensbedingungen auf dem Lande, auf dem Dorf, in der Klein- und Mittelstadt bieten ihm keine vergleichbare Daseinschance.
Vergleichbar? Viele optieren noch heute gegen die Großstadt; manche werden es immer tun. Aber schon heute tun sie es nur unter der Bedingung „vergleichbarer" Verhältnisse: Arbeitsertrag, Arbeitseinteilung, physische Arbeitsbelastung, Wohnungsausstattung, schulische, hygienische, kulturelle Versorgungsverhältnisse dürfen von den in der Großstadt gesetzten Normen nicht wesentlich abweichen. Wir wissen, daß das nur bis zu einem gewissen Maße möglich ist, und daß dieses Maß Ansprüche an die Produktivität stellt, die zu weiterer Rationalisierung (und das heißt: Entleerung ländlicher Räume) zwingen.
In der Großstadt werden die Normen gesetzt, die das Leben in der modernen Gesellschaft bestimmen. Unter diesen Normen zu bleiben, ist dem Einzelnen grundsätzlich nicht möglich, wenn er seine Kräfte als „richtig eingesetzt" empfinden will. Dem Ganzen wäre es nur möglich, diese Normen auf Kosten der Konkurrenz mit anderen Ländern zu senken. Auch das ist nicht möglich. Die Normen steigen aber dauernd; sie richten sich nach den Spitzennormen, die irgendwo auf der Welt verwirklicht werden.
Welches sind nun aber die typisch großstädtischen Normen? Und welche anderen können um ihretwillen vernachlässigt werden? Welche Ansprüche stehen auf der Seite der unverzichtbaren Lebensbedingungen – und welche auf der Seite des „Preises", den man zu zahlen schließlich bereit sein muß? Nur von hier aus können wir ja bestimmen, wie die Großstadt beschaffen sein muß, „in der wir – gerade noch! – leben möchten". Wo

liegt die Grenze, bei der im Großstädter das „Leidtragen" das „Nutznießen" überwiegt?

Daß die Großstadt moderner Verhältnisse als „industrielle Großstadt" von der älteren Stadt, aber auch von der feudalen, imperialen, merkantilen oder elenden Großstadt grundsätzlich unterschieden ist, ist längst allgemein bewußt. „Industriell" bedeutet hier das gleiche wie in dem Begriff der „industriellen Gesellschaft": von industriellen Bedingungen geprägt. Wenn zwischen „primären" (agraren), „sekundären" (industriellen) und „tertiären" (dienstleistenden) Teilen des modernen Leistungsgefüges unterschieden wurde, sollte die Gesellschaft zunehmend von den „tertiären" Teilen bestimmt sein. Auch und gerade in der industriellen Großstadt wurden damit die „tertiären Berufe" für den Großstädter immer wesentlicher.

So schwierig es schon immer war, die drei Teile gegeneinander abzugrenzen: diese Schwierigkeit nimmt weiter zu. Die Zahl der Industriearbeiter „klassischer" Art sinkt seit Jahrzehnten prinzipiell. Die Zahl der „Industriebeschäftigten" im weitesten Sinne steigt jedoch.[8] Und der Unterschied zwischen ihrer Arbeitsweise und der sowohl auf dem Lande wie in Verwaltungen, Versicherungen, Behörden, im Handel – kurz: in großen Teilen des „primären" wie des „sekundären" Sektors, wird immer geringer. „Freisetzung durch Rationalisierung und Automation"? Ja – aber zu neuen Aufgaben *für* Rationalisierung und Automation, auch im tertiären Sektor. Die „industrielle Großstadt" war zunächst die Großstadt der Industriearbeiter; sie wurde immer mehr eine Großstadt der Dienstleistungen für industrielle Einkommen. Beides charakterisiert sie nicht mehr präzise: in beiden Bereichen nehmen die technischen Hilfsleistungen zu. Sie sind – in allen Qualifikationsstufen – zunehmend kennzeichnend für „den Großstädter".

Die weitere und schließlich – soweit möglich – vollständige technische Durchdringung des Leistungsgefüges erweitert notwendig seine Reichweite. Mit zunehmender Leistungsfähigkeit der einzelnen produktiven Anlage wachsen die Absatzabteilungen, aber auch die Zubringer-, Vorbereitungs- und Instandhaltungsbedürfnisse. Damit wächst auch der örtliche Zusammenhangskomplex.

Es ist richtig: Die Standortqualitäten verschieben sich. Die Energiezufuhr löst sich aus der örtlichen Bindung. Die Zusammenarbeit von Abteilungen oder Betrieben bedarf nur dort der Nachbarschaft, wo die Halbprodukte weitergegeben werden. Die persönliche Verhandlung kann weitgehend durch technische Informationsübermittlung abgelöst werden. Aber im

außergewöhnlichen Fall – bei Betriebsstockung, zum Erfahrungsaustausch, bei Neueinführungen, Wirtschaftskrisen – spielt die räumliche Nähe eben doch eine wesentliche Rolle.
Der örtliche Leistungszusammenhang nimmt an Umfang und Verflechtung zu. Und obgleich er sich aus manchen lokalen Bedingungen löst, überwiegen die „Fühlungsvorteile" doch weitgehend.[9]

5. Die Normen der persönlichen Lebensführung, die in der Großstadt entstehen, können verhältnismäßig leicht verallgemeinert werden. Einrichtung und Ausstattung der Wohnung, Zeiteinteilung und Rechtsverhältnisse, Arbeitshilfen und Erholungsformen werden überall gleichmäßig beansprucht und verwirklicht. Die Normen der Leistung jedoch sind an die Standorte von Betrieben und Verwaltungen gebunden. Und je höher die Ansprüche an die technische Qualifikation steigen, desto wichtiger ist die Erfahrung an entsprechenden Arbeitsplätzen, der Austausch solcher Erfahrungen, die andauernde Fortbildung. Je komplexer der Leistungszusammenhang, desto spezieller die einzelne Qualifikation, desto wichtiger die Teilnahme an dem technisch am besten ausgerüsteten Leistungskomplex.
Es sind die Qualifikationsnormen der technischen Hilfsleistung, denen sich der Mensch nicht entziehen kann und um derentwillen er manchen Nachteil großstädtischen Daseins in Kauf nimmt. Sich ihnen zu entziehen, würde gleichbedeutend sein mit dem Verzicht auf beruflichen, wirtschaftlichen, persönlichen Erfolg.
Danach läge der entscheidende Nutzen des großstädtischen Daseins in der Teilnahme an technischen Hilfsleistungen steigender Qualifikationsansprüche. Der Wechsel des Arbeitsplatzes erweitert Erfahrungen und Fähigkeiten und erhöht die Erfolgschance. Eine Großstadt wäre desto „besser", je größer das Angebot solcher Erfolgschancen, das sie bietet.
„Unter gegebenen Umständen" wird die Großstadt gewählt, weil sie die besseren Erfolgschancen bietet und die Bedingungen der persönlichen Lebensführung „vergleichsweise" geringere – oder doch geringer veranschlagte – Einschränkungen verlangt. Die Erfolgschancen zu erhöhen, die Einschränkungen zu vermeiden: darin muß das Bemühen derer liegen, in deren Hand die Ordnung der Lebensbedingungen für den Großstädter liegt.

6. Bisher habe ich im Grunde nur zwei Merkmale des Großstädters herausgearbeitet und begründet. Das eine war die zunehmende Allgemein-

gültigkeit seines Typus: immer mehr Menschen wollen Großstädter sein. Das andere war die zunehmende Abhängigkeit seines Lebenserfolgs von der Beteiligung am technisch entwickelten Leistungszusammenhang. Nur am Rande habe ich das Bedürfnis zur Verschmelzung dieser fundamentalen Entscheidungen mit verbesserten persönlichen Lebensbedingungen „in Haus und Freizeit" gestreift.

„Den modernen Menschen" – etwas präziser: „den kennzeichnenden Typus des Menschen in einer technisch hochentwickelten Gesellschaft" – können wir (glücklicherweise) nicht in so wenigen Strichen skizzieren, selbst nicht, wenn wir nur seinen Charakter als Großstädter meinen. Nur andeutungsweise kann die Skizze ergänzt werden. So allgemein, wie wir vom Großstädter sprechen, stellt er sich uns dar:
a) in einer Vielzahl von Rollen, die er im Gesellschaftsgefüge ausfüllt;
b) in einer Vielzahl von Typen, die er nacheinander oder nebeneinander stellt.

Nehmen wir den „*Großstädter*" als eine Person, so steht er in zahlreichen Bezügen: in Familie und Beruf, in Bekanntschaft und Verein, im privaten und öffentlichen Leben. Waren diese Bezüge früher weitgehend kongruent, so schneiden sie sich heute – nicht nur für den Großstädter, aber am deutlichsten für ihn – nur noch in seiner Person. Er nimmt an ihnen nur mit Teilen seines Daseins teil. Gerade hierin ist seine Freiheit begründet: keiner der Bezüge beansprucht ihn total. Das Verhalten, das eine dieser „Rollen" von ihm fordert, bestimmt ihn nur, solange er diese Rolle spielt. Und er kann die Rollen wechseln.

Die Vielzahl der partiellen Rollen ist eine andere Seite des vielfältigen Daseinszusammenhangs, in dem der Großstädter steht. Beanspruchen sie jeweils nur einen Teil seiner Person, so bieten sie ihm grundsätzlich auch nur die Teilhabe, nicht die ganze Verfügung über einen sozialen Bereich. In der produktiven Sphäre ist der Großstädter „Mitarbeiter", in der Bedarfssphäre ist er „Teilnehmer", und wird er voll gefordert, so ist er doch nur „Mitglied".

Der „Selbständige", der „Unternehmer", der „Produzent": das sind Begriffe, die den neuen Verhältnissen nicht mehr gerecht werden. Nicht einmal im Handwerk und Handel, wieviel weniger in den Großorganisationen verfügt ein Mensch in dem mit diesen Begriffen gemeinten Sinn über einen Arbeitsbereich oder über eine Leistung, die Herstellung eines Produktes. Er ist auf Zusammenarbeit angewiesen, ist „*Mitarbeiter*". In anderen Bereichen, wo er nicht produktiv tätig wird, sondern aufnimmt, „konsumiert", ist der Großstädter „*Teilnehmer*": Verkehrsteilnehmer, Teil-

nehmer an Veranstaltungen, am Verbrauch. Sein Einfluß beschränkt sich auf die Auswahl unter gegebenen Angeboten. Dieser Einfluß kann wirksam sein, aber nur im gleichsinnigen Verhalten Vieler: bei der Wahl, beim Zurückweisen minderwertiger oder überteuerter Waren.
Seinen Einfluß macht der Großstädter als „*Mitglied*" geltend: als Familienmitglied, als Mitglied in Vereinen, Arbeitsgruppen, Ausschüssen, Vorständen.
In der „Beteiligung" liegt die soziale Chance des Großstädters. Weniger als je kann er sich als Einzelgänger Wirkung verschaffen. Das Wesen der Großstadt liegt darin, ihm solche Beteiligung anzubieten. Jedes Verbot, jeder Ausschluß, jede Einseitigkeit beschränkt seine sozialen Chancen. Je größer das Angebot zur freien Auswahl, desto großstädtischer die Großstadt.
Nehmen wir „die Großstädter" als Sammeltypus, so erkennen wir eine Fülle von Untertypen. Jeder von ihnen hat andere Bedürfnisse: das Kind, der Jugendliche, der Erwerbstätige, die Hausfrau, der alte Mensch; oder: die verschiedenen Leistungsarten und -stufen bestimmen unterschiedliche Bedürfnisse. Aber auch die verschiedenen Großstädte prägen ihren Typus: der Berliner, der Münchner, der Hamburger, der „Ruhrmensch". Diese Typen kurz zu charakterisieren ist unmöglich. Wichtig bleibt zu bedenken, daß „der Großstädter" nur als Sammelbegriff über solcher Vielfalt denkbar ist.

7. Über „den Großstädter" ist viel geschrieben und gestritten worden. Das wird nicht aufhören: er ist nichts anderes als der Mensch in bestimmter historischer Spielart. Er ist zu vielfältig und zu veränderlich, um ihn auf eine Formel zu bringen. Es wird immer neuer Bemühung bedürfen, um ihn zu erkennen.
Doch bleibt es dabei, daß er der Zweck: Veranlasser und Benutzer aller Bemühungen um die Großstadt ist. Wenn wir nach der Großstadt fragen, „in der wir leben möchten", fragen wir nicht nach uns, sondern nach ihm. Unsere Absicht liegt nicht in der Verwirklichung eigener architektonischer oder gesellschaftspolitischer Ideale, nicht in der Lösung technischer oder organisatorischer Probleme; sondern darin, ihm unsere Dienste anzubieten.
Aber wer ist er, wie erkennen wir ihn? Der Weg, den ich eingeschlagen habe, war der Weg der Beobachtung und der Deutung. Er versuchte, die Großstädter in ihren Entscheidungen ernst zu nehmen. Über ihre Meinungen und Urteile, über ihre einzelnen Entschlüsse und Verhaltens-

weisen mag man streiten. Streiten: weil sie selbst nicht konsequent und auf die Dauer dazu stehen mögen. Aber Entscheidungen, die in solcher Zahl und stetig gleichsinnig getroffen werden und die Gesamtheit der Lebensbedingungen betreffen, haben ihre Geltung. Strenger formuliert: Wanderungsvorgänge sind komplexe Symptome für Fundamentalentscheidungen. Symptome: das heißt, man muß nach ihren Ursachen fragen und darf sie nicht einfach extrapolieren. Natürlich gelten die Befunde nur „unter gegebenen Bedingungen". Diese zu beurteilen, ist mir aus einer Analyse möglich, wie ich sie hier versucht habe.
Die Fragen, die den Planer angesichts der ungelösten Ordnungsprobleme bedrängen, wurden durch mich nicht beantwortet. Jede einfache Antwort wäre entweder zufällig – weil aus Sonderfällen verallgemeinert – oder leichtfertig – weil aus eigener Meinung zur Richtschnur erhoben.
Und doch glaube ich, so weit geantwortet zu haben, wie es verantwortbar ist.

Ich fasse zusammen:

1. Der Mensch unserer Zeit will Großstädter sein. Wir benötigen immer mehr und immer größere Städte.

2. Es gibt keine „optimale" oder „maximale" Größe – nach Einwohnerzahl, Fläche oder Verdichtung – für die Großstadt. Es gibt nur Großstädte, die mit gegebenen Mitteln besser oder schlechter funktionieren.

3. Es gibt Hilfsmittel zur Beurteilung wahrscheinlicher Entwicklungen im konkreten Fall unter gegebenen Umständen. Sie setzen die sorgfältige Analyse der besonderen Situation voraus.

4. Auch der Großstädter „wählt mit den Füßen". Die Beobachtung der Wanderungsbewegungen (nach Sozialräumen) ist das zuverlässigste Indiz für die Angemessenheit großstädtischer Verhältnisse.

5. Freizügigkeit und Chancenangebot machen die Großstadt zur Großstadt. Sie um anderer Absichten willen zu beschränken, hebt die Qualität der Großstadt nicht.

6. Daß andere Bedürfnisse gefördert, viele Schwächen beseitigt werden könnten, versteht sich von selbst. Die Grenze liegt nur in der Verfügbarkeit der Mittel.

7. Soweit darüber hinaus Ordnungsvorstellungen in Frage stehen, sind Architekt wie Soziologe Staatsbürger unter anderen. Sie können für ihre Vorschläge werben, dürfen aber ihre Machtmittel nicht mißbrauchen. Die Ordnung, die sie zu fördern haben, ist die vorfindliche unter Ausmerzung ihrer Funktionsstörungen.

8. Soweit damit und darüber hinaus technische Fragen aufgeworfen sind, muß ich ihre Lösung Technikern anheimstellen.

---

1 Wie sehen wir ihn? Wie kann es uns gelingen, seine wesentliche Eigenart am sichersten zu erkennen? Und: welche Züge machen diese Eigenart aus?
2 Ein flüchtiger Blick auf die jüngere Entwicklung in der Bundesrepublik kann zu Fehlschlüssen führen. Die besondere historische Situation ist dabei mit zu bedenken. Die 50 größten Städte (ohne Berlin) beherbergten 1910 27 % der Gesamtbevölkerung (gleich 8,6 Mill. Einwohner) und 1933 wie 1939 35 % (13,1 und 13,8 Mill.). Der Anteil war 1950 auf 28 % gefallen (mit 13,3 Mill.) und hatte 1961 nur 32 % (16,4) erreicht; seither ist er wieder auf 29 % (bei 16,6 Mill.) gefallen. Die Folgen der Kriegszerstörung haben den Trend unterbrochen. In jüngerer Zeit jedoch scheint er sich zu wandeln. Der Eindruck muß jedoch daraufhin überprüft werden, ob er nicht durch die Begrenzung auf das Gemeindegebiet bedingt ist. Außerdem hat die schnelle Wiederherstellung zu einem verzögerten Wachstum in manchen Bereichen geführt, das nun aufgeholt wird. Während manche Großstädte zunächst schnell wiederhergestellt wurden, stagnierten andere: in den letzten Jahren sind die Rollen vertauscht. Während die größeren Städte wuchsen, stagnierten die kleineren; sie holen diese Entwicklung nun nach. Ob nach Auspendeln dieser Ungleichmäßigkeiten der alte Trend nicht doch wieder zum Durchbruch gelangt, sollte nicht vorschnell beurteilt werden.
3 Die mittlere Einwohnerzahl der erwähnten 50 Großstädte wuchs seit Anfang des Jahrhunderts stetig, unterbrochen durch die Kriegsfolgenphase. Sie stand 1910 bei 172.000, 1933 bei 263.000 und 1939 bei 275.000. Nach Überwindung des Nachkriegstiefs um 1956 hat sie 1961 schon 327.000 und 1964 332.000 erreicht.
4 Sie lautet $P_{ig} \cong = P_1 / P_i$ – oder verbal ausgedrückt: Die Einwohnerzahl einer Stadt i, potenziert mit einem für die historische Situation des Landes typischen Parameter g, ist annähernd gleich der durch den Rang der Stadt i geteilten Einwohnerzahl der größten Stadt des Landes. Der Rang einer Stadt ist hier als ihre Stelle in einer nach den Einwohnerzahlen

abfallend geordneten Folge der Städte zu verstehen. Diese Regel gilt unter „normalen Verhältnissen" – wenn also das relative Gewicht der Städte sich über längere Zeit ohne Störungen im Bereich einer Volkswirtschaft hat auspendeln können.

5 Ihre Formulierung $D_x \cong D_0 e^{-bx}$ besagt, daß die mittlere Wohndichte D_x in einer Entfernung von x km vom Zentrum einer Großstadt durch eine exponentiell fallende Kurve angenähert wird, die von der fiktiven Dichte im Zentrum D_0 und einem Steigerungswert b bestimmt ist. Die Dichte D_0 ist fiktiv: infolge der Citybildung liegt die Dichte im Zentrum tatsächlich niedrig. D_0 ist die Verlängerung der Kurve bis zur Ordinate. – Die Formel wurde an vielen Städten aller Weltteile geprüft.

6 So ist die Einwohnerdichte der fünf US-amerikanischen Millionenstädte durch Erweiterung der Flächen von 1950 mit 6600 Einw./qkm auf 1960 nur 5360 Einw./qkm gefallen, obgleich die Einwohnerzahl in den Stadtgrenzen geringfügig von 17,40 auf 17,48 Mill. Einwohner stieg. Bei gleichen Flächen läßt sich dieser Vorgang schlecht nachweisen. Die 54 von Boustedt definierten Stadtregionen steigerten Einwohnerzahl, Anteil an der Bundesbevölkerung und Einwohnerdichte. Die Werte betrugen 1939: 20,3 Mill. = 50,4 % = 689 Einw./qkm; 1950: 21,6 Mill. = 44,6 % = 736 Einw./qkm; 1961 aber 26,6 Mill. = 59,5 % = 906 Einw./qkm. Darin zeigt sich, daß eine Beschränkung auf Stadtkreisgebiete (wie oben) irreführen kann: die Konzentration in und um Großstädte wird fortgesetzt. Trotzdem fällt die Dichte innerhalb der Stadtkreise: von den elf größten Städten (mit Berlin) haben seit 1961 alle diejenigen Einwohner verloren, deren Einwohnerdichte über 4000 Einw./qkm lag. In den übrigen sieben stieg die Dichte von 2780 auf 2850. Man mag auf den Gedanken kommen, daß sich die Dichtewerte von beiden Seiten her einer Größe um 4000 annähere. Aber da dieser Wert von dem jeweiligen Zuschnitt des Stadtkreisgebiets abhängt, bedarf es sorgfältiger Messungen, um eine solche Tendenz zu bestätigen. Der Hinweis könnte aufhorchen lassen, daß die höchsten Dichtewerte der Städte in Wanne-Eickel (5060) und Lüdenscheid (4600) anzutreffen sind. Das Ruhrgebiet muß unter diesem Gesichtspunkt als Einheit angesehen werden. Daß es als solche mit dem durchschnittlichen Wachstum nicht Schritt hält, hat sicher auch damit zu tun, daß es nicht als Einheit verwaltet wird. Dadurch kommt es zwar nicht in den Genuß der Attraktionskräfte einer vergleichbaren Viel-Millionenstadt, empfindet aber die Nachteile mangelnden Raumes zwischen den einzelnen Konzentrationspunkten um so deutlicher.

7 In jüngster Zeit lag die Zunahme bei uns um 7 ‰ jährlich. Das Statistische Bundesamt nimmt maximal ein mittleres Wachstum von 4,9 ‰ jährlich an und kommt für 2000 auf 65,8 Mill.: also ein Fünftel mehr als heute. Mir scheint eine mittlere Zunahme von 6,3 ‰ wahrscheinlicher; sie führte bis 2000 zu über einem Viertel mehr Menschen als heute.

8 Im Deutschen Reich gab es 1882 unter den Erwerbstätigen 35,6 % in Industrie und Handwerk und insgesamt 57,4 % Arbeiter. In der Bundesrepublik standen die Anteile 1939 bei 40 und 46,8 %, 1950 bei 44,5 und 50,9 % und erreichten 1961 Werte, die an der Entwicklung nicht zweifeln lassen: der Anteil von Industrie und Handwerk war auf 47,6 % gestiegen, der der Arbeiter auf 44,5 % gefallen. Der Block der Industriebeschäftigten wächst und wird weniger vom „Arbeiter" bestimmt.

9 Zwar treten Lockerungen ein, aber sie halten sich im räumlichen Bereich der Agglomerationen und also der Großstädte.

Friedrich Spengelin

Zum Begriff „Verdichtung"

Ich möchte jetzt nicht darüber streiten, ob die „Verdichtung" gut oder schlecht ist. Ich will einfach davon ausgehen, daß Verdichtung geschieht, daß sie in so und so vielen Fällen notwendig ist. Eero Saarinen hat im Erläuterungsbericht zu einem seiner letzten Bauwerke einige Sätze zu diesem Thema gesagt. Ich will sie an den Anfang stellen:
„Introvertiertheit, Dichte und Individualität sind ein Merkmal guter Wohnquartiere. Kälte, geometrische Rationalität und große Distanzen bewirken das Absinken der Wohn- und Gemeinschaftsquartiere zu Schlafgelegenheiten, die geflohen werden, sobald es die Umstände erlauben."
Er spricht dabei aus der amerikanischen Erfahrung, die uns um etwa zehn Jahre voraus ist und die negativen Begleiterscheinungen von „Einfamilienhäusern zum Drumherumgehen" in großen Mengen bereits deutlich dokumentiert hat. Nun, es mehren sich, wie heute schon betont wurde, jetzt auch bei uns die Stimmen, die Kritik am bisherigen Wohnungs- und Städtebau üben. Und was einst unter dem Motto „Licht, Luft und Sonne" konzipiert wurde, wird heute mit den Schlagwörtern „steril, schematisch, seelenlos, amorph" abgetan, und die Romantik von Straßen und Hinterhöfen der Gründerzeit wird als Gegenbild beschworen. Man spricht auf der einen Seite von der „gemordeten Stadt" und von „Suburbianeurose" als neuer Zivilisationskrankheit auf der anderen Seite. Die Stimmen kommen aus den verschiedensten Lagern, ob es etwa der Maler Hundertwasser ist, der schreibt:
„Die materielle Unbewohnbarkeit der Elendsviertel ist der moralischen Unbewohnbarkeit der funktionell nützlichen Architektur vorzuziehen.",
oder ob es unsere populären Architekturzeitschriften „Stern" und „Constanze" sind, die sich z.B. tiefsinnig und publikumswirksam mit dem Problem des Reihenhauses beschäftigt haben.
Und nun, könnte jemand ironisch sagen, kommen die ganz Schlauen und sagen: Ja, wir müssen ja eigentlich nur „verdichten". Und gemeint

ist damit letztendlich eine beträchtliche Heraufsetzung der Einwohnerdichte bzw. der Geschoßflächenzahl. Ich möchte nicht polemisieren, obwohl manches dazu einlädt – der Begriff „Verdichtung" ist beinahe eine Art Modewort geworden. Er ist dabei ähnlich nebulos definiert wie etwa der Begriff „Flexibilität". Darunter versteht auch jeder etwas anderes. Alle Schlagworte dieser Art sind gefährlich. Vor allem, wenn – wie eben manchmal geschieht – so getan wird, als ob man nur zu „verdichten" brauchte, um mit einem Schlag aus der Sackgasse, in die unser Wohnungsbau nun einmal hineingeraten ist, wieder herauszukommen. Ich glaube, falsch oder auch nur leichtfertig angewandt, kommt man mit der Verdichtung nur noch mehr in die Sackgasse hinein.
Vor allem darf man auch nicht glauben, Verdichtung sei – der allgemeinen vordergründigen Auslegung dieses Wortes entsprechend – etwa wirtschaftlicher. Im richtigen Sinne ist sie das; sie ist aber bestimmt nicht billiger. Wollte man mit den bisherigen Mitteln des sozialen Wohnungsbaues, mit den bisherigen Finanzierungsgrundlagen und mit den in den Schubladen aller Baugesellschaften liegenden Grundrissen etwa Verdichtung praktizieren – es wäre ein Verbrechen. Obwohl es die Weiträumigkeit, die ins Amorphe führt, ist, die uns so sehr beim normalen Wohnungsbau stört, ist es andererseits gerade diese Weiträumigkeit, welche die Bewohnbarkeit der gängigen Grundrisse überhaupt erst ermöglicht und die letztendlich den größten Teil ihres Wertes ausmacht.
Es wurde vorher nach einer Definition für „Verdichtung" oder „Dichte" gefragt. Es wurde bedauert, daß es keine wissenschaftlich exakte Bestimmung gibt. Ich glaube, es kann sie nicht geben. Zu allen technischen Schwierigkeiten – selbst gesetzt den Fall, man käme wirklich zu einer Übereinkunft, wie man rechnen kann – tritt die Verantwortung. In dem Moment nämlich, wo man „erstrebenswerte Dichte" sagt, kann man Dichte nur noch kombiniert mit dem Begriff „Wohnwert" sehen, und dies ist nun einmal keine Frage der Quantität mehr.
Hier tritt mit aller Schwere das Problem der Qualität auf – das *rechnerisch* nicht zu erfassen ist.
Dabei scheint es mir dringend notwendig, aus dem Streit der Meinungen alle Sentimentalitäten herauszuhalten. Wer weiß, ob sich nicht hinter der rührseligen Melodie „Zurück zur Romantik Zilles", nicht dieselbe nüchterne Profitgier verbirgt, die einst die Städte der Gründerzeit verdorben hat. Die Gartenstadt, die jetzt getadelt wird, war ja nichts als die logische Gegenbewegung zu einer Verdichtung mit schlechtem Wohnwert und ohne Hygiene.

Allerdings – heute haben wir alle technischen Möglichkeiten, eine Verdichtung so zu praktizieren, daß sie die Nachteile der Bauten der Gründerzeit nicht haben müßte.
Die Voraussetzung müßte aber sein:
Einsatz aller Mittel der Technik, auch um den Preis höherer Baukosten – auf das Einzelobjekt gesehen. Dabei meine ich, daß bei einer gesamtstädtischen Wirtschaftlichkeitsberechnung – so etwas gibt es leider bloß nicht! – die Gesamtkosten sogar niedrig sein könnten.
Die Voraussetzung müßte ferner sein:
Die Entwicklung einer neuen Konzeption im Städtebau und vor allem im Wohnungsbau. Eine Zusammenschau des komplexen Gebildes aus Wohnen, Arbeiten, Verkehr, Versorgung, Innen- und Außenraum, ohne Rücksicht auf Bestimmungen und Gesetze aus einer Zeit, die unsere Probleme nicht kannte. Dann könnte vielleicht diese lebendige, wohnliche, mit dichter Atmosphäre erfüllte Stadt entstehen, die stimulierend auf alle Sinne des Menschen wirkt, eine Stadt, die in neuer Form das enthält, was wir an unseren historischen Städten so lieben, was zum Großteil mitbewirkt, daß sich jährlich Millionen von Menschen in Bewegung setzen, um in Venedig, in Rothenburg, in der Altstadt von Jerusalem oder in der Plaka von Athen, des Stadterlebnisses, das sie in unseren chemisch reinen Wohnvierteln vermissen, teilhaftig zu werden.
Was aber geschieht, wenn wir Verdichtung einfach so praktizieren daß wir weiter Zeilen bauen, nur statt dreigeschossig, wie im Plan angegeben, eben um ein Geschoß mehr; darüber nachzudenken, hatte ich gute Gelegenheit anläßlich einer Studienreise nach Rußland im Herbst dieses Jahres.
Dabei ist das Beispiel, statt drei auf demselben Bebauungsplan einfach vier Geschosse zu bauen, gar nicht an den Haaren herbeigezogen. Es war, auf Grund eines Senatserlasses nach der großen Flut in Hamburg, eine von sämtlichen Bauträgern, ob sie nun der SPD oder der CDU nahestanden, bereitwillig aufgegriffene Möglichkeit.
Würde ich nicht sagen, daß dies ein Bild eines neuen Planes aus der UdSSR ist, Sie würden es nicht wissen, daß das Leningrad ist oder Moskau. Es könnte genausogut etwa in Frankreich sein, es könnte Vivy Chatillon sein oder Sarcelles, Lyon oder eines der großen Ensembles im Vorfeld von Paris. Ich jedenfalls konnte kaum einen Unterschied feststellen. Vielleicht waren die Fenster nicht ganz so groß, aber sie waren bestimmt groß genug. Wir kennen das Urbild, auf das diese großen Ensembles, gleichgültig, ob bei uns im Westen oder drüben errichtet, zurückgehen.

Neubaugebiet in Leningrad, errichtet um 1960

Eines der großen Ensembles in der Region Paris

Die langen Blöcke, die Punkthäuser, die rhythmisch dazwischengesetzt sind. Kein Gebäude unter vier Stockwerken, hinauf bis acht oder zehn, fortschrittlichst bis sechzehn. Es ist eigentlich nicht das, was in der Charta von Athen gemeint war. Es ist der fünftletzte Aufguß der Ideen der Charta von Athen. Zweifellos hat die cité radieuse von Corbusier irgendwo Pate gestanden. Aber bereits die cité radieuse hat Mumford erheblich kritisiert, als er sagte: *„Was Corbusier der sogenannten vertikalen Gartenstadt als Verbesserung vorgeschlagen hat, ist in Wirklichkeit nur eine vertikale Vorstadt, die mit dem Wechsel von einzeln stehenden Hochhäusern und ungepflegten freien Flächen die Bezeichnung Stadt ad absurdum führt."*
Ist es nicht interessant, daß die Russen offenbar glauben, mit dieser Art von Architektur, die so sehr dem entspricht, was wir machen, die Ziele erreichen zu können, die ihnen vorschweben? Ist man so weit mit seinen Gedanken, so kommt man zu der, für manche Leute vielleicht ketzerischen, in Wirklichkeit aber ganz banalen Folgerung:
Wenn die Architektur, dieser Wohnungsbau, wie er in Frankreich und USA, aber auch bei uns praktiziert wird, von den Russen so sehr als Mittel akzeptiert wird, ihre Art von Gesellschaftsordnung zu verwirklichen, die sich doch – bei wachsender Ähnlichkeit im Detail – im Grundsatz von unserer unterscheidet, kann dann diese Architektur eigentlich noch die unsere sein? Ist diese Erkenntnis nicht ein weiterer sehr wichtiger Grund für die Forderung, die wir immer und immer wieder erheben müssen: daß unser Wohnungsbau weg muß von dieser formalistischen Grundeinstellung, wenn wir vielleicht noch das anstreben, was uns eigentlich das Leben lebenswert machen müßte, nämlich die letzten Individualisten auf diesem Erdball zu sein.
Es ist aber kein Geheimnis, wenn wir feststellen, daß sich unsere Gesellschaftsstruktur auch nicht in Ordnung befindet und daß hier der eigentliche Wandel nottäte. Albert Einstein hat es ganz prägnant formuliert: *„Die Perfektion der äußeren Mittel und das verwirrende Durcheinander der Ziele und Zwecke sind kennzeichnend für unsere Zeit."*
Und die Erfahrung, daß jede Form sich nach ihren inneren Gesetzen entwickelt, müßte uns eigentlich sagen: Nicht ehe die Gemeinschaft sich regeneriert hat, kann die Stadt, der bauliche Rahmen dieser Gesellschaft, als Baukörper saniert werden. Nur: Kann der Architekt und der Städtebauer, kann die Allgemeinheit so lange warten? Ist es nicht gerade die Form der Städte und – durch die Ereignisse nach dem Krieg – auch die Form unserer Dörfer, die täglich weiter mitwirkt an der Zerstörung dieser Gesellschaft? Sind es nicht biologische Substanzen, die durch verfehlte

Reizwirkungen einer städtischen Zivilisation aufs schwerste geschädigt werden? Und sind es nicht darüber hinaus psychologische Schäden, die sich mehr und mehr verstärken?
Noch viel weiter reicht aber die Frage, ob nicht neue Wohnformen in Verbindung mit entsprechenden städtebaulichen Überlegungen zu einer Therapie der Gesellschaft wesentliches beitragen könnten, auch und gerade dann, wenn die Gesellschaft selbst noch gar nicht in der Lage ist, in ihrer Masse die Forderung danach zu stellen. Denn – hier liegt der gar nicht verwunderliche Grund für die tödlich konservativen und unbeweglichen Ergebnisse aller sogenannten „Wohnwunschbefragungen": Wie soll die Masse eine Forderung erheben nach etwas, das sie gar nicht kennt und nie gesehen hat, geschweige denn je bewohnt?
Noch einmal: Die geschichtliche Erfahrung zeigt meist nur die umgekehrte Kausalität. Aber ich glaube, unsere Situation ist einmalig. Es gibt in der Geschichte keine ähnliche naturwissenschaftlich-technische Revolution wie die, in der wir leben. Und dazu kommt, daß die vor uns stehende weitere Verkürzung der Arbeitszeit, die mit der Automation parallel geht, die Lebensgewohnheiten des Menschen sicher noch viel mehr wandeln wird, als wir heute vielleicht glauben.
Und alles, was wir heute planen, sollte ja bestimmt sein für die Gesellschaft, die sich in zwanzig Jahren konstituiert. Ich werde nicht müde, es immer und immer zu wiederholen: Ich glaube, der Auftrag an den Architekten lautet so: Umbauten Raum zu schaffen, der den Menschen einfriedigt und nicht preisgibt; eine Wohnform, die das Individuum schützt, die diesem Individuum die denkbar größte Freiheit im Privaten gibt, die aber hineingestellt ist in eine durch den Städtebau geformte Umgebung, eine Umgebung, die die Tendenz nach dieser Freiheit im Privaten unterstützt und die doch gleichzeitig in der räumlichen, maßstäblichen Beziehung der einzelnen Häuser zueinander jedem Element einen unverwechselbaren Platz im Ganzen zuweist. Das, glaube ich, kann dann so etwas wie Heimatgefühl erzeugen. Es kommt dabei darauf an, Wohnformen zu finden, die mit einem Minimum an Grundstücksfläche zugleich ein Maximum an Wohnwert erreichen.
Damit wären wir wieder bei der „Verdichtung". An Phantasie und Ideen der Architekten, wenn sie befreit wären von Fesseln und Einschränkungen, die ihnen durch Finanzierungsrichtlinien und Bauvorschriften auferlegt sind, würde es, glaube ich, nicht fehlen. Es gibt auf der ganzen Welt verstreut eine Menge von Beispielen.

Siedlung Espoo bei Tapiola, Finnland. Blick in den Wohnweg.

Architekten: Toivo Korhonen und Jaako Laapotti, 1959

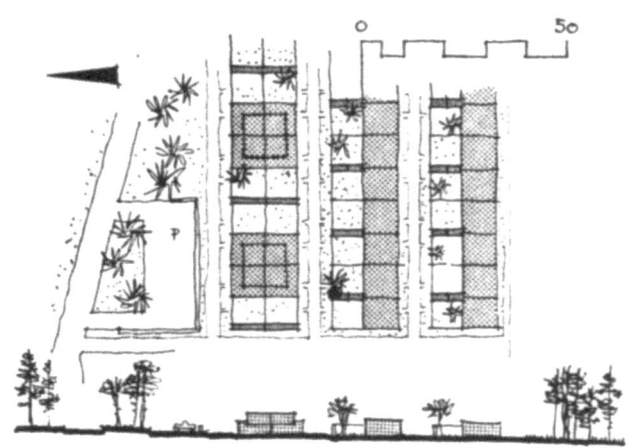

Lageplan
und Schnitt.
Wohnungstypen
2geschossig 90 qm;
eingeschossig 64 qm;
jeweils mit
Wohnhof 60 qm,
Abstellraum
und Sauna

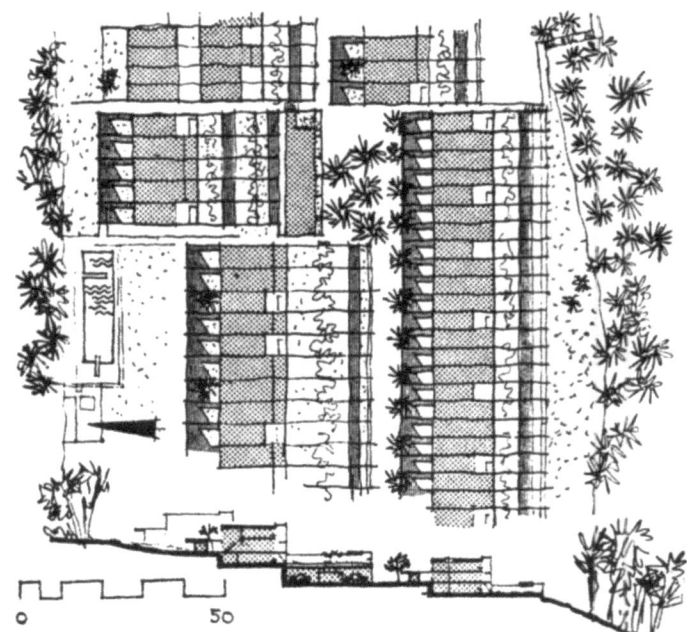

Siedlung Halen
bei Bern.
Architekten:
Atelier 5, 1960

Denken Sie an die Atrium-Hausgruppen, die etwa die Architekten Korhonen und Lapotti in Helsinki gebaut haben, in einem Land, das bestimmt nicht an Raummangel leidet, in einem Land, wo – ähnlich wie in Schweden – vor der Großstadt der Urwald wächst, und wo man bedenkenlos in diesen Urwald hineingehen kann, wenn man es will. Auch die Finnen haben es getan. Tapiola, mit einer Wohndichte von 80 Einwohnern je Hektar, ist natürlich kein Beispiel, an dem wir uns orientieren können. Aber die kleinen Gebiete in Tapiola mit Atrium-Häusern, mit kleinen Höfchen von 7x7 m, zeigen, daß dieses Volk, das in seinem Wesen wahrscheinlich freiheitlicher ist als alle Völker, die ich kenne, akzeptiert, daß man in Teppichhäusern wohnen kann. Dies scheint mit ein ganz wesentliches Symptom zu sein und eine Entwicklung aufzuzeigen, die auch wir akzeptieren könnten. Natürlich, mit dem Flachbau allein kann man über eine bestimmte Dichte hinaus gar nicht gehen, trotzdem meine ich, der Flachbau ist vom Wohnwert her so wichtig, daß er uns bleiben muß (etwa im Gegensatz zu den großen Ensembles, wie sie in Frankreich oder in Rußland errichtet werden, nach denen auch die Bestrebungen unserer Wohnungsbaugesellschaften zum großen Teil hin tendieren).

Ich meine allerdings, dieser Flachbau müßte integriert sein in einen größeren Zusammenhang. Er dürfte nicht isoliert sein und abgedrängt in „Reservate" von allerdings oft unüberschaubarer Größe. Nur im Zusammenhang mit dem gesamten Baugeschehen und damit mit dem Stadtgeschehen hat der Flachbau, der modifizierte Flachbau, den richtigen Platz. Die Siedlung Halen bei Bern beweist, daß man sogar mit drei Geschossen ein Reihenhaus einwandfrei zum Funktionieren bringen kann, wenn nur die Umgebung entsprechend durchgestaltet wird. Die Siedlung Halen zeigt ferner, daß es sogar gelingen kann, unter Ausnutzung der gegenwärtigen gesetzlichen Bestimmungen, eine doppelte Nutzung von Grund und Boden zu ermöglichen. Daß also etwa die Garagen für alle Bewohner zusammen unter den Terrassengärten nur einer bestimmten Anzahl von Häusern liegen. Das ist möglich, wenn die Juristen Phantasie genug entwickeln, und wenn allseits der gute Wille da ist. Auch andere Eigentumskonstruktionen sind in der Siedlung Halen vorexerziert. Etwa, daß Schwimmbad und Sportplatz, Ladenzentrum und Spielfläche der Kinder und auch sämtliche Straßen und Wege gemeinsames Eigentum aller Bewohner geworden sind; daß auch der Wald, der rund um die Siedlung steht, allen Bewohnern zu einem 79stel gemeinsam gehört.

Darüber hinaus meine ich, zeigt diese Siedlung, daß es, wenn man die Autos aus dem Inneren des Wohngebietes heraushält, gelingt, mit schmalen

Gassen, die nur für den Fußgänger bestimmt sind, wieder etwas, das dem vertrauten Bild mittelalterlicher Städte ähnlich ist, in die neue Bauweise hineinzuzaubern. Ich möchte daran erinnern: Nicht die Architektur der einzelnen Bauten oder die Architektur einer alten Gasse macht das Bild dieser Gasse angenehm. Auch die Architektur der hervorstechendsten Bauten eines neuen Wohnquartiers ist nicht imstande, einen schlechten Eindruck des ganzen Wohnquartiers wesentlich zu verbessern. Und es ist bestimmt nicht damit getan, wenn Wohnungsbaugesellschaften, wie dies gern geschieht, berühmte Architekten damit beauftragen, innerhalb einer größeren Wohngruppe ein oder zwei spektakuläre Häuser zu entwerfen. Damit hat die Wohngruppe in ihrer Gesamtheit überhaupt nichts gewonnen. Es sind nur die räumlichen und maßstäblichen Beziehungen der einzelnen Häuser zum Ganzen, die allein darüber entscheiden, ob das Bild einer Baulandschaft erfreut oder bedrückt. Und es sind wesentlich die Außenanlagen (die bei uns meist dem Rechenstift der Baukosteneinsparung zum Opfer fallen); sie sind oft um vieles wichtiger als etwa die Frage, ob die Bäder nun Kacheln erster oder letzter Wahl erhalten.
Aber wir orientieren uns nach der Quantität und machen uns stolz, daß es uns gelungen ist, seit 1948 Zentralheizungen zu bauen und Thermopanefenster und einen besseren Fußboden und gekachelte Bäder. Das sind sogar alles Qualitäten, wenn man so will. Aber es sind Qualitäten der Quantität. Es sind keine Qualitäten des Wohnwertes – und auf den, meine ich, käme es an, wenn wir wirklich ein Gegenbild gegen das entwickeln wollen, was uns im Grunde genommen, obwohl wir es täglich bauen, zum Halse heraushängt.
Ein weiteres Beispiel für das Bauen im Sinne der alten Stadt ist das Helgoländer Unterland.
Es hat tatsächlich eine „echte Verdichtung" mit 400 Einwohnern auf den Hektar. Aber die Voraussetzung war auch hier, daß kein Kraftfahrzeug die engen Straßen durchfährt. Insofern ist Helgoland ein Sonderfall. Da gibt es nämlich keine Kraftfahrzeuge. Und auch sonst kann man dieses Beispiel nicht verallgemeinern, denn der besondere Reiz der Enge der Gassen besteht in dem Gegensatz zur Weite des Ozeans davor. Aber könnten wir nicht auch anders Weiten schaffen – es braucht ja nicht ein ganzer Ozean zu sein –, wenn wir durch das Zusammenbauen erst einmal Platz dafür übrig ließen? Dazu gehört allerdings zu allererst eine vernünftige Gesamtplanung.
Beim eigentlichen Geschoßbau gebe ich – ich will das ganz hart und kritisch sagen – einer echten Steigerung des Wohnwertes in der uns

Helgoland.
Reihenhäuser.
Asymmetrische
Baukörper zur
besseren Besonnung.
GFZ 1,1; 1,5

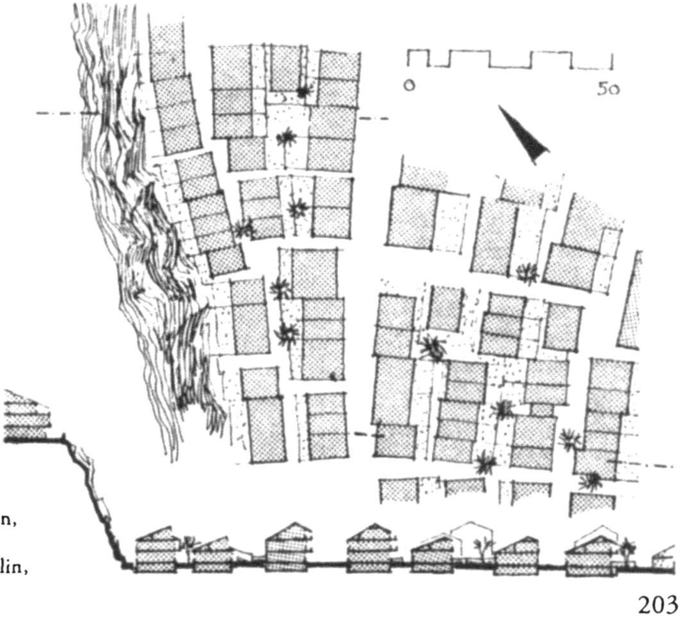

Architekten:
Georg Wellhausen,
Ingeborg und
Friedrich Spengelin,
1963/64

überkommenen kubischen Form keine allzu großen Chancen. Ein Weiterentwickeln, ein Verzahnen der Wohnung auf der Etage mit einem geschützten Freiraum, der ebenfalls oben auf der Etage ist, ist nur dann möglich, wenn wir von dem Haus mit vier Ecken und mit den zur Fassadenverbesserung darangeklebten Balkons abgehen. Die Beispiele wurden vorher schon zitiert. Man nehme die Terrassenhäuser von Zug, die einen deutlichen Hinweis geben, wobei man feststellen kann, daß durch geschickte Auslegung juristischer Gegebenheiten dort Wohnungseigentum indirekt geschaffen wurde, obwohl es in der Schweiz kein Wohnungseigentum gibt. Man hat einfach das ganz schmale Stück, auf dem jedes Haus tatsächlich auf dem gewachsenen Boden steht, zur Parzelle des Hauses erklärt, und alles andere mit Hilfe von Eintragungen in die Grundbücher der restlichen Häuser geregelt.

Ich glaube wirklich, das Terrassenhaus gibt der Wohnung im Geschoß nahezu alle Vorteile, die das Atrium-Haus auf der Ebene hat. Zusätzlich kommt dazu der weite Blick aus der Wohnung hinaus ins Freie. Es hat den geschützten Wohnraum im Freien vor der eigentlichen Wohnung. Und so ist es sicherlich kein Wunder, daß diese Bauform in der ganzen Welt und in allen Entwürfen der letzten Jahre immer wieder auftaucht. Seien es nun die Entwürfe der Architekten Frei und Schröder in Stuttgart, seien es die kühnen Ideen von Kenzo Tange in Tokio, mit allerdings komplizierten und fast zum Selbstzweck werdenden statischen Konstruktionen, oder seien es die als Zikurat bezeichneten Wohnhügel, die in Israel der Architekt Gerstel entworfen hat. Oder sei es, als ein besonders wichtiger Schritt auf dem Wege zu einer neuen Stadt, das Projekt Santa Monica in Kalifornien, das von einer amerikanischen Architektengruppe stammt, an der Vernon de Mas einen entscheidenden Anteil hat. Hier steht ebenfalls das Problem der Dichte wieder im Vordergrund. Es zeigt sich bei einer Berechnung, daß man durch Terrassenhäuser allein die gewünschte Ballung nicht erzielen kann. Es ist notwendig, daß ein weiteres Element hinzukommt. Bei dem Santa-Monica-Projekt ist es eine Überlagerung gewaltiger Turmhäuser mit den darunterliegenden Terrassen. Aber von all diesen Beispielen, die ich jetzt nannte, wurde keines bis zum heutigen Tage gebaut. Und doch meine ich, gebe es genügend, selbst wirtschaftliche Begründungen für ein solches Bauen. Von einer gewissen Wohndichte an ist es – sollten wir meinen – einfach nicht mehr möglich, etwa die Kraftwagen oberirdisch abzustellen. Natürlich kann man es tun, aber um den Preis des letzten Grüns; man hat dann alle Nachteile, die mit Autos in einer Siedlung verbunden sind.

Projekt Santa Monica, Los Angeles. Ein- und zweigeschossige Einzelwohnhäuser auf den durch Garagen gebildeten Terrassen, durch senkrecht zum „Hang" geführte Stichwege erschlossen. Darüber 19geschossige Turmhäuser.

Architekten: Vernon de Mars und Ronald Reay, 1962

Hier komme ich zurück auf meine einleitende These, daß der Wohnwert dessen, was wir in den letzten Jahren gebaut haben, im Grunde genommen von der Weiträumigkeit abhängt, die in den Geschoßflächenzahlen festgelegt war. Wenn wir darauf verzichten, müßten wir eigentlich ganz konsequent sein und das, was uns jetzt schon stört, was man aber vielleicht durch die Weite noch ertragen kann, völlig eliminieren, denn irgendwo ist der Punkt, an dem man es nicht mehr ertragen kann.

Ein Beispiel: In der Nordweststadt in Frankfurt am Main – vielleicht zur Zeit das größte zusammenhängende Projekt mit verhältnismäßig hoher Wohndichte – kommt man ohne einen sehr hohen Prozentsatz von Tiefgaragen auch nicht mehr aus. Man legt diese Tiefgaragen unter Plattformen zu halber Erde – halb eingegraben – und auf den Plattformen sind Spielplätze für die Kinder. Genausogut könnte man sich dieser Volumina, die entstehen, bedienen, um solche Wohnhügel, wie sie Gerstel oder die Stuttgarter geplant haben, zu bauen. Es gibt sogar fast so etwas wie eine wissenschaftliche Untermauerung: Das ist der „Buchanan Report". Ich kenne eigentlich keine Arbeit über Städtebau aus den letzten Jahren, die gleichermaßen so viel Exaktheit in der Analyse und so viel Phantasie in den Folgerungen vereinigt. Und das eindeutige Ergebnis ist, bezogen auf die hohe Dichte, daß man, ohne eine neue Ebene, die über der Ebene des Autoverkehrs liegt, zu schaffen, diese hohe Dichte eben nicht bauen kann.

Die Planungen der neuesten englischen new towns – etwa Hook oder Cumbernauld – zeigen bereits Anwendungen von Erkenntnissen, die auch in diesem Buch niedergelegt sind.

Wenn man hier so vom Katheder her schlau daherredet, soll man sich auch mit dem, was man selbst verbrochen hat, der Kritik stellen. Deshalb will ich noch den Bebauungsvorschlag für ein Neubaugebiet in Buxtehude bei Hamburg zeigen, ein Gebiet, das in unmittelbarer Nähe zur historischen Stadt liegt. Es ist die Aufgabe, die heute bereits angeklungen war: Errichtung einer Stadt in der Region. Es ist wahrscheinlich bekannt, daß es eine Art Vereinbarung zwischen Hamburg und seinen Nachbarländern Niedersachsen und Schleswig-Holstein gibt, die zu gewissen, allerdings nur sehr undeutlich bestimmten landesplanerischen Grundsätzen geführt hat. Das Konzept endet mit der Definition sogenannter „Aufbauachsen" und „Aufbauorte" an den Endpunkten dieser Achsen, wobei man von der idealen Vorstellung ausgeht, daß direkt um die Großstadt herum eine verdünnte Zone entsteht und als Gegenpol jeweils ein größerer Ort, immer in Anlehnung an ein bereits vorhandenes Gemeinwesen. Einer

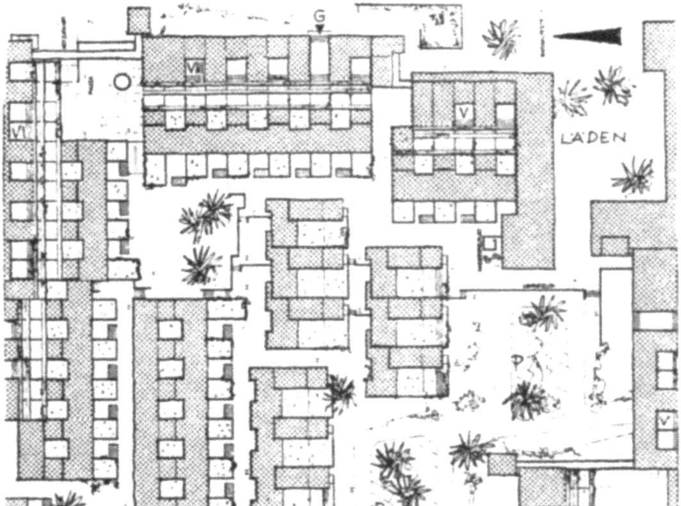

Stadterweiterung Buxtehude. GFZ 0,8 bis 0,95.
Architekten: Ingeborg und Friedrich Spengelin, 1964

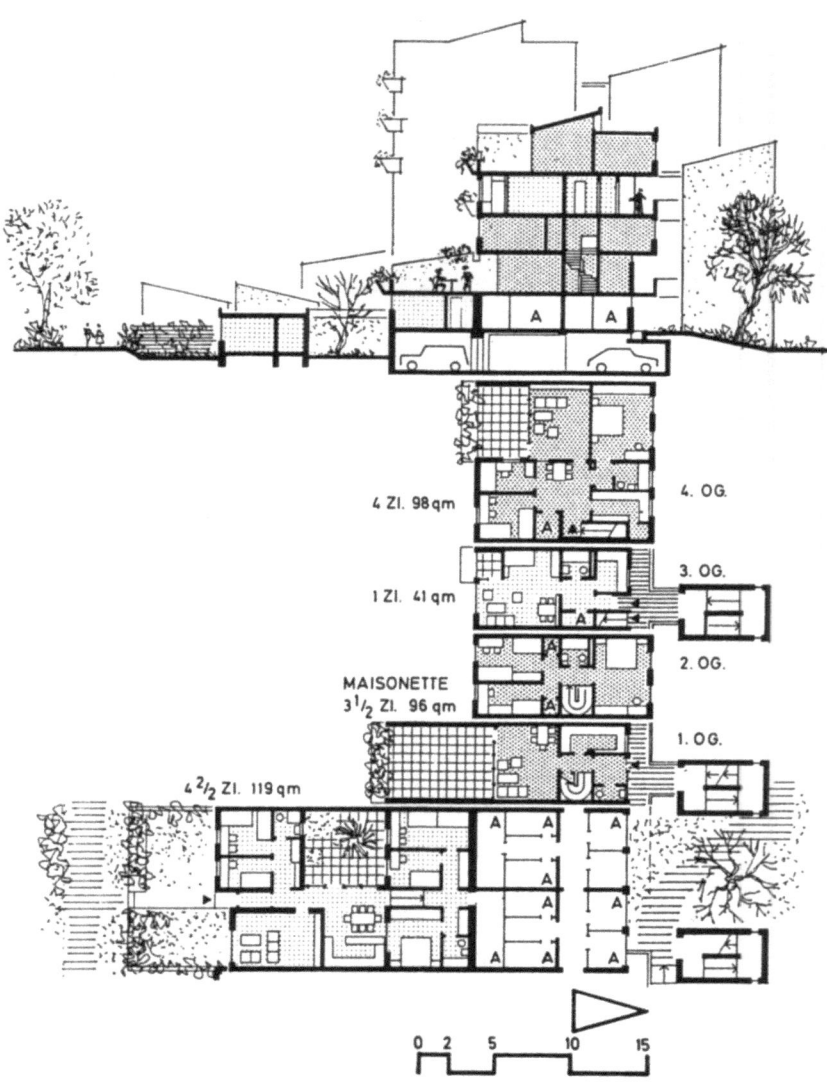

Erste Realisierung der Vorschläge für Buxtehude: Bauvorhaben Hamburg Holsteiner Chaussee, Schnitte und Grundrisse im Maßstab 1 : 500.

Bauherr: SAGA, Entwurf Ingeborg und Friedrich Spengelin, 1964

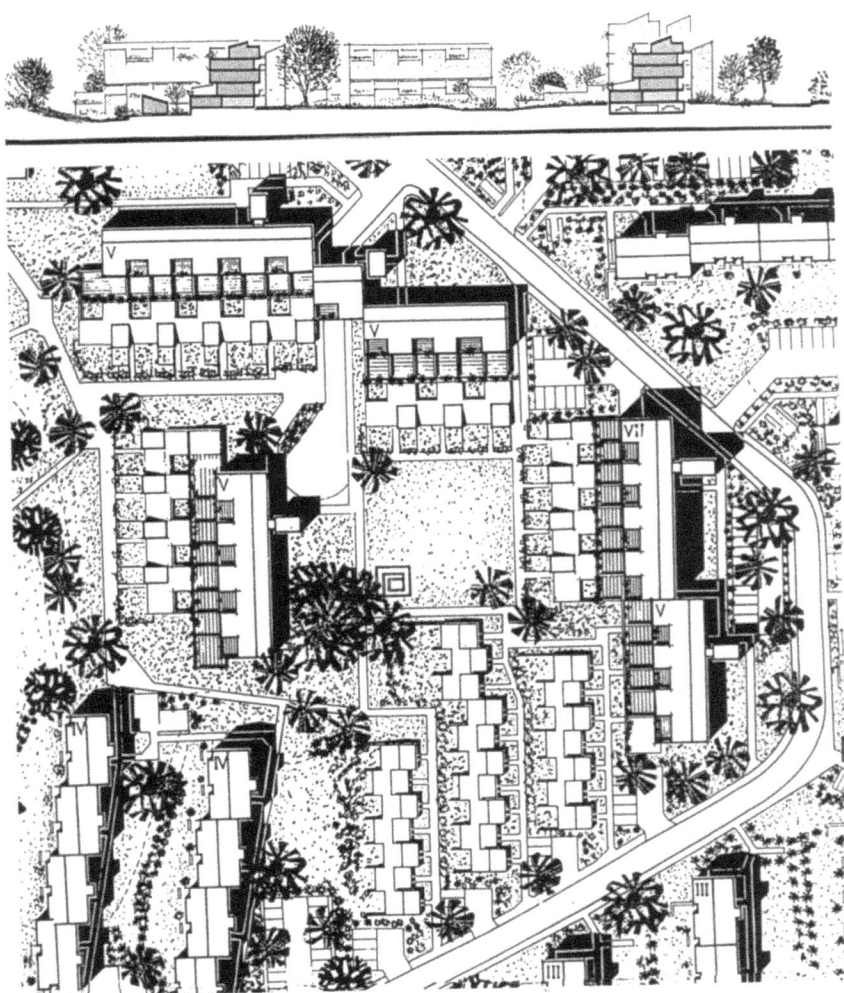

Hamburg, Siedlung Holsteiner Chaussee. Sozialer Wohnungsbau mit 5- bis 7geschossigen Baukörpern, in die verschränkt Wohnungsgrundrisse integriert sind, die Eigenarten des Einfamilienhauses aufweisen: Atriumhaus, Reihenhaus, Winkelhaus. Sämtlichen Wohnungen sind Freiräume zugeordnet, die zwischen 15 und 30 qm groß und gegen Einsicht weitgehend geschützt sind.

Architekten: Ingeborg und Friedrich Spengelin, 1964 (Bauzeit 1966/68)

dieser Orte ist Buxtehude. Es war den Architekten auf den Weg gegeben, sie sollten untersuchen, welche Dichte, welche möglichst hohe Dichte man an dieser bevorzugten Stelle verantworten könne. Dabei ist meine Auffassung, man verlangt allerhand, wenn man versucht, dem künftigen Bewohner zuzumuten, verhältnismäßig weit weg von seiner Arbeitsstätte seinen Wohnort aufzuschlagen. (Das „natürliche Verhalten" des Menschen ist, sich zwar nicht in die Stadt, sondern nur an den Stadtrand, so wenig wie möglich von der Stadt weg, aber doch nach draußen zu setzen – was der Nächste dann wieder tut und der Nächste wieder und der Nächste wieder ...) Wenn man ihm also zumuten will, die verdünnte Zone zu respektieren, muß man an den Endpunkten eine Summe von Attraktionen schaffen, die als Vorleistung zum Teil da sein müßten, um es den Leuten glaubhaft zu machen, daß sie dorthin sollen. Wenn man das nicht kann, dann soll man den Versuch bleiben lassen.

Ich meine, auch ein Teil dieser Attraktionen könnten entsprechende Wohnungen sein, und der Wohnwert einer neuen Stadt könnte tatsächlich Anziehungspunkt sein.

Dabei ist die Schwierigkeit der Gestaltung einer solchen Stadt in ihrer großen Dimension begründet. Was früher, gegliedert durch die Türme und die mächtigen Schiffe der Kirchen (die dann noch parallel standen, weil sie meistens geostet waren), erfaßbar war, das zerfließt uns heute in nicht mehr erlebbare Struktur. Und die Punkthäuser, das gängige Mittel optischer Orientierung, können zwar Signale sein, aber sie gestalten nur sehr schwer einen Raum. Aber gerade der gestaltete Straßen-, Hof- oder Platzraum scheint es mir zu sein, der das stimulierende Wohnklima der alten Städte weitgehend verursacht.

Es war unser Bestreben, zu neuen Bauformen zu kommen, die an echtem Wohnwert alles das enthalten, was wir aus dem Zeilenbau übernehmen wollen, die aber trotzdem irgend etwas von der Atmosphäre vom menschlichen Maßstab unserer alten Städte behalten. So haben wir hier versucht, eine Überlagerung von zwei verschiedenen Dimensionen zustande zu bringen. Das ist alles nur als Symbol gedacht und durchaus nicht als durchgearbeiteter Entwurf. Die Ordnungsfiguren, die die großen Blöcke darstellen, schaffen einen Raum, der unseren weit ausgestreuten Flachbausiedlungen sonst fehlt. Andererseits ist es wieder die Vielschichtigkeit und Differenziertheit des Flachbaues, die dem Ganzen Maßstab gibt, der sonst beim reinen Hochbau vermißt wird. Und es gibt dann keine Stelle innerhalb des ganzen Bereiches, in dem nicht beide Dimensionen – die kleinmaßstäbliche des Flachbaues und die große des Hochbaues –

gleichzeitig sichtbar sind und sich gegenseitig erklären. Die niedrigen Häuser, die als Teppich die Fläche füllen, können so angeordnet werden, daß nicht von oben in die kleinen Höfe hineingesehen werden kann. Die Distanzen zwischen den großen Scheiben könnten 120 bis 140 m betragen, also viel mehr als normalerweise üblich.
Auf diese oder irgendeine andere Weise, aber nur mit Hilfe der Technik, die es uns ermöglicht, aus den überkommenen Formen auszubrechen, meine ich, könnte unser Wohnen Strukturen entwickeln, die den verhängnisvollen Aspekten der Technik, mit denen wir bisher nicht fertig werden, zuwiderlaufen. Wir sollten nicht warten, bis die schweren psychischen und physischen Schäden die unsere gegenwärtige Umwelt uns aufzwingt, immer stärker geworden sind. Mehr oder weniger bewußt leiden wir doch alle darunter, unter dem Krach, unter der Monotonie, unter dem Mangel an Privatheit und auch unter dem Mangel an Kontakt. Ich glaube, es sollte dann auch nicht am Geld fehlen, wenn man die Sorge für die allgemein menschliche Beziehung und für die diese Beziehung unterstützende Entwicklung in einer kleiner und immer enger werdenden Welt erkannt hat und wenn man akzeptiert, daß das Schaffen von Wohnungen letztendlich eine Aufgabe der Allgemeinheit ist, wie wir auch die Landesverteidigung als eine Aufgabe der Allgemeinheit anzusehen gelernt haben.
Wir müssen schnell handeln, denn nur das Beispiel überzeugt. Nur Experimente können uns weiterhelfen. Auf dem Papier wird im Wohnungsbau gar nichts bewiesen. Wir brauchen neben den Ideen, die wahrscheinlich da sind, vor allem die Möglichkeit, diese Ideen allen Menschen gebaut vor Augen zu führen.

Claus Bremer

Stadt, lebendiges Theater – Vom Stadttheater zur Theaterstadt

Ich bin gebeten worden, über Theater zu sprechen. Ich habe manches dagegen einzuwenden gehabt. Ich habe mich gefügt.
Als Theatermann respektiere ich nichts Gesetztes. Ich gehe damit um. Für mich besteht kein *Ein-für-Allemal*. In meinen Augen ist alles Kulisse. Als Theatermann sind für mich Wände Türen. Spreche ich deshalb mit Ihnen, die Sie Wände ziehen?
Ich versuche, einen Blick in die Theatergeschichte zu tun. Ich versuche, vom Mitspiel und von den Unmöglichkeiten der verbreiteten Theaterarchitektur und vom Happening zu reden. Ich hoffe, Sie damit von meinem Gebiet aus, dem Theater, darin bestärken zu können, daß Ordnen nichts mit Hinnehmenlassen zu tun hat und Einrichten nicht Aufzwingen heißt.
Ich versuche, einen Prozeß wiederzugeben, wie ich ihn sehe. Ich versuche, von der Expansion des Theaters zu reden. Vom Theater, das auf dem Weg über die Rampe, den Zuschauerraum und das Foyer schließlich die Stadt schluckt, deren Theater es ist. Ich versuche, von der Entwicklung des Theaters zur Stadt als lebendigem Theater zu reden. Anders ausgedrückt, von der Entwicklung vom Stadttheater zur Theaterstadt ...
Ich kenne Gelsenkirchen nicht. Was ich hier sage, enthält keine Spitzen gegen Gelsenkirchen. Wenn ich hier von der Stadt rede, rede ich von irgendeiner Stadt, die so groß ist, daß sie ein Theater hat.
Ich weiß nicht, was für Theater in Gelsenkirchen gespielt wird. Was ich hier sage, enthält Spitzen gegen viele Theater.
Es gibt Städte, die man als langweilig bezeichnen kann. Genauso, wie es Theater gibt, die man als langweilig bezeichnen kann. Ich meine Städte, in denen man unbewußt irgendwie im eigenen Erfahrungsbereich miteinander, das heißt, nur mit den Funktionen voneinander lebt. Mit den langweiligen Theatern meine ich die üblichen, noch weit verbreiteten Stadttheater, in denen die Darsteller zwar mehr oder weniger bewußt

miteinander spielen, aber auf der Bühne. Aber nur auf der Bühne und nur mit ihren Rollen.
Wenn, im eigenen Erfahrungsbereich, ein bewußtes Miteinander- und Mit-den-Idealen-Leben das Kriterium einer lebendigen Stadt ist, gibt es, glaube ich, diese lebendige Stadt noch nicht. Im Gegenteil. Je mehr wir alles bekommen können, und je mehr wir uns im Habhaften auskennen, desto größer droht die allgemeine Langeweile zu werden. Die Bürger einer Stadt, die trotzdem oder gerade deswegen vorhat, eine lebendige Stadt zu werden, müssen immer dringender Umschau halten, woher sie sich von der Lebendigkeit erobern lassen können.
Wenn die Tatsache, daß Darsteller bewußt miteinander und mit dem Publikum spielen, das Kriterium eines lebendigen Theaters ist, so, denke ich, gibt es dieses lebendige Theater bereits. Sicher, erst in Ansätzen. Aber es gibt es und ist dabei, seine Lebendigkeit durch Aufnahme des Lebens ins Theater zu gewinnen. Das Leben, das für sich langweilig wird, wird hier unter dem Aspekt der Kunst wieder lebendig. Die Stadt, verallgemeinert, verödet im Sinne sich ausbreitender Langeweile immer mehr und läßt es immer dringender notwendig werden, daß sie wieder lebendig wird. Das Theater, das beginnt lebendig zu werden, bekommt seine Lebendigkeit, indem es das Leben in den Bereich der Bühne aufzunehmen anfängt. Das Theater braucht für seine Lebendigkeit die Stadt, die zu ihrer Lebendigkeit das Theater braucht. Die Stadt muß sich, um lebendig zu werden, vom lebendigen Theater schlucken lassen.
Was ich *lebendiges* Theater nenne, bezieht den Zuschauer auf der Basis gemeinsamer Realitäten in die Theaterdichtung mit ein. Dieses lebendige Theater hat seine vielseitige Geschichte. Eine Seite der Geschichte zeigt die Aktivierung des Zuschauers, eine andere die Annäherung der theatralischen Ausdrucksmittel an seine jeweilige Welt. Ich nenne nur wenige Stationen, die nicht unbedingt ein Nacheinander darstellen. Eine Seite der Geschichte des lebendigen Theaters zeigt mir den Weg über die Commedia dell'Arte, in der die improvisierten Einsätze der Schauspieler das Publikum aktivieren, weil die Spielregeln gemeinsam bekannt sind, über Beaumont und Fletcher, bei denen gedichtete Zuschauer in eine Vorstellung eingreifen und sie verändern, über Tieck, bei dem gedichtete Zuschauer eine die Phantasie und Kritik anregende Geschichte nicht akzeptieren, und über Pirandello, bei dem das Spiel auf Zuschauerraum und Foyer übergreift und dessen Zuschauer sich die Frage stellen müssen, die Stückthema ist: Ist Theater Leben oder Leben Theater? Eine andere Seite der Geschichte des lebendigen Theaters zeigt mir die Annäherung

der theatralischen Ausdrucksmittel an die jeweilige Welt des Zuschauers. So sehe ich einen zweiten Weg über Shakespeare, der die gemeinsame Vergangenheit zum Verständnis der gemeinsamen Gegenwart verwendet, über Büchner, der den dokumentarisch belegbaren Einzelfall als Anlaß für ein allgemeingültiges Beispiel nimmt und das Ausdrucksmaterial aus der Umwelt, über Bertolt Brecht, dessen Theater durch Vergleiche mit der Realität seine Überprüfung durch den Zuschauer provozieren möchte, über Beckett, der Mülltonnen als Kunstgegenstand einsetzt und dessen Begegnungen mit dem Nichts alles wesentlich machen, und über Ionesco, der Banalitäten als künstlerisches Ausdrucksmaterial verwendet, das sich selbst als Ausdrucksmaterial decouvriert. Beide Wege laufen beispielsweise bei Jack Gelber und Daniel Spoerri zusammen. Jack Gelber läßt in seinem „Apfel" eine Gruppe verschiedenster Leute sich selber suchen, und zwar im Rahmen eines sich wie zufällig ergebenden Spiels, das sich die Zuschauer selbst erklären müssen. In Daniel Spoerris „Ja, Mama, das machen wir" spielen die Darsteller eine x-beliebige Stelle aus dem Alltag auswendig nach und unterhalten sich anschließend von der Bühne aus spontan mit den Zuschauern darüber, um nach der inszenierten Realität auch die echte Realität zum Theater zu machen. Beide Wege führen auf das Mitspiel zu, wie es bislang Paul Pörtner, Michel Butor, Friedrich Knilli und ich entwickelt haben.

Das *Mitspiel* funktioniert nach einer Dramaturgie, die einmal zum persönlichen Eingreifen einlädt, wobei der betreffende Eingriff als mitgestaltender Impuls szenisch verwendbar ist und im Hinblick auf das Stückganze sichtliche Folgen hat, und die zum anderen die theatralischen Ausdrucksmittel dem Erfahrungsbereich der Zuschauer angleicht. Weil mit dem Mitspiel das Theater erstmals das Alltägliche und den Zufall als Ausdrucksmaterial in seine Schöpfungen mit einbezieht, möchte ich Ihnen nach den geschichtlichen Wegen, die auf das Mitspiel hinführen, die Entstehung seiner Dramaturgie – wenigstens so, wie sie für mich entstand – andeuten.
Zu anderen Zeiten hatte man gemeinsame, allgemeingültige Wertvorstellungen, nach denen man sich richten konnte. Heute fehlen solche Maße. Es gibt nichts Absolutes mehr. Alles mögliche ist richtig. Es kommt nur darauf an, aus welcher Perspektive. Wenn ich weiß, daß sich ganz verschiedene Perspektiven begründen lassen, lüge ich, wenn ich etwas als absolut hinstelle. Behauptungen und blinde Nachfolge haben beweiskräftigen Schaden hinterlassen.

Davon ausgehend, daß zeitgemäß ist, was zugibt, daß es keinen absoluten Nenner gibt, habe ich mir prinzipielle Gedanken über ein ehrliches, zeitgemäßes Theater gemacht. Ein Theater, das sich nicht absolut gibt, habe ich mir gesagt, darf keine feste Grenze zwischen Zuschauerraum und Bühne haben. Das bedeutet auch, der Dichter muß auch Darsteller und Zuschauer sein. Der Darsteller auch Dichter und Zuschauer. Und der Zuschauer auch Dichter und Darsteller. Das Theater, das aus dem Fehlen von etwas Absolutem seine Konsequenz zieht, muß den eigenen Sichtwinkel als eigen zugeben. Es darf nie etwas glauben machen, was nicht ist bzw. muß den Versuch zu lügen zugeben. Es muß auf magische und faszinierende Wirkungen verzichten. Sein Stil darf nicht realistisch sein. Sein Stil muß poetisch sein. Das heißt, im Gegensatz zum realistischen Theater muß es den Zuschauer in den schöpferischen Prozeß mit einbeziehen.
Dieses Theater muß sich in die Karten schauen lassen. Hier darf es keinen Formalismus geben. Alle Formeln, die gezielte Schönheit und der festlegende Rhythmus müssen vermieden werden. Es muß auf Dekoration verzichten. Sein Bühnenbild muß die Summe der mitwirkenden Gegenstände sein. Dieses Theater darf nichts Gleichnishaftes haben. Das Vordergründige und das Hintergründige müssen sich decken. Was *da* ist, muß sich selbst beweisen oder zugeben, daß es nicht beweisbar ist. Dieses Theater muß eine Reihung sein, eine Reihung vertauschbarer Elemente. Seine Folge darf nicht zwingend sein. Es darf nicht komponiert sein. Seine Form ist die Konstellation. Es darf keinerlei Schlüsse enthalten, die sich endgültig geben. Gezielte Pointen, Akt- und Stückschlüsse müssen ihm fremd sein. Anfang und Ende dürfen nicht unbedingt Anfang und Ende sein. Schlüsse, Höhepunkte, Betonungen, Ergebnisse – das darf nicht vorgekaut sein. Hier darf nichts vorweggenommen werden. Dieses Theater muß alle Arten von Ergebnissen im Partner auf eine jedem eigene Weise stattfinden lassen.
Gegenüber diesem mehr oder weniger philosophischen Ansatz, über das Theater nachzudenken, bin ich skeptisch gewesen. Ich wollte handfester an das Problem herangehen. Vom Geschäftlichen her. Ich habe an die Konkurrenz des Theaters gedacht. An den Film, das Fernsehen und den Funk. Auch an den Sport und den Jazz und an das Wirtshaus.
Der Film, wenigstens der übliche, gleicht jeden Zuschauer den Leinwandhelden an und entrückt solange aus der drückenden Umgebung in alltagsferne Erlebnisse, bis der Alltag wieder stört. Das Fernsehen, dessen Darbietungen zwar weniger realistisch als die des Films sind und darum

die unbewußte Teilnahme am Geschehen auf dem Bildschirm fast ausschließen, bringt dafür Bildung und Unterhaltung in jedes Wohn- oder Schlafzimmer. Genauso der Funk, den man sogar im Auto und am Strand hören kann, dem zwar das Optische fehlt, was der Phantasie aber zusätzliche Freiheiten gibt. Beim Sport und beim Jazz, ich meine bei der Jam Session, kann jeder Zeitgenosse – die einen beim Sport, die anderen bei der Jam Session, noch wieder andere da und dort – sich für den eigenen Alltag fit machen. Auf amüsante Weise trainieren Sportveranstaltungen und Jam Sessions den Zeitgenossen für seinen Alltag.
Die festgelegten Regeln, die der Zuschauer kennt, und die nicht festgelegte Ausführung, die der Geschicklichkeit des Spielers überlassen bleibt, beteiligen ihn mit seiner Phantasie und Kritik. Darin unterscheidet sich die Eigenart von Sport und Jam Session hart von der des üblichen Films, während das Fernsehen und der Funk mehr oder weniger dazwischenliegen.
Ich habe mir gedacht, wenn das Theater die Konkurrenz von Film, Fernsehen und Funk loswerden möchte, muß es logischerweise unterlassen, was Film, Fernsehen und Funk auszeichnet. Wenn der Film Phantasie und Kritik einschläfert, muß das Theater sie eben wecken. Wenn der Film bannt und festlegt, muß das Theater alle Perspektiven aufreißen, es muß offen lassen. Wenn der Film einen dunklen Zuschauerraum hat, damit der Zuschauer sehen und seine Nachbarn vergessen kann, darf der Zuschauer des Theaters seine Nachbarn nicht vergessen können. Wenn der Film seinen Zuschauern eine strenge Ordnung zuweist, muß das Theater ihnen Bewegungsfreiheit geben. Wenn der Film wegen seiner fotografischen Basis den Eindruck von Dokument und Echtheit macht, muß das Theater den Mut zum Erfundenen haben. Weil der Filmstreifen dem Zuschauer einen vorher festgelegten, mehr oder weniger gleichbleibenden Ablauf garantiert, muß im Theaterabend Festgelegtes mit Nichtfestgelegtem wechseln, das heißt, er muß überraschend sein. Weil die Geschehnisse auf der Leinwand zuverlässige Wiedergaben sind, denen man sich überlassen kann, müssen die Geschehnisse des Theaters an Ort und Stelle entstehen, sie müssen schöpferisch sein, und niemand darf sich ihnen überlassen können. Und weil das Leinwandgeschehen und auch das Bildschirmgeschehen des Fernsehens, dazu die Radiosendung, miteinander gemeinsam haben, daß ihr Ablauf den Zuschauer persönlich außerhalb läßt und von ihm nicht direkt beeinflußt werden kann, muß das Theatergeschehen den Zuschauer eben persönlich mit einbeziehen und sich von ihm direkt beeinflussen lassen.

Das Theater hätte seine *Unverwechselbarkeit* zurückgewonnen, habe ich mir überlegt. Es wäre, verallgemeinert, eine Art moderner Commedia dell'Arte, die den Zuschauer auf Grund ihm bekannter Spielregeln, deren Ausführung der Geschicklichkeit der Darsteller überlassen ist, zum Mitmachen einlädt und damit den zugkräftigen Methoden des Sports und der Jam Session, wenn auch konsequenter als vorläufig bei Sport und Jam Session möglich scheint, entspricht. In einem solchen Theater kann der Zuschauer die Mischung von Entspannung und Beschäftigung finden, die er am Wirtshaus mit der ihm eigenen Kombination von Gesprächen, Musikbox und Fernsehen schätzt. Denn die Beliebtheit des Wirtshauses ist nicht nur die Beliebtheit seiner Getränke. Man könnte ja zu Hause trinken.

Ich habe mir gesagt, wenn das Theater läßt, was Film, Fernsehen und Funk können, bekommt es eine dem Sport, Jazz und Wirtshaus parallele Eigenartigkeit, die ihm ein eigenes Publikum sichert.
Ehe ich mich entschlossen habe, den Versuch zu unternehmen, meine Vorstellungen von einem zeitgemäßen Theater in die Praxis umzusetzen, glaubte ich die Grundlagen der Dramaturgie, die sich in meinen Gedanken abzuzeichnen begannen, noch von anderen Blickwinkeln aus überprüfen zu müssen. Ich war zuerst, wie gesagt, lediglich mehr oder weniger philosophisch an das Problem herangegangen, wobei ich allerdings auch das Soziale und damit zum Beispiel auch das politische Verhältnis des Theaters zu der Zeit, in der ich lebe, bedacht hatte.
Ein beliebter Vorwurf gegen die Konzeption des Theaters, die mir vorschwebte, lautete und lautet immer noch: „Ist das nicht alles zu unverbindlich, entzieht sich das nicht ins Ungreifbare?" „Was halten Sie vom Engagement?", hat mich mancher gefragt. Wer mich so fragt, dem gegenüber habe ich mich nicht deutlich ausgedrückt. Das Theater, was ich wollte und will, trainiert das persönliche Engagement von Darstellern und Zuschauern. Es trainiert ein Engagement, das nicht alle sich in der gleichen Richtung engagieren läßt. Es trainiert ein Engagement, das den anderen sich auch anders engagieren läßt. Nun, ein Theater, das sich die Mitverantwortlichkeit – so unspielerisch das aus dieser Perspektive klingen mag – eines jeden Darstellers oder Zuschauers für die jeweilige Aufführung zum Ziel genommen hat, halte ich in politischer Hinsicht für wesentlich realistischer als ein Theater, das sogenannte Lehrstücke serviert und von seiner Bühne herunter Parolen bringt, scheinen sie auch noch so sympathisch, die aber passiv hingenommen werden.

So hatte ich neben der mehr oder weniger philosophischen auch an die soziale und wirtschaftliche Seite gedacht. Aber wie sieht das Problem aus der Perspektive der Kunst aus?
Die Fotografie hatte der bildenden Kunst die Beschäftigung mit dem Gegenstand abgenommen. Die bildende Kunst konnte sich ausschließlich mit ihren Formen und ihren Farben und ihren Betrachtern beschäftigen. Entsprechend die anderen Künste. Sie konnten sich auf das beschränken, was ihnen jeweils unverwechselbar eigentümlich ist. Warum sollte sich nicht endlich, nachdem alle anderen Künste das getan hatten, das Theater auf das beschränken, was es unverwechselbar macht? Das Theater zeichnet sich durch das Zusammenspiel der Darsteller untereinander und mit dem Publikum aus. Das bedeutet in der Konsequenz: Das Theater zeichnet sich durch das aus, was ich bereits auf zweierlei Weise konzipiert hatte. In der bildenden Kunst gibt es bereits Objekte, konnte ich mir sagen, die der Betrachter praktisch durch sein Eingreifen verändern kann. Ich habe zu Hause ein Bild von Diter Rot hängen, das aus mosaikartig aneinandergesetzten Elementen besteht. Ich kann diese Elemente zu einer großen Vielzahl von Bildern umsetzen, die immer Bilder von Diter Rot sind. Das, was Kurt Fried in seinem Ulmer Studio f beispielsweise von Palatnik gezeigt hat, ich meine die vom Betrachter umschaltbaren Lichtmalereien, konnte ich damals noch nicht kennen, konnte aber an die von Daniel Spoerri veranstaltete Ausstellung von Kunstwerken denken, die sich bewegen lassen. Da war auch ein Apparat von Jean Tinguely, in den man selber irgend etwas, eine Zahnbürste, eine leere Packung Gauloises usw. einschrauben konnte. Setzte man den Apparat durch Knopfdruck elektrisch in Bewegung, ergab die eingeschraubte Zahnbürste oder die leere Packung Gauloises oder beides zusammen oder noch mit dem Kamm zusammen, den ich in meiner Tasche finde, der sich dazuschrauben läßt, durch rasche Drehung eine farbige Plastik. Mir fiel auch der auf dieser Ausstellung ausstellende Agam ein, der Bilder gemacht hat, die der Betrachter mit eigenen Handgriffen, durch Umstecken, Verdrehen usw., verändern kann, wobei sie immer Bilder von Agam bleiben. „Der Betrachter hat Einfluß auf die Entstehung, d.h. auf die Verwandlung des jeweiligen Bildes, und wird so zu seinem Mitschöpfer", sagt Agam. Ich hatte das Entsprechende für das Theater gefunden.

Der Blick auf die Entwicklung der anderen Künste und der Blick in die Theatergeschichte, wie ich ihn Ihnen anfangs demonstriert habe, haben mir endgültig Mut gemacht. Ich konnte den Schritt in die Praxis wagen.

Um die Autoren auf die Möglichkeit einer Realisierung meiner Vorstellung vom zeitgemäßen Theater aufmerksam machen zu können, brauchte ich eine Bezeichnung für diese Form von Theater und eine Formulierung für seine Dramaturgie, die noch genügend skizzenhaft war, um anregen zu können. Ich habe zusammengefaßt. Der Autor muß durch die Darstellung in den Zuschauern eine Erwartung wecken, von der er durch die Darsteller, für die Zuschauer kontrollierbar, abweichen läßt, worauf den Zuschauern der Eingriff erlaubt sein muß, auf den die Darsteller reagieren können, wodurch sie in den Zuschauern eine Erwartung wecken, von der der Autor durch die Darsteller, für die Zuschauer kontrollierbar, abweichen läßt usw. Zusammen mit den bisher gemachten Beschreibungen konnte das in meinen Augen eine anregende Grundlage für das sein, was ich jetzt das Mitspiel genannt habe.
Das Hausieren mit meiner Dramaturgie bei den Autoren hat sich gelohnt. Die Dramaturgie hat sich bewährt. Nicht nur das Ulmer Theater bringt Spielzeit für Spielzeit Mitspiele, auch andere Theater, Nürnberg und Heidelberg zum Beispiel, haben Mitspiele nachgespielt.
Weil mit dem Mitspiel das Theater erstmals das Alltägliche und den Zufall in seine Schöpfungen mit einbezieht, habe ich Ihnen nach den geschichtlichen Wegen, die auf das Mitspiel hinführen, die Entstehung seiner Dramaturgie – wenigstens so, wie sie für mich entstand – anzudeuten versucht.
Der Zuschauer gewöhnt sich durch das Mitspiel daran, in reale Vorgänge einzugreifen. Er gewöhnt sich durch das Mitspiel daran, sich und die anderen für Darsteller zu halten. Er gewöhnt sich daran, seinen Erfahrungsbereich, den er auf der Bühne vorfindet, also etwa seine Stadt, als Bühne zu empfinden. Er lernt, das Leben als Theater zu begreifen, Alltägliches und Zufälliges mit einzubeziehen in das, was er positiv und negativ Theater nennt, d.h. sein Gefühl für Szene aufs äußerste zu erweitern. Vielleicht macht diese Tatsache eines Tages Dinge kontrollierbar, denke ich, denen wir früher zum Opfer fallen mußten. Ich möchte – nachdem ich mich, wie ich es noch vorhabe, mit den konventionell geschriebenen Theaterstücken, der Theaterarchitektur und mit dem Happening befaßt habe – auf die möglichen Folgen der neuen Tendenzen des Theaters zurückkommen.
Zunächst: Wie sieht es, nach den Erfahrungen des Mitspiels, mit dem Theater als Museum aus? Ich meine, wie sieht es mit dem Theater aus, das uns mit den Schätzen der Vergangenheit konfrontieren soll? Auch das museale Theater, ich meine keine Abwertung damit, auch diese Seite

gehört zum Theater, muß nach den Erfahrungen des Mitspiels, soweit das geht, neu für unsere Zeitverhältnisse übersetzt werden.
Inszenieren heißt in meinen Augen: für uns übersetzen. Ein Stück inszenieren heißt, es zunächst so weit zu entsinnlichen, bis seine abstrakten, allgemeinen Bedeutungen herausgeschält sind, und diese abstrakten, allgemeinen Bedeutungen dann mit den Mitteln unseres Erfahrungsbereichs, also ohne jede Überhöhung im einzelnen, neu zu versinnlichen. Dabei sollte nicht nur stilistisch die Rampe überschritten werden, d.h. die Rampe sich vom Alltag überschreiten lassen, sondern auch szenisch. Das heißt: Die Schauplätze sollten nach Möglichkeit nicht an den Guckkasten oder Entsprechendes gebunden sein.
Ich möchte die Oper nicht auslassen. Die Oper lebt aus der Spannung von Musik und Realität. Von Abstraktion und dem, was „es gibt". Von Stil und Stillosigkeit. Je größer diese Spannung ist, desto opernhafter geht es zu. Ich muß also auch hier als Regisseur mich möglichst nicht mit Überhöhtem, Erfundenem, sondern mit Nichtüberhöhtem, mit Vorgefundenem ausdrücken. Die Oper hat die Aufgabe, finde ich, die ungeordneten Realitäten unseres Alltags durch die Musik einzuordnen, das Nichtüberhöhte durch die Musik zu überhöhen. Das stilisierende Element darf dabei möglichst nur die Musik sein ... Auch die Oper kann, wenn das musikalisch-technisch möglich ist – und das kann musikalisch-technisch möglich sein –, aus dem Guckkasten heraus inszeniert werden. Auch eine Operninszenierung braucht nicht auf einen einzigen Schauplatz angewiesen zu sein. Siehe Karlheinz Stockhausens Musik für drei Orchester. Was auch für Operette und Musical gilt.
Keine Furcht, das Publikum wird an der Grenze des Selbereingreifens haltmachen, weil die Dramaturgie der jeweiligen Dichtungen ihm, im Gegensatz zum Mitspiel, das Eingreifen nicht erlaubt.
Was nützt alles, was ich hier sage, was nützen die Entwicklungen, die so viel Hoffnung machen, wenn nicht nur die alten Theater, die uns zur Verfügung stehen, sondern auch die konservativen Theaterbauer und ihre entsprechenden Auftraggeber uns antigeschichtlich in die Quere kommen? Das heißt, nicht nur mir, sondern auch den anderen – und es sind schon viele, die mit mir den Weg teilen. Das Mitspiel und die dem Mitspiel stiladäquaten Inszenierungen von Stücken aus vergangenen Zeiten werden zur Zeit wesentlich von der Architektur und damit von den Vorschriften der Feuerpolizei an ihrer Entwicklung gehindert. Wobei die Vorstellung ein Alptraum ist, daß auch der Großteil der neuerbauten Theater sich der hier erwähnten Entwicklung feindlich zeigt. Man be-

rücksichtigt zwar die Fortschritte der Technik; aber daß auch das Theater sich mindestens parallel zur Technik entwickelt, das hält man in weiten und leider entwicklungswichtigen Kreisen für ausgeschlossen. Der kritische Moment auf dem Weg des lebendigen Theaters, der Schritt für Schritt vom Stadttheater zur Theaterstadt führt, ist die Überwindung der Bühnenrampe bzw. des Bühnenrahmens. Ich muß mich hier gegen die Überschätzung der Formulierung der Bauaufgabe für das neue Zürcher Schauspielhaus durch den Schriftsteller und Architekten Max Frisch wenden, der beispielhaft für die Befürworter des geschichtsfeindlichen Guckkastens steht.

Max Frisch sagt: „Jede architektonische Bemühung, Rampe und Rahmen abzubauen, beruht auf einem Mißverständnis dessen, was Theater ist und immer sein wird."

Was Theater immer sein wird, darüber möchte ich nicht diskutieren. Aber Theater ist bis jetzt meines Wissens – ich habe es schon gesagt – das Zusammenspiel der Darsteller untereinander und mit dem Publikum. Die Erfahrung hat mich gelehrt, daß Rampe und Rahmen dieses Zusammenspiel mit dem Publikum erschweren. Und damit auch das Theater, was sich als Theater von Film und Fernsehen unterscheidet.

Max Frisch sagt: „Eine vollkommen neue Art von Bühne zu erfinden, die von keiner dramatischen Literatur gefordert wird, erübrigt sich."

Aber der zeitgemäße Autor schreibt auf Bestellung. Er schreibt für das Theater, das etwas von ihm bestellt. Wenn ein konventioneller Theaterapparat etwas von ihm bestellt, schreibt er für diesen konventionellen Theaterapparat mehr oder weniger konventionelle Stücke. Für eine neue Art von Theaterapparat kann er eine neue Art von Stücken schreiben. Was würden meine Autoren schreiben, wenn sie sich nicht der konventionellen Architektur meiner Ulmer Bühne beugen müßten!

Max Frisch sagt: „Die vorhandene dramatische Literatur ist für die Rahmenbühne geschrieben."

So etwas wagt Frisch, im Shakespeare-Jahr zu äußern. Er hat vergessen, was vor uns das für uns wesentlichste Theater ist. Er hat beispielsweise die antiken Dramen vergessen. Er hat die Nô-Spiele vergessen. Er hat die Dramen der Elisabethaner vergessen. Im übrigen ist alles Theater, was die Zuschauer und Schauspieler in irgendeiner Weise schöpferisch mit einbeziehet, beispielsweise neben dem von Sophokles, Aristophanes, Motokiyo, Kongo und Shakespeare das von Kleist, Büchner, Audiberti, Schehadé, Dürrenmatt und Ionesco, um nur ein paar Namen zu nennen, um vieles seiner Eigenartigkeit getreuer außerhalb des Guckkastens auf-

zuführen. Sogar die Oper, was die berühmten Aufführungen in Verona beweisen.
Max Frisch sagt: „Der fortschrittsgläubigste Experimentator unserer Zeit, Bertolt Brecht, hat nichts anderes als die Rahmenbühne gebraucht."
Auch ich bringe Mitspiele, sogar Mitspiele, leider, in der Guckkastenbühne. Selbst das funktioniert. Genauso funktioniert auch das Brecht-Theater aus dem Rahmen heraus. Aber als über den guckkastenlosen und verglasten Theaterentwurf von Mies van der Rohe in Mannheim verhandelt wurde, gehörte Bertolt Brecht zu denen, neben Piscator und Sellner, die sich für Mies van der Rohe eingesetzt haben. Bertolt Brecht hat mit mir darüber gesprochen. Die Verfremdung kommt verständlicherweise eher ohne Guckkasten und im Glashaus zustande. Wenn jemand in Maske neben Ihnen steht, ist die Verfremdung stärker, als wenn der Maskierte durch den Guckkasten in einen anderen Bereich gehört. Im übrigen waren für Bertolt Brecht die durch die Glaswand des Hauses gegebenen Vergleichsmöglichkeiten zwischen Szene und Realität wichtig.
Max Frisch sagt: „Entscheidend dafür, ob das Haus auch im geistigen Sinn funktionieren kann, ist die Gestaltung des Zuschauerraumes."
Aber, wie gesagt, den Zuschauerraum gibt es nicht. Der Zuschauerraum muß auch Bühne sein können, wie umgekehrt.
Max Frisch sagt: „Wenn Intimität des Zuschauerraums gefordert wird, so heißt das nicht Geschmackliches, sondern Objektives."
Jetzt stimme ich ihm bei. Die Szene muß intim sein können. Intimität ist notwendig, weil der Darsteller mit jedem Zuschauer persönliche Kontakte aufnehmen können muß, und umgekehrt.
Max Frisch spricht von der Gestalt des Zuschauerraums, die einen Sog unserer Aufmerksamkeit auf die Bühne erzeugt. Ich denke, es darf nirgend einen Sog geben, der unsere Aufmerksamkeit beeinflußt. Aufmerksamkeit sollte etwas Freiwilliges sein. Die Szene, die überall sein kann, muß zur Hinwendung einladen können. Sie darf sie aber nie erzwingen.
Max Frisch sagt: „Das Theater beruht auf einer erotischen Magie der leiblichen Anwesenheit."

Ich habe mehrfach gesagt und zu erklären versucht, das Theater beruht auf dem Zusammenspiel der Darsteller miteinander und mit dem Publikum. Da ist die gegenseitige Anwesenheit auch ohne Magie wirksam. Oder, besser, gerade ohne Magie. Magie, welcher Art auch immer, ob vom Darsteller oder vom Zuschauer aus, finde ich, engt die freien Entscheidungen der Spieler ein und ist darum abzulehnen.

Max Frisch spricht von der Wichtigkeit der Rampe als der geistigen Trennung von Spielraum und Zuschauerraum.
Sie können es inzwischen erraten, für mein Empfinden muß die Rampe dehnbar sein. Sie muß den ganzen Zuschauerraum, das Foyer, das Theater, ja die ganze Stadt und ihre Umgebung mit einbeziehen können. Schon Pirandello hat die Wichtigkeit der Rampe als geistige Trennung von Spielraum und Zuschauerraum mißachtet.
Max Frisch sagt: „Es fragt sich, ob es sinnvoll ist, wenn das Foyer durch großen Ausblick auf die Außenwelt uns zerstreut, oder ob es nicht wünschenswerter ist, wenn es uns zwar durch die Möglichkeit bequemen Wandelns erfrischt, aber unseren Sinn nicht aus dem Theater entläßt."
Aber warum soll sich nicht das, was ich im Theater erlebt habe, an der Außenwelt messen und in der Außenwelt anwenden lassen? Das Theater soll uns doch, denke ich, zu uns selber führen, bzw. dafür sorgen, daß wir bei uns bleiben und nicht bei jeder Gelegenheit Herz und Verstand verlieren. Das Theater soll uns doch uns selbst überlassen. Warum dann die Furcht, daß wir in der Pause auskneifen? Nur wer den Zuschauer durch seine Kunst vom Leben abwenden will, finde ich, muß fürchten, daß er ihm davonläuft.
Warum ich Max Frisch hier erwähne? Max Frisch ist Max Frisch, und die Stadtväter laufen allerorten mit seinen Weisheiten herum und verkünden sie als Unumstößlichkeiten.

Die Theaterstücke, die von gestern sind, aber für uns von heute etwas zu sagen haben – sonst sollte man sie nicht spielen –, sollte man so spielen, und man beginnt tatsächlich da und dort, sie so zu spielen, daß ihre Zuschauer und Darsteller innerlich mitschöpferisch werden. Auch die Zuschauer und Darsteller des musealen Theaters können zu Mitdichtern und Mitdarstellern bzw. zu Mitdichtern und Mitzuschauern werden. Wenn auch nur, bzw. immerhin, in ihrem Innern, d.h. indirekt. Die Aufführungen von Stücken, die von gestern sind, aber uns von heute etwas zu sagen haben, können der inneren Aktivierung von Darstellern und Zuschauern dienen. Wir müssen sie so spielen, daß sie dieser inneren Aktivierung dienen. Seit den Erfahrungen, die zum Mitspiel geführt haben, und den Erfahrungen mit dem Mitspiel haben wir die Möglichkeit dazu. Die Theaterstücke, die von heute sind und uns etwas zu sagen haben, ich meine die Mitspiele, machen die Zuschauer nicht nur innerlich zu Mitdichtern und Mitdarstellern und die Darsteller nicht nur innerlich zu Mitzuschauern und Mitdichtern, das Mitspiel gibt ihnen auch praktisch die Möglichkeit dazu. Für den Mitspieler wird alles zum Material seiner Phantasie und seines Eingreifens, wobei die Grenzen seiner Aktivität vom Respekt vor dem Mitspiel der anderen gezogen werden. Die Entwicklung eines zeitgemäß inszenierten Theaters von gestern und die Entwicklung des Mitspiels wird, wie gesagt, stark durch die Grenzen einer Theaterarchitektur beschränkt, die das Theater immer noch und immer wieder in den Rahmen des 19. Jahrhunderts zu zwängen versucht. Dennoch macht – über die Entwicklung eines zeitgemäß inszenierten Theaters von gestern und die Entwicklung des Mitspiels hinaus – die Entwicklung vom Stadttheater zur Theaterstadt nicht halt. In New York hat dieses Jahr erstmals das Cricket-Theater und in Ulm das Ulmer Theater jeweils ein sogenanntes Happening in seinen Spielplan aufgenommen. Wie sieht die Kunstform aus, deren wesentliche Autoren bislang Allan Kaprow und Wolf Vostell sind, die ihre ersten Schritte unternimmt, die Stadt zum lebendigen Theater zu machen?

Das Happening kommt von der bildenden Kunst her. Es stellt eine Erweiterung des Bilderrahmens dar. Der Bilderrahmen bezieht nunmehr die Betrachter und ihre Welt schöpferisch mit ein. Das Happening, dessen Kompositionsmethode einzelne Bestandteile unseres Alltags so zu kombinieren versucht, daß sie in ihrem Zusammenwirken an sich nichtig und transparent für das uns alle betreffende Ganze werden, ist eine nicht an bestimmte Ebenen oder Räume gebundene Folge von aus vorgefundenen Materialien montierten dynamischen Bildern, denen die Betrachter nicht gegenüberstehen, sondern in die sie als lebendige Elemente mit einbezogen sind. Oder, anders gesagt, nicht auf die bildende Kunst, sondern auf das Theater bezogen, das es auf Grund der Geschichte, die ich Ihnen vorhin angedeutet habe, heute mit aufnehmen kann, das Happening – dessen Kompositionsmethode, ich wiederhole es, einzelne Bestandteile unseres Alltags so zu kombinieren versucht, daß sie in ihrem Zusammenwirken an sich nichtig und transparent für das uns alle betreffende Ganze werden – ist eine Folge von Szenen, die durch keinen Bühnenrahmen begrenzt, deren Ausdrucksmittel nicht überhöht und deren Zuschauer als Darsteller mit einbezogen sind ...

Das Happening und das Mitspiel ergänzen sich. Das Happening kann meines Erachtens vorwiegend die Empfindung vermitteln, alles kann Theater sein. Das Mitspiel kann meines Erachtens vorwiegend die Empfindung vermitteln, ich kann alles verändern. Das Happening und das Mitspiel vermitteln die Empfindung, daß *alles Theater und durch mich veränderbar* ist, auf der Basis der Erfahrung. Sie beweisen es.

Warum erzähle ich das hier? Warum stelle ich hier – vor Ihnen, die Grenzen ziehen und sich mit dem Bau von Wänden beschäftigen – die in der Realisierung begriffenen Möglichkeiten des Theaters vor? Vielleicht bestätigt Sie das auf Ihrem Gebiet. Vielleicht regt Sie das an. Vielleicht macht das Ihnen auf Ihrem Gebiet Mut, die schöpferischen Kräfte, die das Theater in jedem einzelnen zu wecken versucht, auch auf Ihre Weise hervorzurufen. Vielleicht schaffen Sie Wände, die sich der Entwicklung des Theaters nicht in den Weg stellen, die zum Ausdruck der Freiheit des einzelnen werden und deren Möglichkeiten lediglich vor dem Freiheitsanspruch des Nachbarn haltmachen. Vielleicht schaffen Sie keine Monumente, sondern Fragwürdigkeiten. Im besten Sinne.

Mein kurzer Blick in die Theatergeschichte, auf das Mitspiel, auf die Unmöglichkeiten der verbreiteten Theaterarchitektur und auf das Happening, kann Sie vielleicht darin bestärken, daß Ordnen, wie anfangs gesagt, nichts mehr mit Hinnehmenlassen zu tun hat und daß Einrichten nicht mehr Aufzwingen heißt. Ordnen, indem man zur Verfügung stellt! Einrichten, indem man überläßt!

Der Zuschauer, und das sind wir alle, wird empfinden können, daß es an ihm liegt, wie die Welt aussieht. Selbst sein Nichteingreifen wird er als seinen schöpferischen Beitrag empfinden. Dem Theatermann, und auch das sind wir alle, wird die Flucht in die Überhöhung versperrt sein. Seine schöpferische Stellungnahme wird Folgen haben, weil er seine Ausdrucksmittel im gemeinsamen Alltag findet. Der Architekt wird Wände bauen, die öffnen, statt zu versperren. Wir bauen uns die Häuser selber! Unsere Wohnung ist unser Baukasten, unsere Stadt ist die Summe unserer Baukästen. Unsere Mittel sind die Phantasie und unsere Hände. Die Gegenstände sind veränderbar geworden. Die ganze Stadt wird zum lebendigen Theater, dessen ständiges Herz im Theatergebäude schlägt, das immer wieder sein Publikum daran erinnert, daß alles Leben Theater ist.

Die Referenten

1963
Burckhardt, Lucius, Soziologe, Basel
Despotopoulos, Jan, Stadtplaner, München/Athen
Einsele, Martin, Leiter des Stadtplanungsamts Gladbeck
Fehl, Gerhard, Planer und Architekt, Berlin
Friedman, Yona, Architekt, Paris
Glasmeier, Ernst-Otto, Architekt, Gelsenkirchen
Günschel, Günter, Architekt, Hannover
Kühn, Erich, Landschaftsarchitekt, Aachen

1964
Bremer, Claus, Regisseur, Bern
Conrads, Ulrich, Chefredakteur der „Bauwelt", Berlin
Mackensen, Rainer, Soziologe, Dortmund
Nell-Breuning S.J., Oswald v., Sozialwissenschaftler, Frankfurt/M.
Neuffer, Martin, Oberstadtdirektor, Hannover
Schröder, Dieter, Sozialforscher, Prognos AG, Basel
Spengelin, Friedrich, Architekt, Stadtplaner, Hannover
Vogel, Friedrich, Landgerichtsrat, Warendorf

Bauwelt Fundamente
(lieferbare Titel)

1 Ulrich Conrads (Hrsg.), Programme und Manifeste zur Architektur des 20. Jahrhunderts
2 Le Corbusier, 1922 – Ausblick auf eine Architektur
3 Werner Hegemann, 1930 – Das steinerne Berlin
4 Jane Jacobs, Tod und Leben großer amerikanischer Städte
12 Le Corbusier, 1929 – Feststellungen
14 El Lissitzky, 1929 – Rußland: Architektur für eine Weltrevolution
16 Kevin Lynch, Das Bild der Stadt
20 Erich Schild, Zwischen Glaspalast und Palais des Illusions
24 Felix Schwarz und Frank Gloor (Hrsg.), „Die Form" – Stimme des Deutschen Werkbundes 1925–1934
36 John K. Friend und W. Neil Jessop (Hrsg.), Entscheidungsstrategie in Stadtplanung und Verwaltung
40 Bernd Hamm, Betrifft: Nachbarschaft
50 Robert Venturi, Komplexität und Widerspruch in der Architektur
51 Rudolf Schwarz, Wegweisung der Technik und andere Schriften zum Neuen Bauen 1926–1961
53 Robert Venturi, Denise Scott Brown und Steven Izenour, Lernen von Las Vegas
56 Thilo Hilpert (Hrsg.), Le Corbusiers „Charta von Athen". Texte und Dokumente. Kritische Neuausgabe
57 Max Onsell, Ausdruck und Wirklichkeit
58 Heinz Quitzsch, Gottfried Semper – Praktische Ästhetik und politischer Kampf
60 Bernard Stoloff, Die Affaire Ledoux
65 William Hubbard, Architektur und Konvention
67 Gilles Barbey, WohnHaft
68 Christoph Hackelsberger, Plädoyer für eine Befreiung des Wohnens aus den Zwängen sinnloser Perfektion
69 Giulio Carlo Argan, Gropius und das Bauhaus
70 Henry-Russell Hitchcock und Philip Johnson, Der Internationale Stil – 1932
71 Lars Lerup, Das Unfertige bauen
72 Alexander Tzonis und Liane Lefaivre, Das Klassische in der Architektur

73 Elisabeth Blum, Le Corbusiers Wege
74 Walter Schönwandt, Denkfallen beim Planen
75 Robert Seitz und Heinz Zucker (Hrsg.), Um uns die Stadt
76 Walter Ehlers, Gernot Feldhusen und Carl Steckeweh (Hrsg.), CAD: Architektur automatisch?
78 Dieter Hoffmann-Axthelm, Wie kommt die Geschichte ins Entwerfen?
79 Christoph Hackelsberger, Beton: Stein der Weisen?
82 Klaus Jan Philipp (Hrsg.), Revolutionsarchitektur
83 Christoph Feldtkeller, Der architektonische Raum: eine Fiktion
84 Wilhelm Kücker, Die verlorene Unschuld der Architektur
87 Georges Teyssot, Die Krankheit des Domizils
88 Leopold Ziegler, Florentinische Introduktion
89 Reyner Banham, Theorie und Gestaltung im Ersten Maschinenzeitalter
90 Gert Kähler (Hrsg.), Dekonstruktion? Dekonstruktivismus?
91 Christoph Hackelsberger, Hundert Jahre deutsche Wohnmisere – und kein Ende?
92 Adolf Max Vogt, Russische und französische Revolutionsarchitektur 1917 · 1789
93 Klaus Novy und Felix Zwoch (Hrsg.), Nachdenken über Städtebau
94 Mensch und Raum. Das Darmstädter Gespräch 1951
95 Andreas Schätzke, Zwischen Bauhaus und Stalinallee
96 Goerd Peschken, Baugeschichte politisch
97 Gert Kähler (Hrsg.), Schräge Architektur und aufrechter Gang
98 Hans Christian Harten, Transformation und Utopie des Raums in der Französischen Revolution
99 Kristiana Hartmann (Hrsg.), trotzdem modern
100 Magdalena Droste, Winfried Nerdinger, Hilde Strohl, Ulrich Conrads (Hrsg.), Die Bauhaus-Debatte 1953
101 Ulf Jonak, Kopfbauten. Ansichten und Abrisse gegenwärtiger Architektur
102 Gerhard Fehl, Kleinstadt, Steildach, Volksgemeinschaft
103 Franziska Bollerey (Hrsg.), Zwischen de Stijl und CIAM (in Vorbereitung)
104 Gert Kähler (Hrsg.), Einfach schwierig
105 Sima Ingberman, ABC. Internationale Konstruktivistische Architektur 1922–1939 (in Vorbereitung)
106 Martin Pawley, Theorie und Entwurf im zweiten Maschinenzeitalter (in Vorbereitung)
107 Gerhard Boeddinghaus (Hrsg.), Gesellschaft durch Dichte
108 Dieter Hoffmann-Axthelm, Die Rettung der Architektur vor sich selbst

Bei Fragen zur Produktsicherheit wenden Sie sich bitte an:
If you have any questions regarding product safety,
please contact:

Birkhäuser Verlag GmbH
Im Westfeld 8
4055 Basel, Schweiz
productsafety@degruyterbrill.com